Carl Gustav Jung／Richard Wilhelm

Das Geheimnis der goldenen Blüte: ein chinesisches Lebensbuch

黄金の華の秘密

C・G・ユング／R・ヴィルヘルム

湯浅泰雄・定方昭夫＝訳

人文書院

ラマ教徒の金剛界マンダラ
瞑想の準備のために観察するもの
(フランクフルト中国研究所所蔵)

黄金の華の秘密　＊　目次

第二版のための序文……C・G・ユング　七
第五版のための序文……ザロメ・ヴィルヘルム　一一
リヒアルト・ヴィルヘルムを記念して……C・G・ユング　一三
ヨーロッパの読者のための注解……C・G・ユング　三一
　序論……三一
　基礎概念……五一
　道の諸現象……六五
　対象からの意識の離脱……八三
　完成……九一
　結論……一〇〇
ヨーロッパのマンダラの例……C・G・ユング　一二一
太乙金華宗旨の由来と内容……リヒアルト・ヴィルヘルム　一二三
　一　本書の由来……一二三
　二　本書の心理学的・宇宙論的前提……一二三

太乙金華宗旨

第一章　天心……一四七
第二章　元神・識神……一五四
第三章　回光守中……一六五
第四章　回光調息……一八二
第五章　回光差謬……一九四
第六章　回光徴験……二〇一
第七章　回光活法……二一〇
第八章　逍遙訣……二一三
第九章　百日立基……二四〇
第十章　性光識光……二四三
第十一章　坎離交媾……二五一
第十二章　周天……二五二
第十三章　勧世歌……二五九

慧命経

一　漏尽……二元
二　六候……二〇三
三　任脈と督脈……二八八
四　道胎……二九〇
五　出胎……二九三
六　化身……二九六
七　面壁……二九八
八　虚空粉粋……三〇〇
訳者解説……三〇四
1　ユングとヴィルヘルムの出会い……三〇五
2　太乙金華宗旨と呂祖師……三一三
3　思想的内容と心理学的視点……三二〇
4　本書の内容と邦訳について……三二八

黄金の華の秘密

第二版のための序文

C・G・ユング

本書の共著者である私の友人故リヒアルト・ヴィルヘルムが、『黄金の華の秘密』のテキストを私に送ってきたのは、私の仕事が行きづまっていたときだった。それは一九二八年のことである。私は一九一三年以来、集合的無意識の諸過程について研究を進めていたのであるが、多くの点で、自分ながら問題が多いと思ういくつかの結論にみちびかれてしまった。それらは、〝アカデミック〟な心理学にとってよく知られている事柄すべてをはるかにこえたものであったばかりでなく、医学的な、また純粋に個人的な心理学の限界をも逸脱していたからである。つまり、既知のカテゴリーや方法がもはや適用できない広大な現象学的領域が問題になっていたのである。それまで十五年間努力して到達した私の成果は、どこにも比較可能な手がかりを見出せないために、宙に浮いたように不安定なものに思われた。私の到達した諸発見が、何ほどかの確実性をもってそのよりどころとできるような人間経験の領域は、どこにも知られていなかった。私が知り得た唯一の歴史上の類似例は、異端思想家〔グノーシス主義〕(一)の記録の中に散見するにすぎなかった。それも、時代的には遠く隔たったものでしかなかった。この歴史的関連は私の仕事を容易にしてくれるどころか、逆に困難にするものであった。というのは、グノーシス主義の教説は、その大部分が思弁にもとづいて体系化されたものであって、直接に心理的経験を記述した部分は、ほんのわずかにすぎなかったからである。グノーシス主義についてくわしくのべた文献は、ほんのわずかしか残されていないし、既知のテキストの大部分は、グノーシス主義に敵対したキリスト教陣営の手に成る報告〔異端反駁書〕であるから、この混乱した、奇異な、容易に見通しのつかない文献については、その内容についても、歴史的由来についても、われわれはきわめて不十分な知識しか持つことができないのである。さらに、グノーシス主義の時代から現代まで千七百年ないし千八百年の時間がたっていることを考えると、この領域に支持を求めることはあまりに大胆に過ぎるように思われた。そればかりでなく、この〔グノーシス主義と深層心理学の〕関連は二次的なものにすぎない場合もあって、大事な点で、グノーシス文献を利用することができないような欠点があったのである。

私をこの窮地から救ってくれたのは、ヴィルヘルムが送ってきた本書〔太乙金華宗旨〕のテキストであった。それは、私がグノーシス主義者たちの中に求めても得られなかった当の部分を含んでいたからである。したがってこの書物は私にとって、自分の研究の最も大事な成果を、少なくとも暫定的な形で公表できる絶好の機会になったのである。

その当時、私には、『黄金の華の秘密』が中国的ヨーガ〔道教の瞑想法〕に関する経典であるばかりでなく錬金術〔錬丹術〕の書でもあるという事実は、大して重要なことではないように思われた。

しかし、その後ラテン語錬金術書を深く研究するにつれて、私の最初の考えが誤っていたことがわかり、本書の錬金術的性格が本質的意義をもっているということが明らかになってきた。ただし、この点についてくわしく立入ることはここでの問題ではない。私はただ、私の研究にはじめて正しい方向づけを与えてくれたのが、この『黄金の華』のテキストであった、ということを強調しておくに止めたい。というのは、われわれは、古代のグノーシス主義と現代人のうちに観察される集合的無意識の諸過程とをつなぐ環を長い間探し求めてきたのであるが、それは中世錬金術の中に見出されるからである(三)。

私はこの機会に言っておきたいのだが、この書をよむに当って、教養のある読者でさえも、ある種の誤解をしているところが見受けられる。本書の公刊の目的は読者に幸福を手に入れる方法を与えるところにある、としばしば思われたようである。そのように考えた人びとは、私が本書の注解で述べていることを全く誤解して、中国のテキストにのべられた「方法」ばかりまねしようとしたのである。われわれとしては、そのように精神的に低次元な人たちがなるべく少ないことを望むものである。

もう一つの誤解は、次のような意見が出てきたところにある。その意見によれば、私はこの注解において私の心理治療の方法をのべたのであって、それによって、治療に役立てるために患者に東洋的な観念を吹き込んだ、というのである。私は、この注解によって読者をそのような誤りにみちびくきっかけを与えたとは思わない。いずれにせよ、そのような意見は全く誤ったものであって、深層心理学は経験科学ではなく、一定の目的に役立てるための工夫にすぎない、という広く流布した見方にもとづいている。集合的無意識という考えは〃形而上的〃である、という浅薄で知的でない意見もこれと同様である。ここでは実は、本能の概念とくらべることのできる〃経験的〃な概念が問題になっているのである。多少注意深い読者なら、このことは誰でも明らかに理解できる筈である。

この第二版には、一九三〇年五月十日、ミュンヘンで、リヒアルト・ヴィルヘルムをたたえて催された記念集会で私が行なった講演を新しくつけ加えた。これは一九三一年版の英訳初版[三]に既にのせられたものである。

注

一 (訳注) グノーシス主義 Gnosticism は紀元二―三世紀ごろ栄えた宗教で、キリスト教と関係が深いが、キリスト教からは異端視された。

二 (原注) この点について、詳しくは一九三六年および一九三七年のエラノス年報に発表した二編の論文を見られたい (この二つの論文は、現在では、ユング『心理学と錬金術』〔邦訳は池田・鎌田訳、人文書院〕にある。一九五二年、第二版、第Ⅱ部及び第Ⅲ部)。

三 (原注) The Secret of the Golden Flower, Kegan Paul, Trench, Trubener and Co., London, 1931.

第五版のための序文

ザロメ・ヴィルヘルム

この版には、新しくもう一つの瞑想法の経典〔慧命経〕の抄訳をつけ加えた。このテキストはやはり道教の伝統にもとづいたもので、『黄金の華の秘密』と合本の形で、中国で公刊されたものである。リヒアルト・ヴィルヘルムは、一九二六年に、このテキストについて次のような短い序文を書いている。

「慧命経――意識と生命の書――は一七九四年〔清の乾隆五九年〕に柳華陽が著した書物である。著者は江西省に生れ、のち安徽省の雙蓮寺で僧となった人である。底本は一九二一年〔民国十年〕版によっている。この本は慧真子という道士名をもつ人が、『黄金の華の秘密』と合本にして千部刊行したものである。

この著作は、仏教的瞑想法と道教的瞑想法をまじえたものである。この書の基本的見解によれば、生命が生れるとき、心は、意識と無意識という二つの領域に分れる。意識とは人間において個人化され、分離された要素であり、無意識とは、彼を宇宙に結びつける要素である。この書の基本原理は、瞑想を通じて二つの要素を結びつけるところにある。無意識は、意識がその中に沈潜してゆくことによって、その内容をゆたかにされねばならない。瞑想によって無意識の活動は活潑となり、意識領域まで昇る。こうして豊かな内容をもつに至った意識とともに、心は、再生するという形をとって、超個人的な魂の領域へと入ってゆく。この魂の再生は、やがて意識作用の内面的分化発展へとみちびき、自由自在な思考の状態にまで至る。しかし、さらに瞑想が深まってその終極に至ると、必然的に、すべての差別が消滅した究極的無差別の中にある大いなる一つの生命に解消してゆくのである。」

この経典のドイツ語訳は、最初『中国学芸雑誌』Chinesische Blätter für Wissenschaft und Kunst, 3. Heft, Darmstadt, 1926, pp. 104—114. に掲載された。訳者はL・C・Loと記されている。ロー博士は当時リヒアルト・ヴィルヘルムの協力者で、フランクフルト・アム・マインの中国研究所で彼の秘書をしていた。翻訳はリヒアルト・ヴィルヘルムが彼に依頼し、でき上った草稿にさらに手を加えたものなので、訳文のスタイルは『黄金の華の秘密』に近い。この雑誌はごくわずかな部数しか発行されなかったので、この機会に、このテキストをより多くの読者が容易によめる形にしておくのが適切であろうと思う。

リヒアルト・ヴィルヘルムを記念して(一)

C・G・ユング

御列席の皆さん！

リヒアルト・ヴィルヘルムと彼の仕事について語ることは容易な課題ではありません。というのは、われわれ二人の人生の軌道は、遠く離れたところから始まり、彗星のようにすれ違ってしまったからです。皆さんは、私がヴィルヘルムと知り合う以前から彼をよく御存知でしたし、彼の生涯の仕事は、私の理解を越えるひろがりをもっておりました。また私は、かつて彼の魂を形づくり、その後も長くその心を満たしていたあの中国をまだ見たことがありませんし、中国的東洋の生き生きした精神のあらわれである中国語も知りません。そんなわけですから、私は、ヴィルヘルムが彼の専門的領域で碩学として寄与した、あの該博な知識と経験の外に立つ素人にすぎません。彼が中国学者として、そして私が医者として、それぞれの専門の世界にとどまっていたならば、われわれ二人がかかわり合うようなことは決してなかったでありましょう。けれどもわれわれは、学問上の境界線をこえたところで始まる人間という土地でお互いに出会ったのです。そこにこそわれわれのふれ合う点があり、そこにあの火花がとんできて私の心をもえ上らせ、それは私の人生において最も重大な出来事の一つとなるに至ったのでした。この出来事のために、私は、ヴィルヘルムと彼の仕事について、このすぐれた魂に対する感謝をこめた畏敬をもって語りたいと思います。この魂こそ、東と西の懸け橋となり、滅亡に瀕した千年も昔の貴重な文化遺産を、西洋に贈ってくれたのであります。

　ヴィルヘルムは、専門の壁を乗りこえた人間だけが獲得することのできる巨匠らしさをそなえていました。そして彼の学識は、すべての人間にとって重大なものになったのです——いや、なったのではありません、それは始めから重大だったし、いつもそうだったものなのです。彼は中国の魂の秘密にめぐり会うや否や、その中にわれわれに隠された宝があることを感じとり、ヨーロッパ人としての狭い視野から、さらには宣教師としての狭い視野からも全く解放されてしまったのですが、彼をそうさせたものは、このすべての人間にとって重大なあるもの以外に考えられるでしょうか。彼のすべてを包容してしまう人間らしさ、そして全体を見抜く心の偉大さだけが、きわめて異質な東洋の精神に対してためらうことなく心をひらかせ、彼の魂にそなわった多彩な天分と才能を、東洋の影響の下に捧げつくすまでに至らせたのかもしれません。あらゆるキリスト教的抑圧感情（ルサンチマン）をこえ、またあらゆるヨーロッパ的思い上りをこえて、彼は中国文化に対する全的な理解にまで至りついたのですが、このことはそれだけでも、たぐいまれな偉大な精神のあかしであります。と言いますのは、凡庸な精神の持ち主はいつも、外国の文明に接触すると、だれしもが盲目的な自己放棄的傾倒におちいってしまうか、逆に同じように盲目的な、無理解で傲慢な拒絶反応に迷いこんでしまうからです。未知の文化に対して単にその表面や外側に手をふれただけでは、そのパンを食べワインを飲むというまでには決して至り得ませんし、したがってまた、精神の新しい誕生を促す〝霊の交り〟communio spiritus すなわちあの最も奥深い魂の参入と浸透の境地にまで入ることは、決してありえないのです。

専門家というものはふつう、純然たる男性的精神の持ち主でありまして、その知性は、何かを受胎するなどということには縁遠く不自然にできております。したがって彼は、自分と異質な精神を受け入れて新しいものを誕生させるといった仕事にはとりわけ不向きにできているのです。しかしより偉大な精神は、女性的な特性をもおびています。彼には、異質なものをも受け入れてよく熟知された形にまで造り直すことができるような、受容的で多産な母胎が与えられているのです。ヴィルヘルムは、精神的母性性というこの稀にみるカリスマを最高度にそなえていました。東洋の精神に対する、これまで誰もなし得なかった彼の感情移入の才能は、この点に負うています。それによって彼のすばらしい翻訳も可能になったのです。

彼の最高の業績として私が思い浮べるのは、『易経』の翻訳と注解です。(二) ヴィルヘルムの翻訳を知る前に、私は何年もレッグの不十分な英訳(三)を使っていましたので、両者のきわだった相違をよく知ることができました。ヴィルヘルムは、多くの中国学者のみならず現代の中国人までもが、馬鹿げた呪文のよせ集めとしか考えなかったこの古代の書物を、ふたたび生き生きとした姿にまでよみ返らせることに成功したのです。この書物は、他にくらべるものもないほど、中国文化の精神を体現しています。なんといっても、中国の最高の精神の持ち主たちが、何千年来それに寄与し、貢献してきたのです。その伝説的な古さにもかかわらず、それは決して古くさくなっていません。それどころか、その意味するところを理解する少数の人びとにとっては、今も依然として生きつづけており、また活動しているのです。そしてその恵まれた人びとの仲間にわれわれも属することができるのは、ヴィルヘルムの創造的な仕事のおかげなのです。彼は、単に入念な翻訳の作業によるばかりでなく、彼みずから古い学校で中国人の師匠に弟子入りし、また中国的ヨーガ〔道教の瞑想〕の心理学に熟達することによって、この書物をわれわれに近づけてくれたのです。その場合、『易経』の実際的応用は、彼にとって常に新しい経験だったのです。

しかしながらヴィルヘルムは、それとともに、彼のすべての豊かな才能によって、われわれに対して一つの課題を提出してもいるのです。目下のところ、そのひろがりを予感することはできても、展望することなど思いもよらないような課題を、われわれに与えているのです。私のように、ヴィルヘルムとの精神的交流によって『易経』のもっている予言的力能を経験するというめったにない幸運を得た人間にとっては、われわれがここで、西洋の精神的態度を根底からくつがえしてしまうアルキメデスの点にふれているのだという事実は、もはや隠れたままでいることはありません。ヴィルヘルムがしたように、われわれに異質な文化についてのくわしい色彩ゆたかな像を描き出すということは、たしかに立派な仕事です。しかし彼が中国精神の生きた芽をわれわれの中に植えつけ、われわれの世界像を根本的に変えるようにしむけたという事実にくらべれば、それはとるに足りないことです。われわれが、『易経』の今もなお生きてはたらいている力を体験するかぎり、われわれは単におどろいたり批判したりする傍観者の立場にとどまることなく、東洋の精神に参与する者になっているのです。

『易経』の実践の基礎になっている法則は——もしそう言ってよろしければ——どうみても、われわれ西洋の科学的＝因果律的世界観とははっきり矛盾しています。言いかえればそれは、全く非科学的で、われわれの科学的判断にとってはタブー視されるもの、その判断の限界の外にあって、何とも理解不可能なものなのです。

数年前のことですが、当時の英国人類学会の会長が、私に向って、中国人のように高い精神性をもった民族が科学をつくり出さなかったということは一体どう説明したらいいのか、とたずねたことがありました。私は次のように答えました。そう見えるのは、あなたの錯覚にちがいありません。中国人は「科学」を所有しています。その科学の〝基準〟となる「古典」がまさに『易経』なのです。しかしその科学の原理は、中国における多くの事柄と同じように、われわれの科学的原理とは全くちがったものです、と。

『易経』の科学は、実は因果律にもとづいたものではなくて、われわれがこれまでめぐり合ったことがないために命名されることのなかった一つの原理にもとづいています。私はそれを、かりに〝共時律〟synchronistisches Prinzip とよびました。私はそれまで長い間無意識過程の心理学を研究していたために、新しい説明原理を探す必要に迫られていました。無意識の心理学におけるある種の独特な現象を説明するには、因果律では不十分に思われたからです。私が発見したのは、因果的には互いに関連づけることができないにもかかわらず、別種の連関を見出すことができるような心理的対応現象が存在するということです。私には、この連関は主として、複数の事象が相対的な同時性において起るという点にあるように思われましたので、「共時的」と表現したわけです。つまり時間というものは抽象的な概念ではなくて、むしろ、さまざまな場所で同時に現われる事象の性質、あるいは基本的条件をつつみこんだ具体的な媒体であるように思われるのです。たとえば、同じ考え、同じしるし、あるいは同じ心の状態が、さまざまの場所で同時に出現する場合のように、因果的に説明することはできないが、一種の対応現象といえるような場合があります。[四] もう一つの例は、ヴィルヘルムが強調している中国とヨーロッパの文体の時代的同時性でしょう。これも因果的には関連づけることができません。占星術は、もしそれが十分に検証された事実を用いてつくられたものであれば、はっきりした共時性のすぐれた例といえるでしょう。ところが、占星術的問題を哲学的考察に値するほど十分に検証し、豊富な統計によって支持するような事実が、実は存在するのです（心理学はためらうことなく、この事実を認めます。占星術というのは、古代における一切の心理学的知識の総和をあらわしているからです）。

ある人間の誕生に関するデータから、適切なやり方でその人の性格を再構成できるということは、占星術が相対的妥当性をもっていることを示しています。しかしこの場合、誕生についてのデータというのは、天文学上の実際の星座の状態ではなくて、任意の、純粋に観念的な時間系に基礎をおいております。というのは、昼夜平分点に関する歳差現象によって、春分点は非常に古くから、白羊宮の0度の位置からずれてしまっているからです。したがって占星術的診断が正しいとすれば、それは星座の状態にもとづくのではなくて、われわれが仮定する時間系の具体的性質によるのです。

言いかえれば、この瞬間という時間に生れたものやなされたことは、この瞬間という時間系の具体的性質を所有しているわけです。

このことはまた、『易経』を実際に応用する場合の基本的公式でもあります。御存知のように、易では、メドハギの茎〔筮竹〕あるいは硬貨を全く偶然に操作することによって、ある瞬間の意味を指示する六つの線から成る図形〔卦〕についての知識が得られます。その瞬間の性質がいかなるものであるかにしたがって、ルーンの杖〔古代北欧の魔法の杖〕が倒れるのです。この場合の唯一の問題は、西暦紀元前一千年ごろの古代中国の王、文王と最高の貴族周公とが、倒れた魔法の杖がつくり出す偶然のかたちを正しく解釈することに成功していたのかどうか、ということだけです。そしてそれは、経験だけが答えを与えることのできる問題です。[五]

ヴィルヘルムは、チューリヒの心理学クラブで『易経』についてはじめて講演したとき、私の求めに応じて、易で占なう方法を実演してみせましたが、そのとき同時に彼が立てた予測は、二年以内に、文字通り疑問のないほどはっきりと実現されました。この事実は、他の多くの並行して起った経験によって確証することができました。しかし『易経』の予言の妥当性を客観的に確立することは、今の私にとっての関心事ではありませんので、私は亡き友人の言った通りの意味でその妥当性を前提にしておくことにします。私はただ、時間系列 Zeit-moment の〝隠れた性質〟が『易経』の卦に表現されることによって読みとれるようになった、というおどろくべき事実に対して関心を抱くのです。占星術に類似しているばかりでなく、それと本質的に関連のある事象の連関が、ここでの問題なのです。誕生の瞬間はルーンの杖が倒れることに対応し、誕生時の星座の配置は卦に対応します。また星座の配置から生じる占星術的解釈は、それぞれの卦に対する易のテキストの説明〔卦辞と爻辞〕に対応するわけです。

共時律に基礎をおく思考態度は『易経』においてその極致に達しておりますが、このような思考態度は一般に、中国の精神を最も純粋に表現したものであります。西洋では、このような思考態度は、ヘラクレイトスの時代以来哲学史から消え去っており、わずかにライプニッツにおいて、その遠いこだまをきくことができるに過ぎません。ただしそれは、この間すっかり消え去っていたというわけではなくて、占星術的思弁の薄明の中に生きつづけていたのであって、今日もなおその段階に止まっているのであります。

『易経』は、今日まさにわれわれの時代において、歴史的発展の要求に答えるものであります。オカルティズムは今日ルネサンスにめぐり合っていますが、われわれの時代には、これと同じ種類のものを求めようとする動きが至るところにみられます。西洋精神の光は、このため今や薄暗くなってきているのです。この場合、私が念頭においているのは、われわれのアカデミズムとその代表者たちではありません。私は医者ですから、ごくふつうの人びとを相手にしております。したがって私は、現代の大学が、人びとに光をもたらす使者としての活動をとっくにやめてしまっていることをよく知っています。人びとは、科学的専門化や合理主義的な主知主義にはもううんざりしているのです。彼らが求めている真理は、彼らの視野を狭くするのではなく広くするような真理、暗くするのではなく明るくするような真理です。彼らの傍を水のように流れ去ってしまうのでなく、骨の髄をつらぬくほど魂を打つ真理を、彼らは聞きたがっているのです。ただしこのような真理の追求は、無名ではあるが広範な大衆を、誤った道へとみちびくおそれもあるのです。

ヴィルヘルムの業績とその意義について考えるとき、いつも私が思い浮べるのは、フランスのアンクティル・デュペロンのことであります。彼はウパニシャットの最初の翻訳をヨーロッパにもたらした人物ですが、その時代は、〔フランス革命のさわぎによって〕ノートル・ダム寺院にいますキリスト教の神をその玉座から追い出し、「理性の女神」Déesse Raison をその座にすえるという、千八百年来はじめての珍事が起ったときでした。今日、ロシアでは当時のパリで起った以上の前代未聞のことが起り、ヨーロッパでもキリスト教のしるしは同じような衰微状態に至っていますので、仏教徒でさえヨーロッパ布教の時機が来たと思っているくらいです。このような時に当って、ヨーロッパの魂を代表しつつ東洋の新しい光をもたらしたのがヴィルヘルムなのです。これこそ、ヴィルヘルムが感じていた文化的課題なのです。彼は、東洋がわれわれの精神的苦悩を癒すために与えることのできる多くの事柄を認識しておりました。

われわれは貧者になにがしかの喜捨を握らせることがありますが、彼らがそれを欲しがるにもかかわらず、貧者は、喜捨によっては救われません。労働によって貧困からぬけ出す道を示してやる方が、ずっとよく彼を助けてやることになります。残念なことに、今日、精神的に飢えた人びとは、東洋からの贈物をそのままの形でわがものにしようとし、東洋のやり方を盲目的にまねしようとしています。これは、いくら用心してもしすぎることはないくらい危険なことです。ヴィルヘルムはその危険を、はっきり感じていたのです。ヨーロッパ精神は、単なるセンセーションや目新しいスリルによっては救われません。中国が築き上げるのに数千年もかかったことを、盗んできて会得するようなことはできません。われわれがそれを手に入れるためには、みずから働いてそれを得なければなりません。東洋がわれわれに与えてくれるものは、われわれがみずから為すべき仕事に対して単なる手助けを与えてくれるに過ぎないのです。もしわれわれが、われわれ自身の文化の基盤を古くさくなった誤謬として捨て去り、故郷を見捨てた海賊のように、掠奪のために他国の岸辺に下り立つとしたら、ウパニシャットの智恵や中国的瞑想(ヨーガ)の洞察は、われわれにとって一体何の役に立つというのでしょうか。東洋の洞察、とりわけ『易経』の智恵というものは、われわれ自身の問題に目をつぶったり、因習的偏見にとらわれて不自然な生活を送ったり、ほんとうの人間性を危険な暗流や暗い闇でつつみ隠してしまうときには、全く何の意味ももちません。私は暗闇と言いましたが、この智恵の光が輝き出すのはある種のくらさの中だけなので、ヨーロッパ的な意識や意志といった劇場のスポットライトの中ではありません。中国の歴史にみられる大虐殺や、中国の秘密結社がもっている無気味な力、あるいは名も無い貧民たち、民衆生活の何とも言いようのない悲惨さ、何の希望もない汚濁、そしてまた悪徳の数々について読むとき、われわれは驚きに打たれてしまいますが、それによってわれわれは何かを予感します。正にそのようなくらい背景から、『易経』の智恵は現われ出てきたものなのです。

もしわれわれが中国の智恵を生きたものと経験したければ、われわれはまさに〔二つの世界を新たな次元からつつんだ〕三次元の生き方を必要とします。したがってわれわれはまず、われわれ自身についてのヨーロッパ的智恵を必要としております。われわれの道はまずヨーロッパの現実から始まるのであって、われわれ自身の現実について迷いを生み出すヨーガの修行から始まるわけではありません。われわれが東洋の師匠の価値ある弟子にふさわしい力を示そうと思えば、ヴィルヘルムのやった翻訳の仕事を、もっと広い意味において続けなくてはなりません。つまり彼が東洋の精神的な宝をヨーロッパ的意味に翻訳し直したように、われわれはその意味するところを、われわれの生活の中へ訳し直さなければならないのです。御存知のように、ヴィルヘルムは、「道」Tao という中心概念を「意味」Sinn と訳しています。この「意味」を生活の中に移し直すこと、つまり道(タオ)を実現することが、まさに弟子に与えられた課題でありましょう。

しかしながら、言葉と良き教訓があるだけでは、道(タオ)は創り出せません。われわれは、道がわれわれの中に、あるいはわれわれのまわりに生起する様子を、ちゃんと知っているのでしょうか。それは何か模倣によって知られるのでしょうか。それとも理性によって知られるのでしょうか。あるいはまた、意志のアクロバットによってでも知られるというのでしょうか。われわれは一体、この課題をどこから始めたものでしょうか。もしわれわれがこの問題を真にヨーロッパ的なやり方で、言いかえれば実際生活の中で解決するのでなければ、ヴィルヘルムの精神がわれわれの中に、あるいはわれわれとともに、生きているとは言えますまい。つきつめたところ、これは拍手喝采の中で答が見失われてしまうような修辞学的な問題にすぎないのでしょうか。

東洋の現状に眼を向けてみましょう。そこには今や、圧倒的な運命が威力をふるっています。ヨーロッパの大砲が、アジアの門を爆破してこじあけたのです。そしてヨーロッパの科学と技術、またヨーロッパの現世主義と貪欲とが中国に向って溢れ出したのです。われわれは東洋を政治的に征服してしまったわけです。ところで、かつてローマ帝国が近東地方を政治的に征服したとき、どんなことが起ったか、皆さんは御存知でしょうか。オリエントのミトラ神はローマの軍神となり、ローマ人が考えもしなかった小アジアの片隅〔パレスチナ〕から、新しい霊的ローマ〔キリスト教〕が現われてきたのです。今日西洋ではこれと同様なことが起っているにもかかわらず、教養あるローマの知識人たちが「クレーストイ」〔キリスト教徒〕の迷信を不思議に思ったと同じように、われわれヨーロッパ人にはものを見る眼がそなわっていないのだ、と考えることはできないものでしょうか。アジアの植民地化に最も早くから力をふるったイギリスとオランダという二つの国が、最も深くインドの神智学に感染しているということは、注目に値する現象です。私は、われわれの無意識が東洋的シンボリズムにみちみちているということを知っております。実際、東洋の精神はわれわれの門前まで来ているのです。われわれ西洋人の間では、生活における意味の実現、つまり「道」の探求は、既に強力な集合的現象にまでなっており、それは一般に考えられているよりもはるかに強いものである、と私には思われます。たとえば私は、ヴィルヘルムとインド学者のハウアー[六]とが今年のドイツ心理療法学会で、ヨーガについて講演するように求められたという事実を、われわれの時代の大変意味深い徴候とみなしております。臨床医というものは、苦しんでいるために非常に感じやすい人間とじかに接していますが、そういう人間が東洋的な治療体系に接することにはどういう意味があるかということを、よく考えていただきたいのです。このようにして東洋の精神は、あらゆる毛穴から侵入し、ヨーロッパの最も傷つきやすい箇所にまで達するのです。それは危険にみちた感染になるでしょうが、しかしまた、たぶん薬でもあるのです。バビロンの〔バベルの塔下で起った〕言葉の混乱にも似た西洋精神の観念的混乱は、あまりにも無方向になってしまったので、誰もが、もっと素朴な真理を求めています。せめて、頭だけでなく心に訴えるような、また、観照する精神には明晰さを与え、休みない不安にいらだつ感情に対しては平安を与えるような、普遍的な理想を切望しているのです。つまり古代ローマ人がおちいったと同じ状況が、今日まさに起っているのでありまして、われわれは再び、ありとあらゆる異国風の迷信を輸入しては、その中にわれわれの病気を治してくれる薬が見出せるのではないか、と期待している状況なのであります。

人間の本能は、あらゆる偉大な智恵というものは素朴なものであることを知っております。そのために、本能的直観の弱い人間は、偉大な真理が安直な単純化や平凡さの中にあると思いこんでしまったり、そうでなければ失望のあまり、逆の誤りにおちいって、偉大な真理はこの上もなく難解で複雑なものにちがいないと考えてしまうのです。われわれは今日、心理的にみれば、ちょうど千九百年前のグノーシス主義の運動とまさに対応するような、無名の大衆のグノーシス的〔秘教的〕運動に出会っております。その時代には、現代と同じように、偉大なアポロニウス[七]のような孤独な放浪者たちが、ヨーロッパから小アジアまで、さらには遙かに遠いインドの地まで、精神の遍歴の糸を紡いでいたのです。そのような歴史的過去からふり返ってみますと、ヴィルヘルムは、オリエントの文化をヘレニズムの精神とより合わせ、それによってローマ帝国の精神的廃墟から新しい世界をよみがえらせた偉大なグノーシス主義の使徒たちの一人であったように思われるのです。今日と同じように、当時の西洋世界には、混沌たるもの、平凡きわまるおしゃべり、思いあがり、悪趣味、そして内面的な不安が渦巻いていました。そのころヨーロッパ精神の大陸は、今日と同じように洪水の下に沈んでしまい、ただあちらこちらに取り残された山の頂上だけが、島々のように、はてしない洪水の上に突き出ていたのです。今日と同じように、当時は、あらゆる種類の曲りくねった精神の迷路が眼前に口を開いており、偽預言者たちがさかんに横行していたのです。

ブリキと木でつくられた現代ヨーロッパの騒々しいおしゃべりの混乱の中にいますと、中国の使徒であるヴィルヘルムの素朴な言葉をきくことは、清らかな慰めであります。その言葉づかいは、中国精神の植物のような素朴さによって訓練されており、つつましい表現の中に言いようもないほどの深さをあらわすことができます。それは偉大な真理のもつ簡素さ、深い智恵のもつ平明さについて、われわれに何事かを教えております。そしてそれは、黄金の花のかすかな香りを西方の土まで運んでくるのです。それは、ヨーロッパの土に一本のほっそりした若木を、そっと植えつけたのです。それはわがままや思い上りといったあらゆる精神的発作をのりこえて、われわれに、生命と意味というものについての新しい予感を与えてくれます。

異質な東洋の文化を前にして、ヴィルヘルムは、ヨーロッパ人には珍しい謙遜な態度をとりました。彼は東洋に対して自由に、何の偏見もなく、知ったかぶりなどせず、彼の心と感受性をひらいていました。彼はその文化に心を動かされ、その文化によって魂を形づくられましたので、彼がヨーロッパに帰ってきたとき、彼は彼の精神においてばかりでなく、彼の存在そのものにおいて、東洋の正確なイメージをわれわれにもたらしてくれたのです。この魂の深い変容は、彼にとって、大きい犠牲を払うことなしには成功しませんでした。なぜなら、われわれ西洋人の伝統的前提というものは、東洋のそれとは全くちがっているからです。西方の意識の鋭さとそれがもっている著しい問題性とは、東洋のより普遍的で、より落着いた存在の前でやわらげられ、また西洋的合理主義とその一面的な分化は、東洋的な広さと単純さに道をゆずらなければならなかったのです。ヴィルヘルムにとってこの変化は、単に知的な立脚地が移動したというだけではなく、彼の人格の構成要素が根本的に置きかえられてしまったことを意味しています。ヴィルヘルムがわれわれに与えた東洋の姿は、あらゆるわざとらしさやおしつけから自由なものであって、彼が自分自身の中にあるヨーロッパ的人間を背後に追いやってしまわなかったら、あのような完璧な形ではつくり出せなかったでしょう。彼が自分自身の内部で、硬直した形で東洋と西洋を衝突させたとしたら、われわれに中国の真の姿を伝えるという彼の使命は果すことができなかったことでしょう。彼の内なるヨーロッパ的人間をみずから犠牲に供することは、不可避であり、運命的課題の達成のためには不可欠なことでもあったのです。

ヴィルヘルムは、言葉の最高の意味において、彼の使命を達成しました。彼は中国の死滅した財宝をよみ返らせて、われわれに近づけてくれたばかりでなく、これまでくわしく申し上げましたように、何千年も生きつづけてきた中国精神の魂の根をわれわれにもたらし、ヨーロッパの土に植えつけてくれたのです。この仕事を達成するとともに彼の使命はその頂点に登りつめ、それとともに——不幸にも——その終りに達したのです。中国人によって非常に明確に把握されていたエナンティオドロミア(八)、すなわち相互転換の法則によりますと、一つの相が終るときには、これとは逆の相が始まります。陽がその頂点にまで至るとやがて陰へと移り変ってゆき、肯定は否定にとって代られるのです。私がヴィルヘルムとはじめて親しくなったのは彼の晩年でしたので、私は彼のライフ・ワークの完成とともに、ヨーロッパとヨーロッパ的人間が次第に彼の魂に接近し、さらには圧迫し始めたのを観察することができました。そしてそれとともに、彼の心には、自分が大きな変化の前に立っていること、つまり、その性質をはっきりつかむことのできない根本的な変動の前に立っているという感じも育ちつつあったのです。彼にとってたしかだったのは、自分が決定的な危機の前に立っているのだ、ということだけでした。この精神的な変質にともなって、肉体の病気が進行していったのです。彼の夢は中国の思い出で一杯でした。しかし彼の眼の前にちらついている世界は、ただ̀さびしく陰鬱な光景だけだったのです。それは、中国的な内容が今や否定されるようになったことの明白な証明でありました。

どんなものでも、永久に犠牲にしたまま葬り去ることはできません。すべてのものは、やがて、姿を変えて元へ戻ってきます。かつて大きい犠牲が払われた場所に、犠牲にされたものが戻ってきたときには、健康で抵抗力のある肉体がなくては、そういう大きい変革による動揺には耐えられないのです。したがって、このような精神的次元の危機が、病気によって衰弱した肉体に起りますと、それはしばしば死を意味するのです。というのは、犠牲を切り殺す祭儀用の刀は今や、かつて犠牲に供されたものの手に握られ、かつて犠牲を供えた者の死を求めるのです。

皆様もおわかりのように、私はここで、自分の個人的見解をひかえませんでした。私がヴィルヘルムとどのように関わったかということを語らなかったとしたら、彼について他にどういう語り方ができたでしょうか。ヴィルヘルムのライフ・ワークは私にとって非常に高い価値をもっているのですが、それは彼の仕事が、ヨーロッパの精神的苦悩に対処しようとして私が求め、努力し、考え、行なってきた多くのことを解明し、また確証してくれたからなのです。ヨーロッパの無意識の混乱の只中から、私に対して暗い中にほのかに示されてきたものについて、彼を通じて明晰な言葉で聞くということは、私にとって強烈な体験でした。事実、私は彼によって精神的に非常に豊かにされたことを感じていますので、私は、他の誰からよりも多くのことを、彼から受けとったと思っております。したがって私は、彼を記念する祭壇に向って私がわれわれ全員の感謝と尊敬の念を捧げることを、僭越であるとは感じないのであります。

注

一（原注）リヒアルト・ヴィルヘルムについての講演は、一九三〇年五月十日、ミュンヘンでひらかれた記念集会で行われた。（訳注）ヴィルヘルムは、この年三月一日に没している。

二（原注）R. Wilhelm, I Ging. Das Buch der Wandlungen. Aus dem Chinesischen verdeutscht und erläutert von R. Wilhelm, Jena, 1923.

三（原注）The Yi King. Translated by James Legge. In: Sacred Books of the East. Vol. 16. 2. Aufl. 1899.

四（訳注）ユングがここで考えている具体的事例の一つとして、テレパシーその他の超心理現象があげられる。物理学者パウリとの共著『自然現象と心の構造』（海鳴社）の中で、彼はラインの超心理学研究を紹介しつつ、超心理現象を共時性によって説明しようとしている。わかりやすくいえば、物理的次元における伝達作用は時間・空間の制約からくる因果的な逆自乗の法則に従うが、自然の根底には物理的次元をこえた無時間的・無空間的な超越的領域があり、そのような超越的次元と関係する作用が現象してくるときには同時的（共時的）な意味符合現象が起る、と言ってもよいであろう。このような仮定に立った場合、時間は、超越的次元のあり方と物理的次元の現象を結ぶ媒体である、とユングは考えているのである。

五（原注） 易による占いの方法と歴史については、I Ging, I, p.11 f., Düsseldorf, 1960. を参照されたい。

六（原注） ハウアー W. Hauer（一八八一年生れ） 初め宣教師、のちチュービンゲン大学のサンスクリット語教授。

七（訳注） テュアナのアポロニウス Appolonius 一世紀ごろのギリシアの新ピタゴラス派の哲学者。奇跡を起す力をもち、遠い地方に遍歴し、インドにまで行ったと伝えられる。

八（訳注） エナンティオドロミア enantiodromia ヘラクレイトスの哲学に由来する言葉。陰と陽が交替するように、すべてものは時が来れば反対のものに変化してゆくという法則（山本光雄『初期ギリシア哲学断片集』岩波書店、三六頁、参照）。

ヨーロッパの読者のための注解

C・G・ユング

序論

1 ヨーロッパ人が東洋を理解することは、なぜむつかしいのか

私はあくまで西洋的にものを感じる人間であるから、この中国の書物をつくづく奇妙なものであると感じないではいられない。たしかに東洋の宗教や哲学に関する私の少しばかりの知識は、これらの事柄を理解するに当って、私の知性や直観に助けを与えてくれる。それはちょうど、未開人の宗教的直観がもつ逆説的内容を〝民族学的〟に、あるいは〝比較宗教学的〟に把握することができるのと同じことである。これこそ正に、いわゆる科学的理解という隠れ蓑の下に、自分の内心をつつみ隠す西洋流のやり方なのである。われわれがこういう態度をとるのは、一つには「知者のあわれむべき気どり」が、対象に対して生き生きした共感の情を示すことを恐れるとともに嫌うからであり、また一つには、共感をもって把握する場合には、異質の精神との接触が真剣に対処しなくて

はならない自己の体験にまでなってしまうかもしれないからである。いわゆる科学的客観性の立場からいえば、この書物は中国学者の文献学的明敏さにまかせるべきものであって、専門家的嫉妬心によって、他のどんな取扱い方も認めないということにならざるを得ないだろう。しかしリヒアルト・ヴィルヘルムは、中国の智恵のひそやかで神秘にみちた生命力について深い認識をもっている人なので、このようにすぐれた洞察を秘めた珠玉を専門科学の引出しの中にしまいこんでおくことはできなかったのである。彼が、心理学的な注釈を加えるようにと私を指名してくれたことは、私にとって少なからぬ名誉であり喜びである。

ただしこのように専門の壁をこえた認識をもつすぐれた宝は、それとともに、他の専門科学の引出しにしまいこまれてしまう危険もあるわけである。とは言うものの、西洋の学問がなしとげた功績にけちをつけようとする者は、ヨーロッパ精神のよって立つ枝を鋸でひき落すことになるであろう。科学はたしかに完全な道具ではないが、はかり知れない価値をもつすぐれた道具である。それが害を及ぼすようになるのは、科学が自己目的化してしまうときである。科学の方法は必ず役に立つはずのものであって、それが誤りに陥るのは王位を奪おうとする場合なのである。それは、並列する他の科学の諸部門に奉仕しなくてはならない。というのは、科学の各部門はそれぞれに足りないところがあるため、他の部門によって支持される必要があるからである。科学は西洋精神の道具なのであって、人はこれを用いることによって、素手によるよりも多くの扉を開けることができる。科学はわれわれの得た知識の一部分をなすものであって、それがわれわれの洞察をくもらせるのは、科学による理解が唯一のものであると主張する場合にかぎられる。しかし東洋はわれわれに対して別の、より広く、深く、高い理解のしかた、すなわち生命を通じての理解を、われわれに教えてくれる。われわれはこういう理解のしかたについては、ぼんやり知っているだけで、それを宗教的な表現法から生れた単なる幻のような感情だと心得ているので、東洋的な〝智恵〟というものはよく引用符でかこまれ、信仰と迷信の交錯するあいまいな領域へと追いやられてしまうのである。しかしこのように扱ってしまうと、東洋がもっている「具体性（ザハリヒカイト）」は全く誤解されてしまうことになる。それは決して、感情過多で過度に神秘的な、禁欲的隠者やひねくれ者の抱く病的なものと紙一重の予感といったものではない。それは中国的知性の精華が生み出した実際的な洞察であって、それを過小評価してよいような理由はどこにもないのである。

この主張は、あるいは大胆なものと思われるかもしれないし、そのために不信の念をひき起すかもしれないが、研究対象となる素材についてほとんど何もわかっていないということを考えれば、それも驚くにはあたらない。のみならず素材の異質さが非常にきわ立っているので、中国的観念世界をわれわれ西洋の観念世界と、どのように、またどこで結びつけることができるかという点について、われわれが困惑におちいってしまうのも無理はないのである。東洋の智恵を理解するというこの課題に立ち向うとき、西洋的人間がいつも犯す誤りは、『ファウスト』に出てくる悪魔にだまされた学生のように、科学を軽蔑してそれに背を向け、東洋的恍惚境に感じ入ってしまい、ヨーガの修行を文字通りに受け入れて、あわれむべき模倣をするようになることである（神智学はこういう誤りの例である）。それとともに彼は、西洋精神の唯一で確実な基盤から離れてしまい、ヨーロッパの頭脳から生れたものでもなければ、またヨーロッパの頭脳に有効に接木することもできないような、言葉と観念の混沌の中に迷いこんでしまうのである。

ある古代中国の賢者はこう言っている。「正しい手段でも、誤った人間が用いれば、正しくなくなる。(一)」この中国の格言は、残念ながら、正にその通りなのである。こういう考え方は、〝正しい〟方法はそれを用いる人間に関係なく正しいと考えるわれわれ西洋人の信念とは、きわだった対照をなしている。現実には、この種の〔人生の〕事柄においては、すべては人間次第なのであって、方法のいかんはあまり関係がないのである。方法というものはただ、人間がえらぶ道であり、また方向であるにすぎず、彼がどのように行為するかというそのあり方こそ、彼の本質を真に表現しているのである。そうでない場合には、方法というものはただもったいぶるだけのもので、わざとらしくつけ加えられた、根もなければ生気もないものになってしまい、自分をかくすという不当な目的に仕えるだけのものになってしまう。そのような方法は自分自身をあざむく手段であり、みずからの存在を脅かすおそれのある無慈悲な法則から逃避する手段ともなってしまう。こういう態度は、中国的思考の大地に根を下した性質や真実さとは全く縁遠いものである。それは逆に、みずからの固有の本質を放棄することであり、見知らぬ不純な神々にみずから身を売ることであり、また〔方法で武装することによって〕心理的優越を無理に手に入れようとする臆病な手口であって、すべて、中国的な「方法」の意味するところとは、最も奥深いところで相反する態度なのである。というのは、中国的洞察は、完璧かつ純粋で真実にあふれた生き方に由来するものであって、奥深い本能的直観にもとづきつつ、首尾一貫して、本能的直観と離れがたく関連しながら成長してきた、あの太古の中国の文化的生から生れ出ているのである。このような生き方は、われわれ西洋人には全く縁遠いものであって、到底まねのできないものである。

西洋人が東洋のやり方をまねすることは、二重の意味で悲劇的な誤りである。形だけの模倣は、ニューメキシコや幸福な南海の島々、そしてまた中央アフリカへと放浪する現代のヒッピーたちの行動と同じように、不毛であるとともに、心理学的と言えない誤解からきているからである。そういう場所にゆくと、西洋文化に育てられた人間が、彼自身の為すべきさし迫った課題——「ここがロードスなのだ、ここで飛べ!」という教訓——をこっそり避けて、大まじめで〝原始〟的な生活を演じているのがみられる。生命体として異質なものをまねしたり、さらにはそれを宣伝したりするようなことは重要ではない。大事なことは、さまざまの病気をわずらっている西欧の文化を、この西欧という場で再建して、たとえば結婚問題や神経症、社会的政治的幻想、あるいは世界観の方向喪失に悩んでいる現実のヨーロッパ的人間を、その再建された場所へ、西欧的日常性において連れ戻すことなのである。

本音をいえば、われわれ西洋人は、この中国の書物の浮世離れした性格を理解することもできないし、また理解しようとする気もないということを、はっきり白状した方がよいであろうと思われる。あの賢者たちは、彼らの本性からくる本能的要求を十分に満足させたからこそ、それほど妨げられることもなしに眼にみえない世界の本質を見通すことができたのであるし、またこのように内へ眼差しを向けることのできる心的態度によってこそ、あれほど世界から超然としていることができたのだということを、われわれは探り出せばいいのではなかろうか。もしかしたら、われわれを感覚的なものに縛りつけているあの欲望や野心や情熱から解放されることによって、そういう直観も可能になるのであろうか。そしてその解放は、まさに本能的要求の意味深い充足から生じるものであって、あせって不安にかられた本能の抑圧から生じるものではないのではあるまいか。精神的なものに対する眼差しは、大地の法則に従うときにのみ自由になるのではなかろうか。中国文化の歴史に眼を注ぎ、さらに、数千年来あらゆる中国的思考様式をつらぬいている智恵の書物である『易経』を慎重に研究した人ならば、このような疑問が起っても、そう簡単にそれを否定したりはしないであろう。さらに彼は、われわれのこの書物が意図するところは、中国人の感覚からすればそれほど突飛なものではなく、それどころか当然すぎる心理学的帰結であるということを知ることであろう。

人間の精神と精神がもつ情熱とは、われわれ西洋人に固有のキリスト教的精神文化にとって、長い間たしかなものであり、追求するだけの価値あるものであった。中世が遠く没落し去ったあと、つまり十九世紀が経過する間に、精神は次第に知性に変質してしまったのであるが、ごく最近になって、知性主義の優越に我慢できなくなった反撥作用が起ってきた。もっともこの反撥は、当初、知性を精神と混同し、知性の悪行を精神のせいにして告発するという誤りを犯したのだが、これはいたし方ないことであった(クラーゲス)[三]。知性が精神の後継者になろうと思い上る時には、それは全体的なたましいを傷つけてしまうようになる。知性には、精神の後継者になれるような資格はないからである。〃精神〃とは、知性ばかりでなく感情をも含むものであって、知性よりも高いものだからである。それは超人的な明るい高みへと向おうとする生の方向であり、また原理でもある。ただし精神には、それと対抗している女性的なもの、暗いもの、大地的なもの(陰)があって、それは、長い時間の深みの中へ、また肉体の大地との根源的連関の中へと降ってゆく暗い情動性と本能をともないつつ、精神に対抗しているのである。このようなとらえ方は純然たる本能的直観にすぎないけれども、人間のたましいの本質をとらえようとする場合には、なくてはならないものである。中国はまさにこういうとらえ方を必要としたのであった。中国は、その哲学史が示しているように、たましいの中心的事実から遠く離れて一つ一つの心的機能だけを一面的に誇張したり、過大評価したりするようなことは、決してしなかったからである。したがって中国は、生あるものにそなわった逆説性と二元対立性を認めそこなうようなことはなかったのである。相対立するものは常に均衡を保ちつづけてきた――これこそ高い文化のしるしなのである。一面性というものは、たしかに衝撃的な力を与えはするが、それは実は野蛮のしるしなのである。西洋では今日、エロスを讃美し、あるいは直観を讃美して知性に反抗する反動的な動きが起っている。私のみるところでは、これはむしろ文化的な前進のしるしのように思われる。つまりそれは、暴君のように力をふるう知性の狭い限界を越えて、意識が拡大してゆくことにほかならないのである。

私は、西洋的知性のおそろしいほどの分化発展を過小評価しようなどとは思っていない。西洋的知性に比較すれば、東洋的知性など子供みたいものである(むろんこれは、いわゆる知能とは全く何の関係もないことだ)。もしわれわれが、現在知性に与えられているような高い地位に、別の、あるいは第三の心的機能をつかせることができるなら、西洋は東洋をはるかに越えるだろうという期待ももてるのである。したがってヨーロッパ人が自分自身を捨てて東洋のまねをして気どるなどということは、大変歎かわしいことなのである。ヨーロッパ人が自分自身でありつづけつつ、みずからの流儀と本質に従って、東洋が数千年の経過の中でその本質に従って生み出してきたものすべてをさらに発展させることができるならば、ヨーロッパ人は大変な可能性をもつことになるであろう。

一般的にみると、そしてまた知性の救いようのないほど皮相な立場からみれば、東洋が大きな評価を与えてきたものは、われわれ西洋にとってあえて望むほどの価値あるものではないようにも思えるであろう。単なる知性は、東洋的理念がわれわれに対してもつかもしれない実践的重要性を、さしあたり何とも理解できないからである。そのため知性は、東洋的理念を、哲学的また文化人類学的な骨董品として分類することしか知らない。こういう無理解はひどいもので、学識のある中国学者たちでさえ、『易経』の実践的適用について何も理解せず、この書をわけのわからぬ呪文のよせ集めとみなしてしまったほどなのである。

2　現代心理学が理解を可能にする

私の場合、自分が実際的な経験をもつことによって、東洋的な智恵に対する新しい、予想もしなかった道がひらけてきたのであった。その際——これはよく言っておきたい点であるが——私は、中国哲学について不十分ながら多少の知識をもっていてそこから出発した、というわけではない。むしろ私は、中国哲学については全くの無知のうちに、実地の精神科医として、また心理療法家として、自分の経歴を始めたのである。そしてその後の医師としての私の経験は、私が自分の技術によって、何千年来東洋の最もすぐれた精神の持ち主たちが苦労してひらいてきたあの秘密の道へと無意識のうちに導かれていたのだ、ということを教えてくれたのである。これは全く勝手な私のうぬぼれと思われるかもしれない――私がこれまで公表をためらってきた理由もそこにある。しかし中国の魂についてよく知っているヴィルヘルムが率直に右の一致を私に保証してくれたので、私は中国の書物について書く勇気を与えられたのである。この書物は全く、東洋の精神の神秘にみちた闇に属しているものである。しかしその内容は、同時に――これは大変重要なことであるが――一人の中国人も入っていない私の患者たちの心の発展の過程で生じたことと、生き生きした対応を示しているのである。

この奇妙な事実を読者によく理解してもらうためには、次のような事実を指摘しておかなければならない。人間の身体があらゆる人種的相違をこえて共通の解剖学的構造を示すのと同じように、魂（プシケ）というものも、あらゆる文化と意識形態の相違の彼方に共通の底層を有しているものであって、私はそれを集合的無意識と名づけたのである。この無意識の魂は、意識化され得る内容から成り立っているものではなく、ある種の同一の反応へと向う潜在的な素質から成り立っているのである。集合的無意識という事実は、あらゆる人種の相違をこえて脳の構造が同一であるということの心的な表現なのである。そこから、さまざまな神話のモティーフや象徴の間に見出される類似性あるいは同一性、さらには人間の相互理解の可能性一般が同一性を示すという事実も、説明がつくようになるのである。心の発展のさまざまな方向は、一つの共通な根底から出発しているものであって、その根は、あらゆる過去の発達段階にまで達している。そこには動物との心的類似さえ存在しているのである。

純粋に心理学的にみれば、ここでは、表象（想像）し行動する本能における共通性が問題なのである。あらゆる意識的表象と行動とは、この無意識的範例の上に発達してきたものであって、いつもそれと関連しあっている。特に、意識がまだあまり高い明晰さにまで達していない場合、言いかえれば、意識がそのすべての作用において意識された意志よりもむしろ衝動に、また理性的な判断よりも感情によって動かされている場合がそうである。この状態は、原始的な心の健康を保証しているものであるが、しかしそれは、より高い道徳的行為を必要とするような状況が現われてくると、たちまち適応性を欠いたものになる。本能というものは、全体としていつも同じ自然状態のうちに埋めこまれている個体にとってしか、十分役に立つものではない。したがって、意識的選択よりも無意識的なものに依存する個人は、断乎たる心的保守主義に向う傾向がある。原始人の考え方が何千年にもわたって変化せず、あらゆる見なれないものや異常なものに対して恐れを感じる理由もそこにあるのである。場合によっては、彼らは不適応状態にみちびかれたり、それによって重大な精神的危機、つまり一種のノイローゼにおちいったりするかもしれない。異質なものを同化することによってのみ生じてくる、より高度の、またより広い意識は、自律的態度へと向い、古き神々に対する反抗へみちびく傾向もある。古き神々とは、それまで意識を本能への依存状態に止めた強力な無意識的範例に他ならないのである。

意識と意識された意志とが力づよいものになり、より明晰になってくればくるほど、無意識的なものは背景に追いやられてしまう。意識の形成のしかたは容易に無意識的範例から解放されてしまい、自由を得て、単なる本能に支配されていた状態を打ち破り、ついには本能から解放された状態、またはそれに反抗する状態にまで到達することもあるのである。この根を引きぬかれた意識は、もはや元型的イメージの権威に頼ることができなくなるので、一面ではたしかにプロメテウス的自由を有してはいるのだが、反面では神を信じぬ傲慢さをもそなえているのである。この根を失った意識は、事物の上を、さらには人間の上にも漂っている。個々の人間にとってすぐに転倒の危険があるというわけではないが、社会の中にある弱者たちは、プロメテウスと同じように無意識によってコーカサスの山に集団的にしばりつけられるようになってしまうのである。賢明な中国人ならば、『易経』の言葉を借りてこう言うであろう。「陽」の力が頂点に達すれば、その内部に「陰」のくらい力が生れてくる。なぜなら、夜は、「陽」が衰えて「陰」に移ってゆく正午から既に始まっているからである、と。

医師というものは、そのような運命の急転回を、生けるもののうちに文字通り移しかえて眺める立場にいるのである。たとえば、死や悪魔の危険を全く意に介しないで、欲するがままにすべてを獲得し、成功の高みにまでかけ上った成上りの実業家が、職業活動から引退するとまもなく神経症にかかってしまうような場合がある。そのために彼は、愚痴っぽい泣き虫女のようになってしまい、ベッドに縛りつけられて、いわば最終的に破滅してしまうのである。このような変化は完璧なもので、男性的なものが女性的なものに変り果ててしまう場合さえ見出されるのである。こういう例にぴったり対応しているのは、旧約のダニエル書にみえるネブカドネザル王の伝説であり、また皇帝的妄想一般である。[三] 意識の立場が一面的に誇張され、それにともなって無意識の陰的反作用が生じてくるといった例は、現代の精神科医の臨床的実地経験の少なからぬ部分を占めている。意識された意志を過大評価する現代では、〝意志さえあれば道はひらける！〟というわけであるから。誤解されては困るのだが、私は意識された意志のもつ高い道徳的価値を否定しているのではない。意識と意志とは、人類の最高の文化的業績として価値をもちつづけるかもしれない。しかし、道徳が人間性を破壊するまでに至っては、元も子もなくなるのではないだろうか。意志 Wollen と能力 Können を調和させることは、私には、道徳以上に重大なことのように思われる。どんな犠牲を払っても道徳を守る——というのは、実は、野蛮の徴候なのではあるまいか。私には、智恵の方がもっとよいもののように思われることが多いのである。もっともこれは、私が医師としての職業的眼鏡を通して見たせいかもしれない。医師というものは、文化的達成が過度に強調された結果生じてくるさまざまの障害を治療しなくてはならないからである。

いずれにせよ、一面的に昂揚された意識は、必然的に元型から遠く離れ、挫折してしまうのであって、これはさけられない事実である。錯誤の徴候は、破局的状況におちいるかなり前からはっきり感じられる。たとえば、本能的直観を喪失したり、神経過敏におちいったり、進むべき方向を見失ったり、およそ考えられないような状況や問題にまきこまれて混乱におちいってしまったりするのである。医師がまず発見するのは、無意識の力が意識された価値に対して全く反逆し、意識がそれを同化できなくなり、とり返しがつかなくなってしまった状態である。このとき人は、手のつけようのない葛藤に直面するようにみえる。人間の理性では皮相な解決に甘んじるか、いいかげんの妥協で我慢する以外に処理できなくなってしまうのである。そういう解決法を拒否する人は、必然的に、人格の統一を求め、それをどうしても必要とする状態にまで至る。ここで今や、東洋が太古から歩んできた道が始まるのである。それは中国人にはありえないような人格の分裂であり、分裂したものが互いにその相手を見失って、意識できなくなってしまうのである。中国人がみごとにすべてを統御できるのは、原始人の心性と同じように、「諾」と「否」が互いに離れることなく、根本的に接近しあっているからである。ともあれ、中国人は、対立するものが衝突しあっているのをはっきり感じていたので、その結果として、インド人がニルドヴァンドヴァ〔無諍、一切の争いのない状態〕とよんだ道、すなわち対立から自由になる道を探求せざるを得なかったのである。

われわれの前にあるこの書物が問題にしているのは正にこの道なのであり、その同じ道が、私の患者にあっても問題になっているのである。しかしこの場合、中国的瞑想を直接に試みさせることは大変な誤ちであろう。そんなことをすれば、西洋人の意志と意識が問題につき当るのであるから、意識は無意識に対して一層つよめられるだけになり、避けなくてはならない作用を逆にひき起してしまうからである。それでは神経症がひどくなるだけであろう。いくら強調してもしすぎることはないが、われわれは東洋人ではなく、したがってこういう問題については全く異なった基盤から出発しているのだ、ということである。また、これがすべての神経症患者のとる道であるとか、神経症的問題のあらゆる段階でたどられる道だとか考えるのも、大きな思いちがいであろう。さしあたって重要なのは、意識が異常に昂揚しており、そのため無意識から大きく離れてしまっているような場合である。このように昂揚してしまった意識状態が「必要な予備条件」conditio sine qua nonになるのである。無意識の力があまりに優勢になったために病気になった神経症患者に対して、このような道をとらせようとするほど誤ったやり方はない。まさにこの理由から、このような発展の道を歩むことは、人生の半ば（ふつうは三十五歳から四十歳くらい）より前の年齢では、ほとんど意味をもたないばかりか、全く有害でさえあるのである。

既に示唆したように、私が新しい道をとる必要を感じた決定的な動機は、患者の本質を成しているもののどれか一つの側面に力を加えなくては、彼がおちいっている根本問題は解決できないように思われた、という点にある。私はいつも、根本において解決できない問題はないという、私の気質からくる確信を抱いて仕事をしてきた。そして経験が私の確信を証明してくれたのであるが、人によっては、他の人間なら完全に破滅してしまうような問題を、容易に克服してしまう人間もいるということを、私はしばしば観察したのである。私はそれをかつて「過大成長」と名づけたのであるが、さらに経験をつんだ結果、それはある意味の意識水準の上昇に他ならないことが明らかになってきた。つまり、より高くより広い何かの関心事が視界の中に入ってきて、地平線が拡大されたため、解決できなかった問題がその緊急性を失ってしまったのである。その問題は、それ自身としては、論理的にいえば解決されたわけではない。新しい、より力強い生の方向が出現したために、見劣りするようになっただけである。それは抑圧されたわけでもなければ、意識されなくなったのでもなく、新しい光につつまれて現われたのであり、そのために全く別のものになったのである。心のより低い段階では最悪の葛藤や破局的な激情の嵐をひき起すきっかけになったものが、より高い人格の水準に立ってよくみれば、高い山頂から見下した谷間の嵐のように思われたわけである。それによって雷雨と嵐が現実性を奪われたわけではないが、その人はもはやその中にはいないで、その上に超然としている、というわけである。しかしわれわれ人間は、心という観点からみれば、谷でもあり山でもあるわけだから、自分が人間的なものの彼岸にいるように感ずるということは、ありそうもない幻想のようにも思われる。たしかに人間は激情を感じるし、それによって心をゆさぶられ、悩まされるということもたしかである。しかし同時にまた、高い彼岸的意識の存在が感じとられるということも事実なので、そのような意識状態は、人が激情にまきこまれてしまうことを妨げ、自分の激情を客観としてあつかって、「私は、自分が今悩んでいるということを知っている」と冷静に言うことができるのである。この書物は、怠惰について次のようにのべている。すなわち「意識していない怠惰と、意識されている怠惰とは、千里の差がある」〔昏沈にして知らざると、昏沈にして知るとは、相去ること奚んぞ啻に千里ならんや〕[23]。これは、激情についても全く同様にあてはまる言葉である。

この点に関連して時折生じたことであるが、ある患者がもやもやした可能性の中から成長して、自分自身を乗りこえてしまうといった例は、私にとって貴重な経験になった。その間に私が洞察することができたのは、人生の最大にして最も重要な問題というものは、根本的には、すべて解決することのできないものである、ということであった。こういう種類の問題は、あらゆる自己調節的システムには必ず内在する二元対立性を表現しているからである。それらは決して解決されるわけではなくて、ただ成長することによって越えてしまうだけなのである。それで私は、この過大成長の可能性、すなわち心のより広い発達という現象は通常の所与の状態ではなく、葛藤の中にとどまったままでいたり、その中にまきこまれるということが病的なのではないか、と自問してみた。人は誰しも、本来、より高い心の水準を少くとも萌芽としてはもっているに違いないし、恵まれた状況の下では、この可能性を発達させることもできるに違いない。私がこれらの人びと、つまり静かに、そして何も意識することがないかのように、自分ひとりで大きく成長していった人びとの発達過程を観察したとき、私がみたのは、彼らの運命には何か共通なものがあるということ、つまりさまざまの可能性をもつくらい領域から新しいものが彼らに近づいてくる、そしてそれは外部からくることもあれば、内部からくることもある、ということであった。彼らはそれを受けいれ、それによって成長してゆくのであった。タイプを分けてみると、ある者はそれを外部から受けとり、他の者はそれを内部から受けとる。あるいはむしろ、こう言った方がいいかもしれない。ある人の場合には、外部からきたものが成長してその人のものになり、他の人の場合には内部からきたものが成長してその人のものになる、ということである。ただしこの新しいものは、全く外部からだけとか、全く内部からだけくるといった分け方はできない。外部からやってくるものでも、それはすぐに心の内奥での体験になった。また内部からやってくるものであっても、それは外的な出来事になったのである。しかしこのことは、決して意図的に、また意識して求めて得られたわけではなく、むしろ時の流れに乗って流れ寄ってきたものだったのである。

私にとっては、すべてのものから一つの目的と一つの方法をつくり出すという企てが非常に重要なので、ここで私はどんな予断も下さないために、わざと非常に抽象的な表現を使っているのである。なぜなら、私のいう新しいものとは、あれとかこれとか固定的に言えるものではないからである。もしそれを固定してしまえば、それによって〝機械的に〟複製できる処方箋がつくられるだろうし、それはまた「誤った人」の手に「正しい方法」を渡してしまうことにもなるであろう。私に最も深い印象を与えたのは、運命によって与えられた新しいものとは意識の期待にこたえるようなものではないし、さらに奇妙なことには、新しいものは、われわれがそれらを知るようになった根深い本能とも矛盾するものであるのに、それにもかかわらずそれは全人格のきわめて適切な表現であって、より十分な形では考え出すこともできないほど完璧な表現である、ということであった。

ところでこの人びとは、みずからの解放をもたらす進歩を達成するために、何をしたのであろうか。私が見てとることのできた限りでは、彼らは何もしなかったのである（いわゆる「無為」Wu Wei）[五]。ただ、物事が生じてくるままにしておいたのであった。呂祖師 der Meister Lü Dsu がこの書で教えているところによれば、光は、日常の仕事を投げすてなくてもその固有の法則に従って回るからである[六]。物事を生じるがままにさせること、行為することなく行為する（無為にして為す）こと、つまりマイスター・エックハルトのいう自己放下[七]は、私にとって道に至る門を開くことのできる鍵になったのである。人は心の中において物事が生ずるままにさせておくことができるにちがいない。このことはわれわれにとって真の技術なのであるが、多くの人びとはそのことを知らない。彼らの場合、意識は常に助力したり、矯正したり、否定したりして、介入しようとし、どんな場合にも、魂の過程が単純に生成してくるのをそのままそっとしておくことができないからである。仕事はたしかに、全く単純だといえるであろう（もっとも、単純ということほど難しいことはないのであるが……）。ここでの仕事はただひとえに、まず魂の発達の過程で浮んでくる空想の断片を客観的に観察するところにある。これくらい簡単なことはないだろう。しかし既に、ここで困難が始まっている。見たところ、空想の断片など浮んできはしない——いや、浮んできたぞ——だが、あまりにも馬鹿げたことだ——そう考えるべき理由はいくらもある。こうして人は、空想の断片に心を集中できない——退屈なことだ——そこで一体、何が出てくるというのだ——そんなものは「……でしかない」のだ——等々。こうして、意識は大いに異論をとなえる。実際、意識はしばしば、自然に発生してくる空想活動を根絶することに熱心になっているように見受けられる。高い洞察に立って、魂の過程をそれが進行するがままにさせようとする確乎たる意図をもっているにもかかわらず、そうなってしまうのである。こうして、しばしば意識の極度の緊張が起ったりするのである。

こういう最初の困難をうまく克服することができても、その後から批判する気持が出てきて、空想の断片を解釈したり、分類したり、美化したり、あるいはその価値をけなしたりしようとする。このような気分にかられることには、ほとんど抵抗できない。正確な観察を行った後には、意識のあせりを抑制していた手綱をとき放ってしまうことができるし、またそうしなければならない。さもないと、厄介な抵抗が生じるからである。ただし〔心の動きを〕観察する際には必ず、意識の活動は、そのたびにあらためて脇へ押しやっておかなければならない。

このような努力の結果は、まず大ていの場合、あまりわれわれを勇気づけてくれるものではない。ここで問題になっているのは、どこから来てどこへ行くのか、はっきりわからない、まさしく空想の糸のつながりであるからである。おまけに、空想を獲得する道も、人によって異なっている。多くの人たちはそれを文章にかくのが最も容易であるが、他の人たちはそれを視覚化するし、また視覚化しつつスケッチしたり絵に描いたりする人もあれば、視覚化しない人もある、といった具合である。意識の緊張が高められた場合には、手だけが空想を生み出すことができる、ということもよくある。つまり手が、意識にとっては全く異様にみえる形をつくり出したり、スケッチしたりするのである。[八]

この訓練は、意識の緊張がすっかりゆるむまで、言いかえれば、あるがままに〔空想を〕生じさせることができるまで、かなり長くつづけねばならない。このように放置することが訓練の次の目的になる。それによって新しい心構えがつくられるのである。つまり、非合理なものや不可解なものであっても、それは現に生じているものであるという理由で受けいれる、という態度である。このような態度は、そこに生起した事柄によって全く圧倒されている人にとっては毒になるであろう。しかしそれは、もっぱら意識的な判断だけによって、そこに生じていることから意識にとって都合のよいものだけを選択し、そのため生の流れの本流から徐々に死せる淀みの中へとはまりこみつつある人にとっては、高い価値をもつものである。

ここで、右にのべた二つのタイプについて形勢を見ると、今や道が分れてくることが見られる。両者は共に、彼らのところへやってくるものを受けいれることを学んでいる（呂祖師が教えているように、「仕事がわれわれのところにやってくるならば、それを引受けなければならない。物事がわれわれのところにやってくるならば、それを根源に至るまで認識しなければならない。」〔事、来らば、応に過ぐるを要す。物、来らば、識りて破るを要す。[九]〕）。一方の人たちは、主に外からやってくるものを受けいれるであろうし、他の人たちは、内からやってくるものを受け入れるであろう。そして生の法則に従って、一方の人たちは、以前なら決して外から受け入れなかったようなものを、今や外から受けとるようになるであろうし、他の人たちは、以前なら常に排斥していたようなものを、内から受けとるようになるであろう。この本質的態度の転換は、それまで保持していた以前の価値が単なる幻想でなく、またこの転換に当っても捨て去らないで留めておかれるならば、彼の人格を拡大し、高みに引上げ、そして豊かにすることになる。以前の諸価値が捨て去られてしまうと、人は他の側面の力にとらえられてしまい、有能だったものが無能になり、適応していたものが適応できなくなり、意味あるものから無意味なものへと変ってしまうし、特に理性的であったものが精神的障害におちいるまでになってしまう。この道はしたがって、危険がなくはないのである。すべてよきものは高くつく。そして人格のゆたかな発達は、最も高価なものに属している。重要なことは、自分自身のあり方に対して断乎たる肯定 Jasagen をすること、——つまり自分自身のあり方を最も重大な仕事として提示すること、そして自分のすることを常に自覚していて、その疑わしく思える面はすべて、常に眼前に見すえておくこと——これは真に骨髄に徹するほどの仕事である。

中国人ならば、ここで彼の文化全体の権威を頼りにすることができる。中国人は、長い道に足を踏み出す場合には、認められた最善のこと、一般に為し得る最善のことをする。しかし、もし西洋人が実際にこの道をとろうとすれば、知的、倫理的、そして宗教的な点で、あらゆる権威が彼に敵対してくる。そのため、中国的な道をそのまま模倣して、あつかいにくいヨーロッパ的心性はすててしまうことが、全くより簡単なやり方になるのである。あるいは、それほど簡単ではないが、キリスト教会が支配していたヨーロッパ的中世主義への戻り道を再び探して、ヨーロッパの外部に住んでいる哀れな異教徒や民族学的に珍しいものを真のキリスト教徒から隔てている、ヨーロッパの防壁を再び建設する道をとってしまうことになる。生や運命との美的な、あるいは知的な戯れは、ここに至って突然終りを告げる。より高い意識へ歩み入る道は、あらゆる背面援護と防備をわれわれからとり去ることを意味する。人は、自分自身を全く犠牲にしなければならないのである。なぜなら、そのようなありのままの完全さからのみ、彼はさらに先へと進むことができるからであり、またそのような完全さだけが、その道が馬鹿げた冒険にならないという保証になり得るからである。

さて、人がその運命を外から受け取ろうと内から受け取ろうと、「道」の体験とその途上の出来事は何ら変りがない。したがって私は、自分でその無数の多様性を言いつくせないような、様々な外的および内的な出来事については、何も語る必要はないだろう。これから注解する書物のことを考慮に入れても、そうしたからといって不都合はないであろう。これに反して、これからの人格の発達にともなう心的状態については、多くのことを語らねばならない。というのは、われわれのこの書物では、この心的状態が象徴的に表現されており、しかもそれらの象徴は、私が長年の臨床経験からよく知っている象徴の中に示されているからである。

基礎概念

1　道（タオ）

この書〔太乙金華宗旨〕やこれと似た書物を(10)、ヨーロッパ人にわかるように翻訳することは非常にむつかしい。というのは、中国人の著者は、常に中心となる問題点、つまりわれわれならば頂上とか探究の最終目標、あるいは最も深い究極の洞察とよぶであろうような事柄からまず出発するからである。つまり、批判的知性の持ち主なら、笑うべき思い上りか、全く無意味な事柄を語っていると感じるにちがいないような意味にみちみちた観念を、彼らは最初の出発点においているのである。したがって、西洋的思考法によって、東洋の最高の精神がもち得たような最も深妙なたましいの経験について知的な論争を始めようとすれば、とんでもない誤りにおちいってしまうであろう。たとえば、この書物は次のような言葉で始まっている。「自己自身によって存在するものを道という」〔自ら然るを道という〕。また『慧命経』は「道の最も微妙な秘密は人間の本性と生命とにある」〔蓋し、道の精微なること、性と命に如くものは莫し〕という言葉で始まっている。[二]

　そもそも、西洋の精神が「道」というような概念をもっていないということは、西洋の特徴である。「道」という漢字は、「首」をあらわす文字と「行く〔辶〕」をあらわす文字から合成されている。ヴィルヘルムは、「道」を Sinn（意味）と訳している。[三] しかし他の訳者たちは Weg（道）とか Providence（摂理）、あるいはイエズス会士たちのように Gott（神）とさえ訳している。このことは、彼らがこの言葉を訳すにあたって当惑を感じたことを示している。私には、「首」は「意識」を示し、[三]「行く」〔辶〕は「道を進むこと」を示しているように解される。したがって「道」という言葉に含まれている観念は、「真に意識しつつ行くこと」あるいは「はっきり意識された道」ということであろう。これは、「道」が、「天上の心」〔天心〕であるところの「両眼の間に住む天上の光」[四]と同じ意味に用いられていることと一致している。また『慧命経』の著者柳華陽の場合には、本質

（性）と生命（命）は天上の光の中に含まれており、それが道の最も重要な秘密なのである。今や「光」は、象徴的に、真の意識（慧）とひとしいものである。意識つまり心の真の本質は、光との類比によって表現される。『慧命経』は次のような詩から始まっている。

漏尽（ろうじん）金剛の体を成さんと欲せば
（一五）慧と命との根を烹蒸（ほうじょう）することを勤（つとめ）造よ
定（さだ）んで照し、歓喜地を離るること莫（なか）れ
時に将（まさ）に、真我、隠れて蔵居せんとす

（訳）もし汝が、無駄に流出し去ることのない、ダイヤモンドの如き身体を完成せんと欲するならば
意識と生命の根を加熱することに勤むべきである
汝は常に、近きにある喜びにあふれた大地を照らし輝かせよ
そこに、汝の真の自我が常に隠れ住むように、為すべきである

この詩は一種の錬金術〔錬丹術〕の教えであり、「ダイヤモンドのような身体」をつくり出す方法、あるいはそれに至る道を意味している。われわれの書物〔太乙金華宗旨〕も同じ意図に立っている。このためには「加熱」が必要である。すなわち、それによって精神の住む場所が「明るく照らし出

される」ような、意識の昂揚が必要なのである。ただし、意識〔心、慧〕ばかりでなく、生命〔身体、命〕もまた高められなくてはならない。この両者が一緒になって、はじめて真の「意識された生」〔慧命〕が生れてくる。『慧命経』によれば、古代の賢者たちは真の意識（慧）と真の生命（命）の両方を養ったので、両者の分離を止揚し統合することを知っていた。このようにして〝舎利〟（不滅の身体）がつくり出される。そしてこのようにしてこそ、「偉大なる道（タオ）が完成[一六]」されるのである。

今われわれが「道（タオ）」を、分離されているものを統一しようとする方法、あるいはそのための自覚された手段と解するならば、この概念に含まれた心理的内容にかなり近づくことになるであろう。いずれにせよ、意識と生命の分離というのは、私が先に序論で、意識の偏向あるいは根底喪失とよんだ事態に他ならないことは明らかである。対立するものを意識化すること、すなわち「転換」の課題において最も重要なのは、意識されない生命法則との再統合をはかることであり、この統合が真に意識された生の達成を目ざすのである。これこそ、中国でいう「道（タオ）の実現」なのである。

2　回転運動とその中心点

これまでも指摘したように、より高い水準において対立するものを統合することは[一七]、理性的な事柄でもなければ、意志の問題でもない。それは象徴の中に自己自身を表現してゆく心理的な発達過程の問題である。それは、歴史的にみれば、いつも象徴の中で提示されてきたものであるし、今日でもなお、個人の人格の発達過程において、象徴的図形において具体化されるものである。このような事実は、次のような経験から、私に明らかになってきた。先にとりあげたような自然発生的なイメージの産出は、深められてゆくにつれて、次第に、抽象的な形象にまで凝縮してゆく。この抽象的な図形が、はっきりと「根源」Prinzipien つまり真に秘教（グノーシス）的な「もとのもの」（アルカイ）(一八)を示すのである。イメージが主として思考的に表現されている場合には、おぼろげに予感された法則、あるいは原理についての直観的な表出が現われてくるが、それらはまず、ドラマ化されたり人格化されたりして現われてくるのがふつうである（これについては後に(一九)とりあげることにしよう）。イメージを図に描くときには、主として、私のいう「マンダラ」図形に属するような象徴が生れる。マンダラとは、円、より限定していえば魔法の円のことである。マンダラは東洋の全域にわたって広まっているだけでなく、われわれ西洋世界でも、中世以來おびただしく描かれている。キリスト教世界では、中世初期に特にマンダラ図形が多くみられるのであるが、それらはたいてい、中心にキリストが居て、四福音書の四人の作者、あるいは彼らの象徴（鷲、翼ある牛、獅子、天使）が四隅に配置されている。このような着想の起源は非常に古いものにちがいない。たとえばエジプトでは、四人の息子を従えたホルス神が、同じような形で描かれている（四人の息子を従えたホルス神の像(二〇)が、キリストと四人の福音書作者の図形と近い関係にあることは、よく知られている事実である）。後代のものとしては、魂についてのヤコブ・ベーメの著作の中に、きわめて興味深いマンダラが見出される。(二一)そこには、つよいキリスト教的傾向をおびた心理的宇宙の体系がとりあげられているということが、はっきりと看取される。ベーメはそれを「哲学的な眼」(二二)とか「叡智の鏡」などとよんでいるが、これらの言葉は明らかに、秘密にされた知識の全体を意味している。多くの場合、マンダラ図形は、4という数に向うはっきりした傾向を示す花とか、十字とか、輪の形などで示される

（これはピタゴラス派が基本数とみなした「四つのもの」（テトラクテュス）[三三]を思い出させる）。このようなマンダラは、プエブロ・インディアンが儀式のために用いる砂絵にも見出される。[三四]最も美しいマンダラをもっているのはやはり東洋、とりわけチベット仏教である。われわれの書物にみられる象徴は、これらのマンダラの中に示されている。私は、精神病患者の場合にも、また右にのべたような関連について全く何もしらない人びとの場合にも、彼らがマンダラを描くことを見出したのであった。[三五]

私は私の患者の中に、マンダラを描く代りに踊ってみせた女性の事例を、いくつか観察したことがある。インドには、こういう状態を示すマンダラ・ニリティヤ mandala nritya ＝ マンダラ・ダンスという術語がある。舞う姿は、図を描くのと同じ意味を表現しているのである。患者自身は、マンダラ象徴の意味について、ほとんど何も述べることができない。彼らはそれに魅惑されているだけであって、彼らの主観的な心の状態との関連において、それらが何か表現力豊かで有効であることを見出しているのである。

われわれの書物は「偉大なる一者の黄金の華の秘密をひらく」〔太乙金華の宗旨を発(ひら)き明らめる〕ことを約束している。[三六]黄金の華は光であり、そして天上の光は道のことである。黄金の華とは、私が私の患者において、これまでしばしば出会ってきたマンダラ象徴である。それらは、規則的な幾何学的装飾として平面図に描かれるか、あるいは植物から花が咲き出てくる光景として描かれたりする。植物は、暗闇の背景から浮き出した、明るい輝く火のような色合いにとり囲まれた形を示すことが多く、その頂上にはクリスマス・ツリーの象徴に似た光の花がついている。この種の図形には、黄金色の花が生れたことが示されているわけである。なぜなら、『慧命経』によると、〔真人を受胎する〕「みえざる身体」〔竅、胚胞体〕[27]とは「黄色い城」〔黄庭〕、「天の中心」〔天心〕、「生命のテラス」〔霊台〕、「一フィートの家の一インチの場所」〔寸田尺宅〕、「宝玉の都市の深紅の広間」〔玉京の丹闕〕、「暗い通路」〔玄関〕、「暁の天上の空間」〔朝の飛昇〕、「海底にある龍の城」〔海底龍宮〕などに他ならないからである。[28]それはまた「雪の山の限界」〔雪山界地〕、「原初の通路」〔元関〕、「至上の歓びの国」〔極楽国〕、「果てなき土地」〔無極之郷〕、「意識と生命とがつくられる祭壇」〔慧と命を修むるの壇〕ともよばれている。「死につつある者が、このみえざる身体を知らなければ」と『慧命経』はのべている。「彼は千回生まれ、一万の時代を生きたとしても、意識と生命の統一を見出すことはないであろう」〔修士、此の竅を明らかにせずば、千生・万劫に、慧と命とは則ち覓むる所、無からん〕[29]。

始まりにおいては、すべてのものはまだ一つであるが、この始まりはまた究極の目標としても現われるものである。始めそれは、海の底、つまり無意識の暗黒の中に横たわっている。〔瞑想によって感得される〕みえざる身体の内部においては、意識と生命（あるいは本性と生命、すなわち「性」Sing と「命」Ming）とはまだ一体であって〔二物相融合して一を為す〕、両者は「精錬炉の中の火花のように、分ち難く混り合っている。」〔融々郁々たること、炉中の火種に似たり。〕「みえざる身体の中には君主の火がある。」〔夫れ、竅の中に君火あり。〕「あらゆる賢者は、その仕事をみえざる身体で始めた。」〔凡て聖は、此に由って起る。〕[30]火との類比が注意をひく。私はヨーロッパ人が描いたマンダラ図形のシリーズを知っているが、そこでは、鞘につつまれた植物の胚芽のようなものが水中に浮んでおり、深みから火が胚芽をつらぬいてそれを成長させ、胚葉から伸び出た大きな黄金の花を咲き出させている。

　このような象徴的表現は、精錬と精製という一種の錬金術的過程と関係している。暗黒が光を生み、「水の領域の鉛」〔水郷の鉛〕[三]から貴重な黄金が育ち、無意識の力は生命の過程および成長の過程という形をとって、意識にまでのぼるのである（これと全く同じ類比が、インドのクンダリニ・ヨーガにある）[三]。このようにして意識と生命の根の結びつきが新しく生じてくるのである。

　私の患者たちがこのような絵を描く場合には、もちろん何かそういう示唆を受けて描くわけではない。こういう絵は、私が東洋の修行法との関係やその意味を知る以前から、ずっと描かれていたものである。それらは全く自然発生的に生れたものであるが、これには二つの場合が区別される。一つの場合は、マンダラを生む源泉は無意識的で、自然発生的に、そのようなイメージを生み出すのである。もう一つの場合は、何事かに全く没頭し切っているとき、個人の人間的本質を成す本来的自己 Selbst についての予感が与えられるのである。本来的自己〔真我〕が感得されるときには、それが素描として表現されるのである。一方、前者の場合には、自己の生き方に没頭するように強制する力が生れる。これは東洋的なマンダラの理解と全く一致しているのであるが、マンダラ象徴は単に心の表出の方法であるばかりでなく、それ自身がある作用を合せもっているからである。つまりそれは、〔描くことが〕描き手に対して作用を及ぼすのである。その中には、太古の魔術的作用が潜んでいる。それは根本的には、魔術でいう「囲いこむ輪」とか「魅惑する輪」[三]に由来するものであって、このような輪を用いる魔法の実例は、無数の民間伝承の中に保存されている[三]。

　マンダラ図形は、はっきりした目的をもっている。それは「原始の溝」sulcus primigenius つまり中心をめぐる魔術的な溝であって、最奥の人格の本質という神殿 templum あるいはテメノス〔ギリシアの聖域〕を描くことなのである。それは心のエネルギーの〝流出〟〔漏〕を防ぎ、あるいはまた外的影響から生じる偏向を防ぐ予防手段なのである。魔術的儀礼というものは、元来、心の出来事の投影に他ならないのである。ここでは、それは一種の魅惑する力として、心が自分自身の人格中心に向うように、〔外へ向おうとする心の動きにさからって〕逆方向に適用されるのである。言いかえればそれは、直観がみちびき作用するままに注意力が集中すること、より厳密にいえば、関心が心の中なる聖域へと引き戻されることなのである。この内なる聖域は、心の源泉であるとともに目標でもあり、生命と意識の失われた統一をなお保存しているのであって、今やその統一を再び見出さなくてはならないのである。

内と外の両者の統一が「道」であるが、その特質を象徴するのは、中心部にある白い光であろう（これはチベットの『死者の書』(バルド・ソドル)にみえる光に似ている）[三四]。この光は一インチ平方〔寸田〕あるいは「顔」の中に、つまり両眼の間に住んでいる。これは魂の作用の「創造的中心点」を具体的に示しているのである。この中心点は空間的延長はもっていないが、質的な強度をもっており、一インチ平方の空間〔眉間部〕と何らかの形で結合した象徴であると考えられる[三五]。つまり量的〔空間的〕なものと質的〔心的〕なものの両者を統合したものが「道」(タオ)なのである。本性または意識（「性」）は光という象徴で表現され、したがって質的な強さである。生命（「命」）はしたがって、量的な広さと相応ずるであろう。前者は「陽」の、また後者は「陰」の性格を有している。先に引用したが、私が三十年前に観察した十五歳あまりの夢遊病の少女が描いたマンダラでは、中心部に、空間的延長のない「活力の泉」が見られる。(三六) この中心部は〔空間性をもたないのだから〕外的流出について考える際には、相対抗する空間原理と直ちに矛盾する。これは中国の文書の根本理念と全く類似している。

「囲いこむこと」あるいは「循環運動」circumamblatio は、この書物では「回転」〔回光、光を回転させる〕という観念によって表現されている。回転は単に円運動を意味するばかりでなく、聖域を隔離する意味をもつと同時に、固定し集中する意味をも有している。太陽の車輪がまわり始める、つまり太陽が活気づけられてその軌道をめぐり始めるということは、言いかえれば、道(タオ)が活動し始め、主導権をとり始めたことなのである。かくて行為は無為へと変化する。すなわち、すべての周辺的なものは中心的なものの指揮下におかれるのである。それ故、次のように言われる。「運動とは克己の別名である。」〔動とは（中略）即ち、制の字の別名なり〕(三七) 心理学的にいえば、この循環は「自分自身の周(まわ)りを回ること」であろう。そのときには、明らかに自分自身の人格のあらゆる側面が、ともに活動するに至る。「光と闇の両極は、円運動へともたらされる。(三八)」すなわち、昼と夜の交替が生ずるのである。

天国の澄明さは　深く恐しき夜と替る（『ファウスト』）

したがって円運動は、人間本性にそなわったあらゆる明るい力と暗い力とに活気を与え、ひいてはどんな種類のものであれ、あらゆる心理的(三九)対立物に活気を与えるという、倫理的意味をも有しているのである。それは自己受胎（タパス）による自己認識に他ならない。このような完全な存在についての類似の原像としては、プラトンが(四〇)説いている完全な球形人間があげられる。この球形人間はまた、男女両性を具有する存在でもある。

ここにのべた事柄に最もよく類似している例の一つとして、アンナ・キングスフォードの協力者だったエドワード・メートランドが自分の重要な体験についてのべた記事があげられる。[三] できるだけ、彼自身の言葉を追ってみよう。彼がある一つの考えについて省察していると、それと関連のある考えが、長い系列をなしつつ、いわば眼に見えてくるのであった。その系列はその本来の源泉へと戻ってゆくように思われたが、彼にとっては、その源泉が神的な精神なのであった。この系列に精神を集中することによって、彼はその根源にまで迫ろうと試みたのである。

私がこの試みを始める決心をしたとき、私は何の知識も、また期待も、もってはいなかった。私は単に、自分のこのような能力をもって実験をしただけであった。……私は、連続した形で起る出来事を書きとめておくために、書き物机の前に坐った。そして、外面的で周辺的な意識をしっかりと持ったままにし、自分がどこまで私の内面的で中心的な意識の中へ入り込めるかということは、気にしないことに決めたのである。というのは、もし私が外面とのつながりを一度ゆるめてしまったなら、そこへ再び戻れるかどうかわからなかったし、また経験した出来事を思い出せるかどうかもわからなかったからである。意識の二つの極を同時にしっかりと保持する努力は、つよい緊張をひき起しはしたが、私は苦労の末に、やっと成功することができた。

私は最初、一つの体系の周辺部から中心点に向って長い梯子を登っているような感じをもったが、その体系というのは、私自身の、太陽系の、そして同時に宇宙の体系でもあった。この三つの体系は、異なっていながらしかも同一でもあった。……やがて私は、最後の努力をふりしぼった。……私は、私の意識が放射する光線を、望み通りの焦点に合せることができた。その瞬間、突然、点火によってすべての光が一つに融合したかのように、すばらしい、形容しがたい輝きを帯びた白い光が私の前に立った。その力は非常につよくて、私は突き倒されそうになった。……この光をこれ以上探求することは無用であると感じはしたものの、私はもう一度、たしかめてみることにした。それは、ほとんど私を盲目にせんばかりだったその輝きを貫き通して、その中に含まれているものを見たかったからである。……大変な苦労の末、私はやっと成功した。私がそこにあるにちがいないと感じていたものが現われてきた。……それは御子〔キリスト〕の二重性であった。……隠れていたものが明らかになり、定義できないものが定義され、個別化できないものが個別化されたのである。主なる神はその二重性によって、神は実体であるとともに力〔作用〕であり、愛であるとともに意志であり、女性的であるとともに男性的であり、母であるとともに父であることを示していたのである。

彼は、神が人間と同じように「一における二」であることを発見したのであった。さらに彼は、われわれの文書〔太乙金華宗旨〕も強調していることであるが、「呼吸の静止」に気がついた。彼はこうのべている。通常の呼吸は止まってしまい、一種の内的な呼吸がそれに代ったが、それはあたかも、「私の身体組織とは別の誰か他の人が、私の中で息をしているかのようであった。」彼はこのような存在のしかたを、アリストテレスのいう「エンテレケイア」（完全自足態）[四三] また使徒パウロのいう「内なるキリスト」に当るものとみなしている。彼は言う。「精神的で実体的な個性が、身体的また現象的な人格の内部に生れる。それはしたがって、超越的段階における人間の再生を示しているのである。」

この疑いようのない体験は[四三]、われわれの書物の中にあるあらゆる本質的象徴を含んでいる。このような現象そのもの、つまり光のヴィジョンは、多くの神秘家たちに共通した体験であって、その体験は疑いもなく最も高い意義をもっているものである。なぜならそれは、あらゆる時代と地域において、最大の力と最高の意味とをみずからの中で一つに結びつける無制約的なものであることを、はっきりと示しているからである。その神秘家的体験を全くぬきにしてもすぐれた人物であるヒルデガルト・フォン・ビンゲン[四四]は、彼女の中心的ヴィジョンについて、全く同じようにこう述べている。

「子供の時から」と彼女は語った。「私はいつも、私の魂の中に光を見るのです。それは外的な眼で見るのでもなければ、心の中の考えによって見るのでもありません。外的な五官は、この視覚には関係がないのです。……私が感じる光は場所的なものではなくて、太陽を運ぶ雲よりもずっと明るいのです。私はそこに、高さも、広さも、あるいは長さも、区別することができません。……私がそういうヴィジョンの中で見たり学んだりすることは、いつまでも私の記憶の中に残っています。私は見、聞き、そして同時に知るのですが、私は、私の知ることをいわば瞬間のうちに学んでしまうのです。……この光の中には、全くどんな形もみつけることはできません。もっともその中に、ときどき、私が生ける光と名づけた別の光を認めることはあります。……私がこの光をみることに恍惚としているあいだ、あらゆる悲しみと苦悩は、私の記憶から消え去っているのです。……」(22)

この種の経験について、自分自身の体験から知っている人たちを、私自身もいくらか知っている。このような現象について私が何か理解することができるとすれば、ここでは、集中的であるとともに抽象的な意識の鋭い状態が問題になっているのである。つまり、ヒルデガルトが適切に示唆しているように、いつもは暗黒に蔽われている心的現象の領域を意識面まで押し上げる「解放された」意識(後述参照)が、ここでは問題になるのである。それとともに、しばしば一般的な身体感覚が消失するという事実は、そのための特殊なエネルギーがそこ〔暗黒の領域〕から引き上げられて、おそらく意識の明晰さを強化するために用いられているのであろう、ということを示唆している。その現象はたいてい自然発生的に起るものであって、それ自身のイニシアティブでやって来たり、去って行ったりするのである。その作用はほとんどいつも、心的葛藤を解決し、それとともに内面的人格を情動的また知的な困難から解放し、ひいては一般的に解放と感じられるような存在の統一性を創り出すという点で、おどろくべきものである。

意識的な意志の力では、そのような象徴的統一性を達成することはできない。なぜならこの場合、意識は敵対者だからである。敵は集合的無意識なのであって、意識の言葉を理解しないからである。それだからこそ、無意識に語りかけるあの、原始的類比を含んで「魔術的に」作用してくる象徴というものが必要なのである。この象徴を通じてのみ、無意識に到達してそれを表現へともたらすことができるし、したがって個性化 Individuation も象徴なしには決して達成できないのである。象徴は、一方では無意識の未熟な表現であるが、他方では意識の最高の予感に対応する理念でもあるのである。

私が知っている最も古いマンダラ図形は、最近ローデシアで発見された旧石器時代のいわゆる「太陽の車輪」である。それはやはり同じように、4という数に基づいたものである。人類の歴史のはるか昔にさかのぼるような事柄は、当然のことながら、無意識の最も深い層に触れるものであり、意識の言葉が全く無力であることが明らかになったところで、無意識をつかまえることができるのである。そのような事柄は、頭で考え出すことのできるようなものではない。意識のもち得る最も深い予感と精神の最高の洞察とを表現するには、そういう事柄そのものが忘却の暗い深みから再び上へと昇ってこなくてはならない。それによって、現代的意識の一回性と生命の太古から伝わっている根源的過去性とを融合させることができるのである。

道の諸現象

1 意識の解消

狭い範囲に視野を限定されている代りに、強く一点に集中した明瞭な個人的意識が、集合的無意識の巨大な広がりと出会うときに一つの危険が生じる。なぜなら、無意識的な力は意識を全く崩壊させるほどの強い作用をもっているからである。『慧命経』によると、このような現象は中国的瞑想にはつきものである。この書は次のようにのべている。「個々の分離した想念が形態をとり、色と形が見えてくるようになる。全体としての魂の力が、その足跡を展開する。」〔分念、形を成して色相を窺(うかが)ひ、共霊、迹(あと)を顕(あらは)す。[四六]〕本書に添えられた図は瞑想にふけっている賢者を示し、その頭は燃えさかる火にかこまれている。そこから五人の人間の姿が現われ、その五人がさらに、もっと小さな二五人に分裂する。[四七] こういう状態が固定してしまえば、分裂病的過程に至ってしまうであろう。そのため、『慧命経』はこう教えている。「精神の火によってつくられた形態は、空虚な色と形にすぎない。本性の光は、根源的なるもの、真実なるものへと還帰しつつ輝く。」〔神火、形と化して、空なる色相あり。性光、返照して、元真に復す。[四八]〕

　これによって、「まわりを囲む円環」の保護がなぜ重要であるかということがわかる。円環は〔心のエネルギーの〕無駄な流出〔漏〕を防ぐとともに、無意識の力によって意識の統一が破壊されてしまうのを防ぐ役目を果すのである。さらに、中国的把握の仕方によれば、「思念された形」あるいは「分離した想念」〔分念〕は空虚な色と形なのであり、したがって、できるかぎりその力をそぐことによって、無意識に内蔵された意識を崩壊させる作用を弱めるようにすべきなのである。このような考え方は、仏教（特に大乗仏教）において展開し、チベット密教の『死者の書(バルド・ツドル)』の中にある、死に際しての教えにもみられるものである。そこでは、人間に対して好意的な神霊も、また悪意ある神霊も、共に克服されるべき幻影にすぎない、と説かれている。このような考えが形而上的〔論理的〕に正しいかどうかということを決定するのは心理学者の仕事ではない。心理学者にとっては、心的に有効なものが発見されればそれでよいのである。彼は、その姿が超越的な幻影であるかないかを気にかける必要はない。それを決定するのは信仰であって学問ではない。いずれにせよ、ここでわれわれは、これまで科学の領域の外にあるものと考えられ、そのため全くの幻として無視されてきた分野をとりあげているわけである。もっとも学問的にみれば、このような仮説は決して証明できないだろう。なぜなら、こういう事柄の実体は科学的な問題ではないからである。その実質は、いずれにしても人間の知覚と判断の能力の彼方にあるものであるし、したがってまたあらゆる証明可能性の彼方にあるからである。心理学者にとっての問題は、これらのコンプレックスの実体ではなくて、そのような心的経験〔の現象様式〕なのである。疑いもなくそれは、明確な自律性をもった、経験可能な内容である。なぜならそれは、恍惚状態の中で自然発生したり、強い印象や作用の下でひき起されたり、精神障害によって妄想観念や幻覚という形で定着し、人格の統一を破壊したりするような断片からなる心的体系であるからである。

一般に精神病理学者は、一定の〔生理学的〕毒素とか、それに類したものを仮定して精神分裂病〔精神病における精神の分裂状態〕を説明しようとする傾向がある。その場合彼は、患者の心的内容には重きをおかない。これに対して（ヒステリー、強迫神経症、その他の）心因性の障害では、毒素の作用とか脳細胞の変質とかは考慮する必要がない。たとえば、夢遊状態でも〔ヒステリーなどと〕似たようなコンプレックスの分裂が、自然発生的に起る。フロイトはそれを、性の無意識的抑圧から説明しようとした。しかし彼の説明は、決してすべての場合にあてはまるわけではない。

なぜならそこでは、意識が同化することができない内容が、自然発生的に、無意識から展開してくるからである。そのような場合、フロイトの抑圧説は役に立たない。さらに、これらの作用の本質的な自律性は、日常生活の中でも情動作用に即して研究することができる。情動はわれわれの意志や強い抑制の試みに反抗して、勝手に自分の存在を主張し、自我を圧倒し、それを自分の下に屈服させようとするものである。したがって未開人が、そこに霊魂の憑依やその変容〔妄執、怨念など〕を認めたとしても何の不思議もないのである。今日のわれわれの言葉づかいの中にも、そういう用語法は生きている。「今日の彼には、何かがついていたのかもしれない。」「悪魔がのり移った。」「またしても、あれが彼の調子を狂わせたのだ。」「彼はわれを忘れた。」「彼は何ものかに憑かれたように行動した。」法廷で犯罪を裁く場合でも、発作状態において人間の責任能力が部分的に減少することは認めている。したがって心的内容の自律性は、われわれにとっては全くよく知られている経験なのである。そのような内容は、意識を崩壊させるほどの作用をもっている。

ところで、ふつうよく知られている感情以外に、ふつうなら感情とはみなすことのできないような、微妙で複雑な情緒的状態が存在している。それらは、複雑になればなるほど、より〔固定した〕人格的特性をもつようになる錯綜した心の断片的体系である。それはまさに、心的人格の構成要素そのものであり、したがって〔徳性とか性質といった〕人格的特性をもたなければならないわけである。そのような断片的体系は、特に精神病や心因性の人格分裂（二重人格）、あるいはありふれた霊媒現象などによく認められる。それはまた、宗教的現象の中にも存在している。古代の多くの神神はそのため、次第に人格から人格化された理念へ、そして最後には抽象的理念にまでなったのである。というのは、生きた無意識の内容は、まず最初必ず外界へ投影された形で現われ、精神的発展の過程で、空間的投影を経由しつつ徐々に意識に同化されて、意識的理念にまで変形される。その際、意識化された理念は、無意識的内容が元来もっていた自律的で人格的な特性を失ってゆくのである。よく知られているように、古来の神々のあるものは、占星術によって単なる人格特性になってしまったのである（たとえば〝戦闘的〟martialisch という特性は軍神マルス Mars〔火星〕からきた語であり、〝陽気〟jovial はジュピター神〔木星〕の、〝陰気〟saturnine はサターン神〔土星〕の理念化であり、エロティック erotisch とか論理的 logisch とか狂気 lunatic 等の語も、同じような背景を有している）。

チベット密教の『死者の書』にみえる教えは、これらの自律的形姿の力によって意識が解体してしまう危険がどんなに大きいか、ということを知らせてくれる。死者は何度も次のように教えこまれるのである。こういう形姿を真実なものと思わないこと、その暗い外観を仏の「法身（ダルマ・カーヤ）」（真理の神的身体）[四九]がもつ清浄な白光と混同しないこと、言いかえれば最高の意識のあの一つの光を具象化された個々の形姿に投影することなく、光をそういう自律的な断片的体系の多様性の中へと溶かしこむことである。もしそこに何らの危険もなく、断片的な体系が魂に脅威を与えるほどの自律的で分散する傾向性をもっていないのなら、こんな強い調子の教えは全く必要がないであろう。その教えは、東洋人の簡素で多神教的傾向をもつ気質にとっては、ちょうどキリスト教徒に対して、そうした幻影を唯一の人格神と思いこんだり、三位一体や多くの天使・聖人についてやたらに語ったりしないように、という教えを与えるのと同じような意義をもつものであろう。

分裂の傾向が人間のたましい（プシケ）に固有な特質でなかったならば、こうした心の断片的体系が分裂するようなことは全くなかったであろう。言いかえれば、〔たましいがそういう傾向を有しなかったならば〕霊も神々も〔われわれの体験の中には〕決して存在しなかったことであろう。したがってまた、われわれの時代は、神々の存在を認めず、神聖なものを汚しても意に介しないのである。それは言いかえれば、無意識の心というものに対してわれわれが全く無理解であり、意識だけを礼讃している、ということなのである。今日のわれわれの真の宗教は意識という一神教なのであって、われわれはいわば意識にとり憑かれているとともに、自律的な心の断片的体系が存在することを、狂信的に否定しようとしているのである。ただし、われわれ〔現代人〕と仏教的ヨーガの教えが異なっている点は、〔そういう体系を幻影視することよりも〕われわれが断片的体系の経験可能性さえも否定している、という点にある。そこに大きな危険が待ちかまえているのである。というのは、われわれの場合には、〔意識の統制がつよいために〕断片的体系が抑圧された内容となって動き出すからである。抑圧された内容は、もっともらしい形をとって再び意識に現われてくるために、それらは必ず誤った態度をひき起してしまうのである。こういう事態はすべてのノイローゼにはっきり認められるものであるが、また集合的〔集団的〕な心理現象についても当てはまるものである。われわれの時代は、この点について致命的な誤りを犯している。つまり現代人は、宗教的事実[三〇]というものを知的に批評できると信じこんでいるのである。たとえば現代人は、あのラプラスのように、神とは知的に処理できるもの、つまり肯定か否定かによって処理することのできる一つの仮説のようなものであると考えている。その際、人は次のことを全く忘れている。人間が「精霊（ダイモン）」を信じるのは、外界にあるものとは何の関係もなく、ただ自律的な心の断片的体系がもっている強力な内面的作用を素朴に知覚したことにもとづくということである。この作用は、われわれがその名称を知的に批判したり、それを迷妄であるとみなしたりしたところで、〔その存在を〕否定できるものではない。その作用は、集合的に、常に存在しているものである。この〔たましいの〕自律的体系は、常にはたらきつづけている。なぜなら、無意識の基本構造というものは、一時的な意識の表面的作用によってかきまわされることはないからである。

〔神々とか幽霊といった〕名称を批判することによってこの断片的体系を拒否できるものと考えて、その体系の存在を否定してしまう場合には、それにもかかわらず存続している作用を理解することは不可能になるし、したがってまた、それを意識に同化することもできなくなるのである。それは説明不可能な障害をひき起す要因になる。というのは、その場合、人は結局、どこか心の外部にその原因があると考えるようになってしまうからである。それによって断片的体系の外部への投影が生まれ、それとともに危険な状況が生み出される。今や、妨害する作用は、われわれの外部にある〔他者の〕悪意に帰せられてしまうのである。その他者はもちろん、どこか別のところ〔霊の世界〕にいるわけではなく、正にわれわれの近くにいる他人、つまり〝川向うの奴ら〟の中に見出されることになる。こういう事態は集団的な妄想形成、戦争の原因、革命など、一言でいえば破壊的な集団的精神病発作に通じるものなのである。

妄想とは、このような意味において、意識に同化され得ない無意識的内容による憑依現象なのである。その無意識的内容は、意識がその存在を否定するために〔かえって〕同化できなくなるのである。宗教的に表現すれば、人はもはや「神への畏敬」をもたず、すべては人間の判断に委ねられている、と考えられているわけである。この傲慢さ、ないし意識の偏狭さこそ、精神病院に至る近道なのである。（五二）

知的訓練を受けたヨーロッパ人は、『慧命経』に次のように述べられているのをよんで共感するかもしれない。「精神の火によってつくられた形態は、空虚な色と形にすぎない。」〔神火、形と化して、空なる色相あり。〕この句は全くヨーロッパ風に聞えるし、われわれの理性にふさわしいように思える。実際われわれは、われわれ現代人が既にこういう明晰さの高みに到達したと自負できるものと思いこんでいる。人間は、はるか以前に、そのような神々の幻と別れてしまったからである。しかしわれわれが克服したのは言葉の幽霊であって、**神々が生れる原因になった心的事実は克服されていない**のである。われわれはいまだに、みずからの内なる自律的な心的内容にとり憑かれている。それは〔新しい〕神々のようである。それは今日では、恐怖症とか、強迫症とか、言いかえれば一般に神経症的状態とよばれているものである。神々は病人になってしまったのである。ゼウスが統治する場所はもはやオリンポスの山ではなくて太陽神経叢である。それらは医学的面接における標本をつくる機会になったり、あるいは、無知なままに集団心理的伝染病を流行させている政治家やジャーナリストたちの脳をかき乱しているのである。

そういう観点からいうと、西洋人は、東洋の賢者の隠された洞察について、はじめは、あまり多くのことを知っていない方がよいのである。なぜならそれは、「誤った人間の手に正しい方法を与える」例になってしまうからである。精霊とは幻である、とあらためて自分自身に確信させるよりも、西洋人の場合は、まずこの幻の現実性をもう一度経験しなくてはならないのである。彼は、その心的な力をもう一度承認しなくてはならない。彼の気分や神経質や妄想観念が、彼を苦しみにつき落して、彼が自分の家の唯一の主人ではないのだということをはっきりさせるまで待っているべきではない。分裂傾向とは、それなりの相対的現実性をもった、現実の心的人格〔のあり方〕なのである。それは、それを現実的なものとして認めず、外に投影するときには、逆に〔否定できない〕現実的なものになる。それを意識に関係させる（宗教的にいえば儀式を行う）時には、それは相対的に現実的なものになる。さらに、意識がその内容から解放されるに至る場合には、それは非現実的なものになってゆくのである。ただしこの最後の場合は、次のようなときに限られる。その人間が、精魂つきるほどに献身的な態度で彼の人生を生きぬき、もはや彼の生き方に対してそれ以上の義務といえるようなものは何も存在しなくなり、そのため彼は、世界〔との関係〕から内面的に超越しようとするときには、どんな〔世俗的〕要求でもためらうことなく犠牲にしてしまえるまでに至っているので、それが最早何の邪魔にもならない、といった場合である。この点について、自分自身を欺いてみても何の役にも立たない。執着がまだ残っていれば、彼はまだ何かにとらわれているのである。そしてとらわれているということは、より強いものがまだ存在していて、彼を支配しているということなのである（「よくあなたに言っておく。最後の一コドラントを支払ってしまうまでは、決してそこから出てくることはできない。[五三]」）。人があるものを「病癖」とよぶか「神」とよぶかは、つまらない問題ではない。病癖に仕えることは忌わしく、価値なきことである。これに反して神に仕えることは、より高い見えざるものや精神的なものに従うことであるから、非常に意義深く、また、よきものに出会う展望がもてるわけである。人格化することは、それだけで既に、自律的な断片的体系のそれなりの相対的現実性を認めることであるし、ひいては、それがもっている生命力を同化し、非現実化してゆく可能性をもたらすからである。神を認めないときには、利己的な病癖が生まれ、病癖から病気が生まれるのである。

ヨーガの教えは、神々を承認するのを当然のこととしている。その秘密の指導は、意識の光が生命力から解放されようとする段階に至った者にしか与えないことに決められている。それは究極の分ち難い統一、つまり「空の中心」〔空心〕に入るためである。われわれの書物がのべているように、そこは「至高の空と生命の神が住みたまう場所である。」[五三]「このような教えをきく機会は、千劫を経ても得がたい。」〔聞くは千劫に逢ひ難し。〕明らかに「幻(マーヤ)」のヴェールは、単なる理性の決定によって取り払うことなどできないものである。そのためには、徹底的で、長い時間のかかる準備作業が必要である。それは、人生の負債すべてをきちんと払うということである。なぜなら、「肉欲」cupiditas にもとづく捨てがたい執着が残っているかぎり、ヴェールは挙がらないし、それらの内容や幻から解放された意識の高みには達し得ないからである。どんな術策や不正手段を用いてみても、魂の解放に至ることはできない。最終的には、それは死においてのみ実現され得る理想なのである。無意識の力が生み出す現実の、また相対的に現実的な形姿は、その時に至るまで存在しつづけているのである。

2　アニムスとアニマ[五四]

この書によれば、無意識の諸形態には、神々ばかりでなく、アニムスとアニマも見出される。ヴィルヘルムは、「魂」Hun という言葉をアニムスと訳している。実際、私が用いているアニムスという概念は「魂」にぴったり適合している。その字形は「雲」をあらわす字〔云〕と「悪魔」をあらわす字〔鬼〕から構成されている。つまり魂は、雲のようなデモン、高いところで息吹する霊というような意味であり、「陽」の原理に属しているから男性的なものである。死後、「魂」は天に昇って「神」つまり「みずから拡大して示現する」霊、または神となる。これに対して「魄」は「白さ」をあらわす字〔白〕と「悪魔」をあらわす字〔鬼〕で示されている。「魄」はアニマである。それは「白い幽霊」であり、地上的な身体にともなう霊であって、「陰」の原理に属している。したがってそれは女性的である。死後、「魄」は下方へ沈み、「鬼」すなわち「(大地へと)帰る者」、いわゆる亡霊あるいは幽霊になる。このようにアニマとアニムスが死後分離してばらばらになってしまうということは、中国人の意識にとって、両者がさまざまの作用をもつものとして、互いにはっきり区別できる心的要因であったことを示している。両者は元来「作用する真の存在」としてみれば一つのものであるにもかかわらず、「創造的な力の宿る場」としては、二つに分れているのである。「アニムスは天上の心の中にある。それは、昼は両眼の間(つまり意識)に住み、夜は肝臓の中で夢みる」〔魂は、昼は目に寓り、夜は肝に舎む〕のである。(五五) それは「われわれが大いなる空の中から手に入れたものであり、その形姿において原初とひとしいものである。」〔此れ太虚より得来り、元始と形を同じくす。(五六)〕これに対してアニマは「より重く、濁ったもの」であり、身体的肉的な作用と結びついている。「肉欲と怒りの衝動」がその作用である。「目覚めているとき、憂鬱になったり不機嫌になったりする者は、アニマにとらわれているのである。」〔覚めて則ち冥冥たり、淵淵たるは（中略）即ち、魄に拘はるるなり。[五七]」

ヴィルヘルムがこの書物のことを知らせてくれる何年も前から、私は、「アニマ」という概念に含まれた形而上的仮定は別にして、この概念を、中国語の定義と全く類似した形で使っていた。[五八] 心理学者にとって、アニマは何も超越的なものでなく、全く経験可能な実体である。というのは、中国語の定義もはっきり示しているように、情動的状態は直接的な経験なのであるから。しかしこの場合、なぜ人は、アニマ〔という人格化された像〕について語って、気分については語らないのだろうか。その理由は次のような点にある。情動作用は、範囲を限定できる意識内容、つまり人格の一部である。それらは人格の一部であるので、当然、人格的特徴をもっている。したがってそれは容易に人格化され得るのである。先にあげた例が示しているように、それは今日もなお進行している過程なのである。情動をかき立てられた個人は、中立的になることができず、ふだんの性格とは全くちがった、一定のはっきりした性質を示すようになる。その意味で、〔情動作用を〕人格化することは、無意味なつくりごとではないのである。この場合、慎重にしらべてみると、男性では、情動的性質が女性的特徴を示すことが明らかになる。「魄」についての中国人の教えは、私のアニマについての理解と同様に、こういう心理学的事実に属している。深い内省や恍惚の体験は、〔男性の〕無意識領域に女性的な形姿が実在していることを明らかにする。したがって「心」には、〔昔から〕アニマ、プシケ、ゼーレといった女性名詞が用いられているのである。アニマは、男性が女性に関してもつあらゆる経験からつくり出されたイメージ、ないし元型、あるいは沈澱物である、と定義することもできるだろう。したがってアニマ像は、きまって〔現実の〕女性に投影される。よく知られているように、文学作品はいつもアニマ像〔理想の女性など〕を描き出し、また歌ってきた。[五九] 中国的理解に従ったアニマ〔魄〕と幽霊の関係は、反対の性をもつ者によってそれらがコントロールされることが多いという点で、超心理学者にとって興味深いものである。[六〇]

ヴィルヘルムが「魂」をアニムスと訳したことは、妥当であるとは思うが、私は、意識の明晰性や男性的性質に特徴があらわれる男性の精神を示すために、時には「ロゴス」という表現をえらんだ。アニムスという語は、ふつうの場合にはむしろ適切な表現なのであるが、私にとってはそれ以上に、時としてロゴスという表現を用いた理由が重要であった。この点、中国の哲学者は、〔そういう二つの概念を使い分けなければならない〕西洋の心理学者を苦しめる困難から免れている。[六一] 中国の哲学は、古代のあらゆる精神活動と同じように、もっぱら男性的世界に属するものである。それらの概念は心理学的に理解しにくいし、したがってそれがどの程度女性的な「心(プシケ)」にふさわしいものかということは、これまで検討されないままである。けれども心理学者は、女性の存在を無視するわけにゆかないし、女性固有の心理というものを無視することはできないのである。私が男性における「魂」を、時に「ロゴス」と訳そうとする理由はそこにある。ヴィルヘルムは、中国語の「性」Sing に対してロゴスという訳語を用いている。「性」はまた「本性」（本質）とか「創造的意識」とも訳せる語であろう。「魂」は死後、「神」Schen となる、つまり哲学的にいえば「性」に近い霊になる。中国語の概念というものは、論理的な表象ではなく直観的な表象を用いるものであるから、その意味は文脈上の用語法や漢字の象形から、または、「魂」の「神」に対する関係から、うかがうことしかできないのである。したがって、「魂」は、男性にみられる意識の光や理性的性格に近いものであろう。それは根源的にみれば、「性」という〝種子的ロゴス〟(六三)から発し、死後、「神」の段階を通じて再び「道」へと還るものである。「ロゴス」という表現は、このような使い方をする場合に特に適切であろう。なぜならロゴスという概念は、その中に普遍的存在という観念を包含しているし、男性の意識の明晰さや理性的性格が〔本来は〕個々人に特殊化されたものでなく、何か普遍的なものであることを示しているからである。それは個人的なものでなく、最も深い意味で超個人的なものであるから、厳密な意味において、「アニマ」と際立った対照をなしている。アニマは全く個人的なデモンであって、気分にまず現われてくるものである（「敵意」Animosität という言葉はここからきている）。

こういう心理学的事実を考慮に入れて、私は「アニムス」という表現はもっぱら、女性心理の性質を示すために用いた。それは「アニマ〔女らしい心〕をもたない女性は、その代りにアニムス〔男のような心〕をもつ」mulier non habet animam, sed animum. という有名な問題に答えるためである。女性心理は、男性におけるアニマ像に類似した要素をもっている。それは元来は感情的性質のものではなく、疑似的な知性的存在ともいうべきものである。「先入見」という言葉が、その特徴を最もよく示している。女性の意識の本質には〔本来の意味の〕男性の「精神」よりも、男性における情動的性質が対応している。〔つまり、女性の意識のあり方は情緒的である。〕そして「精神」Geist は「心」Seele をつくり上げる。より正確にいえば、それは〔女性の心の中に〕女性におけるアニムスをつくり上げる。そしてこの場合、男性のアニマ像がさしあたり劣等な衝動的関連から構成されているのと同じように、女性におけるアニムス像は、低級な判断とか、よく言って思いこみの意見 Meinungen から構成されている（くわしくは、先に引用した私の論文〔注五八参照〕を参照されたい。ここでは一般的なことしか説明できない）。女性のアニムス像は多くの先入見から構成されており、したがって一人の姿で人格化されることはなく、むしろ集団や多数によって代表される（こういう事例についての超心理学上の典型的な例は、パイパー夫人にみられた、いわゆる〝皇帝〟グループである）[六三]。〔女性における〕低い段階のアニムスは低級なロゴスである。それは男性的精神のカリカチュアなのである。これは〔男性における〕低い段階のアニマが女性的エロスのカリカチュアであるのと同様である。さらに対応関係を追ってゆけば、「魂」はヴィルヘルムがロゴスと訳した〔高次の〕「性」Sing に対応しているが、これと同じように、女性のエロスはさしあたり「命」Ming に対応している。「命」は運命、宿命、天命などと訳される言葉であるが、ヴィルヘルムはこれをエロスと解釈している。つまりエロスとは結びつけるものであり、ロゴスとは分離と独立のはたらきであり、物事をはっきりさせる光である。エロスは関連性であり、ロゴスは区別と分離である。したがって、女性のアニムスには低級なロゴスが現われる。それは〔事柄の本質には〕全く関連のない、したがってどんな説得も受けつけない頑固な先入見といった形で、あるいは問題の本質にかかわりのない〔細部について言い立てる〕、人をいらいらさせるような意見〔借りものの臆見〕といった形で現われてくるものである。

　これまで私は、神話学でやるのと似たやり方でアニマとアニムスという概念を人格化し〔実体化し〕ているとして、しばしば非難されてきた。しかしそういう非難は、私がこの概念を心理学的に使用する場合にも神話学的に具体化して用いているという証拠が提出された場合にしかあてはまらない。私がここで説明しておかなくてはならない点は、人格化というやり方は何も私が考え出したものではなくて、ここで問題にされている現象の本質に固有のものだということである。アニマ像が心理的な、したがって人格的な断片的体系であるという事実を無視することは学問的ではあるまい。私を非難した人も、〔夢をみたときには〕何のためらいもなく「私はX氏の夢を見た」と言うだろう。しかし正確にいえば、彼は〔X氏そのものではなく〕X氏に関する表象について夢をみただけなのである。そういう意味で、アニマとは、問題になっている断片的な自律的体系の人格的本質についての表象にほかならない。この断片的体系が、超越的意味において、つまり経験の領域の彼岸において何を意味しているのかということは、われわれには知ることができないのである。

一般的にいえば、私はアニマを無意識の人格化と定義した。したがってアニマは、無意識〔領域〕への橋渡し、つまり無意識に対する関係の機能としてとらえられる。こう考えた場合、われわれの書物の考え方は興味がある。この書は、意識（すなわち個人的意識）はアニマ〔魄〕から出てくるものと考えている。西洋的精神は意識の立場からしか考えないので、アニマを定義する場合には、私がこれまでやってきたような〔アニマをかくれた無意識の作用と解する〕やり方で、解釈しなくてはならない。ところが東洋は逆に、まず無意識の立場に立って考えるので、意識とはアニマのはたらき〔の産物〕であると見なしているのである！　たしかに〔東洋が考えているように〕、意識は元来無意識から生じてくるものである。われわれ〔西洋人〕は無意識についてほとんど考えようとしないので、「心（プシケ）」を一般に「意識」と定義したり、そこまでゆかなくても、無意識は意識の派生物か、それに従属する作用であるといつも考えようとする（たとえばフロイトの抑圧説）。しかし右にのべてきた理由からいっても、無意識の現実的作用を取り去ることはできないし、また無意識から現われてくる形姿は、そこに作用している〔心のエネルギーの〕量と考えるべきである。心（プシケ）の現実的作用が何を意味するかを理解できた者は、そう考えたからといって、古くさい悪魔学に逆戻りするのではないかという心配をする必要はない。無意識の形姿が自然発生的に作用する〔心的エネルギーの〕量であるということを認めない場合には、人は結局のところ、一面的な意識信仰にとらわれたり、極度の緊張状態におちいってしまう。その時には、破局的状態がやってくるにちがいない。人はこれまであらゆる意識〔の予感〕にさからって、くらい心的力を無視してきたからである。しかし、くらい心的力は、われわれが人格化するのではなく、もともと人格的性質をもっていたのである。こうした基本的な事柄が認められた上で、われわれははじめて、それを非人格化することができる。つまり、この書物がのべているように、「アニマを支配する」〔魄を制する〕[64]ことができるのである。

ここで再び、仏教〔の空の哲学〕とわれわれ西洋人の知的態度の間の大きい相違が見出される。それも見かけは一致しているようにみえるので、かえって危険なのである。ヨーガの教えはあらゆる幻想的内容を拒否する。われわれも同じである。けれども東洋は、われわれとは全くちがった理由にもとづいてそうするのである。東洋では〔昔から〕創造的想像力を豊かに表現する考え方と教えがゆきわたっている。したがって人間は、この場合、幻想が過剰にあふれすぎることに対して身を守らなくてはならないのである。ところがわれわれ西洋人は、幻想をくだらない主観的白昼夢であるとみなしている。無意識的な形姿というものは、あらゆる想像上の装飾を取り去った抽象物として現われてくるものではない。逆に、途方もなく多彩で、混沌たる幻想（ファンタジー）のみちあふれた織物の中に埋められ、編みこまれて現われてくるものである。東洋がこれらの幻想を拒否するのは、はるか遠い昔からそれらの幻想に含まれている精髄を抽出して、深い智恵の教えにまで凝縮させていたからである。ところがわれわれは、こうした豊かな幻想をまだ一度も経験したことがないし、ましてそれらから抽出されたエキスなど何ももっていないのである。ここでわれわれは、あらゆる実験的体験の断片をあつめて、〔東洋に〕追いつかなければならない。そして、見かけは無意味にみえるものの中に意味ある実質を発見した後に、はじめてわれわれは、価値あるものとつまらないものとを選別することができるようになるのである。われわれ〔西洋人〕がわれわれ自身の体験から抽出するエキスは、東洋が今日われわれに提供しているものとは違ったものになるだろうということは、われわれにとって一つの心の安らぎであるかもしれない。東洋は外的世界については子供みたいに無知であるが、その代りに、内面的な事柄についての知識を得たのであった。われわれはこれに対して、おどろくべき尨大な歴史的・自然科学的知識に支えられながら、魂（プシケ）とその深みを探求してゆくことになるであろう。目下のところでは、外的世界についての〔過大な〕知識は内省に対する最大の障害なのであるが、心の要求はあらゆる妨害を克服してゆくことであろう。われわれは既に、一つの心理学を構築しつつある。東洋が心理的例外状態を通じて〔そこに至る〕入口を発見した領域について、それをひらく鍵を与える科学〔即ち深層心理学〕を構築しつつあるのである。

対象からの意識の離脱

われわれは、無意識を理解することによって、その支配から解放される。この書の目的も、根本においてはそこにある。弟子は、内奥の領域の光に心を集中し、あらゆる外的また内的な錯綜から自己自身を解放する仕方を教えられる。彼の生の意志は、それ自身は全く無内容でありながらあらゆる内容をその中に存在させ得る特異な意識性へとみちびかれる。『慧命経』はこの解放の境地について、次のようにのべている。

一片の光輝、法界を周(めぐ)り
雙(ならび)に忘れて、寂たり浄たり、最も霊(くしび)にして、虚なり。
虚空は天心の耀(かがや)きに朗(あきら)けく徹(とお)り
海水は澄みて、清き潭(ふち)に月溶く。
雲、碧空に散じ
山色、浄(きよ)らなり。
慧は禅定に帰して
月輪、孤たり。

（訳）

一つの光の輝きが精神の世界をつつむ
人は互いに忘れる、静かに、そして純粋に、力強く、そして虚しく。
空は天上の心の輝きに照らし出され
海の水はなめらかに、その面に月を映す。
雲は青空へ消え
山々は明るく輝く。
意識は観照の中に溶け去り
月輪はひとり安らっている。(25)

「完成」〔悟り〕についてのこのような描写は、おそらく、世界から意識が離脱した状態と、意識がいわば世界を越えた地点にまで昇った状態とを記述しているのだといえば、よくその特徴を示すことができるであろう。このように、意識は空っぽであるとともに充実している。それはもはや事物の像によってみたされてはいないで、単にそれらを含んでいるだけである。これまで直接に意識に対立していた世界の充満状態は、その豊かさと美しさを少しも失うわけではないが、それらはもはや意識を支配することはないのである。事物が及ぼす魔術的な刺戟が止んでしまうのは、世界の中にある意識の根源的錯綜がほどけたからである。無意識はもはや〔世界に〕投影されることはない。したがって、太初における事物との間の〔レヴィ＝ブリュールの言う〕「神秘的分有」participation mystique の関係は終ったのである。したがって意識は、もはや強制する志向作用にみたされてはいない。中国の書物が美しくのべているように、ただ観照するだけなのである。

このようなはたらきは、どのようにして成立したのであろうか（われわれはここで、中国人の著者について次のことを前提している。第一に、彼は嘘をついてはいない。第二に、健康な感覚の持主である。そして第三に、非常な洞察力にとんだ人間である、ということである）。テキストに記述されているような意識の離脱状態について理解し、また説明を加えるためには、われわれは一種の廻り道をして考えてみる必要がある。東洋人の感受性をそのまま模倣しても無益だからである。こういう心理状態を美化してとらえるほど幼稚なことはあるまい。ここで取り上げるべきことは、私が自分の臨床経験からよく知っている作用である。つまり〔世界との〕「神秘的分有」関係から離脱する作用である。この離脱は治療のために有効なものであり、私が弟子や患者とともに解決に努力しているのは正にこの問題なのである。レヴィ＝ブリュールは、独創的な手際で、未開人の心理の特徴を「神秘的分有」という概念でとらえた。[六六] 彼がこの概念によって示したのは、主体と客体の未分化な関係が無際限に大きくひろがっている状態である。それは未開人の間には今日も広く認められる現象なので、意識の立場に立つヨーロッパ人の興味をひくことは間違いない。主体と客体の区別が意識化されないかぎり、両者の無意識な同一性が支配する。そのとき、無意識〔の内容〕は客体へ投影され、客体は主体の中に取りこまれる。つまり内面化される。そうすれば、動物や植物は人間のようにふるまうことになろうし、人間は同時に動物でもあるわけで、すべての生けるものが幽霊や神々によって生気づけられるわけである。文化人は、当然のこととして、自分がこれらの事物をはるかに超越しているものと信じている。しかし彼はその代りにしばしば、一生の間、彼の両親と同一化してしまう。彼は自分の感情や偏見と同一化し、みずからの中には〔存在していても〕認めようとしない欠点を他人の中に認めて、恥しらずにも他人を責めるのである。要するに彼は、原始の無意識性、つまり主体と客体の未分化状態の残滓をもちつづけているのである。このような無意識性〔無自覚さ〕のために、彼は、無数の人間や事物や環境から、魔術的な作用を受けとってしまう。つまり無条件に影響されてしまう。このとき彼は、ほとんど未開人と同様に、妨害を及ぼす内容にみたされてしまっているのである。したがって彼は、未開人と同じように、危険をさける呪術を必要とする。ただし彼は、古い薬袋やお守りや犠牲獣を用いて呪術を行う代りに、精神安定剤や神経症、啓蒙精神、意志の礼讃などによって呪術を行うのである。

しかし、意識と並んで、ともに心を条件づける力として無意識を認め、意識的であるとともに無意識的（あるいは本能的）な要求についてもできる限り考慮を払う生き方ができるようになれば、そのとき全人格の力の中心は意識中心としての自我ではなく、本来的自己 Selbst と名づけてよいような、いわば意識と無意識の間にある潜在的な点へと移動する。この移動に成功すれば、結果として世界との神秘的分有が解消するに至り、〔人格を建物にたとえれば〕上の階では悩み多い出来事からも楽しみにみちた出来事からも全く離れていて、ただ下層の階でだけ悩みが生じているにすぎないような人格の境地にまで至るのである。

われわれの書物が「神聖な果実」〔聖胎〕や「ダイヤモンドの身体」〔金剛体〕あるいは永遠に朽ちることのない身体について語っている場合、その目ざすところは、このような上層の人格を樹立し、誕生させることなのである。こうした表現は、止め難い情動的混乱や、ひいてはとり返しのつかない打撃を受けることのない確乎たる態度、つまり世界から離脱した意識を象徴している。私は、こういう生き方は人生の後半に始まる自然な、死に対する準備であると考えるべき十分な理由をもっている。心的にみて、死は誕生と同じように重要なものであり、誕生と同じように人生にとって不可欠の部分なのである。解放された意識状態において究極的に何が起るかということは、心理学者が問うことのできない問題である。〔そういう問題に入りこめば〕彼は、どんな理論的立場をとるにせよ、彼の科学的権限の限界を、希望もなしに越えることになってしまうだろう。心理学者が指示できるのはただ次のことだけである。すなわち、解放された意識の無時間性についてのわれわれの書物の見解は、あらゆる時代の、また人類の圧倒的多数の人たちの宗教的思索と一致しているということ、そしてまたこのような考えを受けいれない人は人間的秩序の外に立つ者であり、したがって心的平衡の崩壊に悩むことになるであろう。私は医師として、患者が自己の生命の不死についての信念を確立できるように、特にそういう問題が眼前にさし迫っている年老いた患者たちがそういう信念をもてるようにと、あらゆる努力を払っているのである。心理学的に正しくみれば、死とは生の終りではなく目標なのである。したがって、太陽が子午線を通過するとともに、生は死に向い始めるのである。

われわれがとりあげているこの中国の瞑想哲学（ヨーガ）は、生の目標としての死に対して本能的準備をととのえる、という事実に基礎をおいている。そして人生の前半における生の目標、すなわち生殖と再生産や、物質的生活を永続させる手段と類比させつつ、この哲学は〔人生の後半における〕精神的実存の目的として、心的な霊的身体（微細身）[六七]の象徴的な生殖と誕生を重んじている。その霊的身体は、解放された意識の持続性を保証するものである。ヨーロッパ人にとって、霊（プノイマ）的人間の誕生ということは昔からよく知られているが、彼は〔東洋とは〕全くちがった象徴や魔術的行為によって、つまり信仰やキリスト教的生き方によってそれを達成しようとする。われわれはここでも、東洋とは全くちがった基盤の上に立っているのである。われわれの書物の教えは、一見キリスト教的な禁欲的倫理と近いもののようにも思われる。しかし、キリスト教的な禁欲と東洋的修行を同じものと考えるほど大きな誤りはない。この中国の書物の背後には、何千年来の古い文化がひかえているが、それは原始的本能の基礎の上に系統的に形づくられてきたものである。したがってそれは、ごく最近文明化された野蛮人にすぎないわれわれ〔西洋人〕に適合した、無理矢理に強制する倫理などは全く知らないのである。したがって中国人の場合には、本能を無理に抑圧して精神をヒステリックに緊張させたり、毒性を及ぼしたりするような要因は全くないのである。本能に生きる者はまた、本能から自分を分離させることができる。それも、本能を生きた場合と同じように自然なやり方で、そうすることができる。英雄的な自己超克といった態度は、われわれの書物にとって全く縁のないものである。ところが、われわれ〔西洋人〕が中国の教えに文字通り従うとすれば、われわれは間違いなくそういう英雄的自己超克の態度におちいってしまうであろう。

　われわれ〔ヨーロッパ人〕は、われわれの歴史的前提を決して忘れてはならない。われわれはようやく一千年あまり前に、素朴な多神教の始まりから、高度に発達したオリエント宗教の世界にいきなり入りこんだのである。そのため、半未開人の段階にあった空想的精神は、自己の精神的発達の程度をはるかに越えた高みにまで一挙に向上したのである。この高みを何とか保ってゆくためには、本能の領域をつよく抑圧しなければならなかった。そのため、〔西洋の〕宗教的修行と倫理とは、明白に強制的な、〔人間に対して〕悪意があるといえるほどの性格をおびるに至ったのである。当然、抑圧されたものは発達をとげないまま、無意識における根源的な未開状態に止まって増殖しつづけるのである。われわれは哲学的宗教の高みまで登ることを望んでいるが、それは事実上不可能である。せいぜい、そこまで成長することを願望するだけなのである。アムフォルタスの傷(六八)とゲルマン人のファウスト的分裂は、まだ癒されてはいない。彼の無意識は、無意識から解放される前にまず意識化されなければならない内容を、依然として背負いこんだままでいる。私は最近、以前あつかったある女性患者から一通の手紙を受けとった。彼女は、わかりやすい適切な言葉で、この場合に必要な心的態度の転換についてこうのべている。「悪いものの中から、多くの善いものが私にやって来ました。じっと静かにしていること、何ひとつ抑圧しないこと、注意深くしていること、それと同時に——現実を、私がそうあって欲しいと望むようにではなく、あるがままに——受けいれること、こういった態度がすぐれた認識と、以前だったら思いもかけなかったような異常な力を私に圧倒してしまう、といつも思っていました。以前私は、いったん物事を受けいれてしまえば、それが何らかの形で私をもたらしてくれました。今は全くちがいます。人間は物事を受けいれることによってこそ、態度を決めることができるのです(六九)。ですから今の私は、人生という遊戯を遊ぶつもりでおりますし、この一日と生活とがその時その時に私にもたらしてくれるもの、善いものも悪いものも、たえず交替している日光と陰とをそのまま受けいれています。そしてそれとともに、よい面もわるい面もそなえた私自身の本質をそのまま受けいれています。以前の私は何と馬鹿だったのでしょう！　あらゆるものを、自分の頭で考えた通りに従わせようとしてあくせくしていたのですから。」

まずこのような態度を基礎とすることによって、キリスト教的発展において獲得された価値を放棄せずに、むしろキリスト教的愛と忍耐をもって、われわれ自身の性質の中にある最も愚かしいものをも許容するような高い水準の意識と文化が可能になるであろう。このような態度こそ、本当の意味で宗教的なのであり、したがって心の悩みを真に癒し得るのである。なぜなら、あらゆる宗教は魂の苦悩と障害に対する治療なのであるから、西洋的知性と意志の極度の発達は、無意識の抗議に逆らって、ほとんど悪魔的な巧みさで、外見上そういう態度をうまくまねする能力をわれわれに与えたのである。そうなれば、反対の力がつよい対照をみせつつ、自己の立場を認知するように迫ってくるのは時間の問題である。形だけの物真似はいつも不安定な情況を生み、無意識によっていつでも崩されてしまう。確実な土台は、無意識の本能的前提に対して意識の視点に対するのと同じだけの考慮を払うことによって、はじめて成り立つのである。西洋的＝キリスト教的、特にプロテスタント的な意識偏重の立場が、このような必要性を全く拒絶しているということは、もはや誰の眼にも明らかであろう。新しいものはいつも、古いものの敵であるように思われる。けれども、より深く理解しようとする者は、既に獲得されたキリスト教的価値を「今日の状況に対して」真剣に応用することなしには、新しいものも全く実現できないということを発見するであろう。

完成

われわれ〔西洋人〕が精神的東洋をだんだん知るようになることは、われわれが、われわれ自身の中にある異質なものとの間につながりをもつようになり始めた、という事実を象徴的にあらわしているのであろう。われわれ自身の歴史的前提条件を拒否することは全く愚かなことで、もう一度魂の根底を喪失してしまう近道になることであろう。われわれはただ、みずからの〔西洋の〕大地の上にしっかりと立つことによってのみ、東洋の精神を同化することができるのである。

ある古代の賢者はこう語っている。「世の人びとは根を失って、梢にしがみついている。[三〇]」これは、秘密の力を蔵した真の泉がどこにあるか知らない人びとについてのべた言葉である。東洋の精神はあの黄色の大地から生じたものであり、またそこからのみ生れるはずのものである。そこで私は、しばしば「心理主義」と批判されてきた私のやり方で、この問題に近づいてみることにしたい。この言葉が「心理学」を意味するとしたら、私には喜ばしいことである。というのは、実際のところ、あらゆる秘密の教えに含まれている形而上的主張を無情にも押しのけてしまうのが私の目的であるからである。というのは、言葉〔概念〕によって力をふるう〔形而上学の〕隠された意図は、われわれが〔自己の本性について〕根本的に無知であるという事実と一致しないからである。われわれは、そういう自己の無知を告白する謙虚な心をもたなければならない。私の確乎たる意図は、形而上的と思われる事柄を心理学的理解という白日の下にさらし、大衆が〔形而上学の〕あいまいな力の言葉を信じないように、最善の努力をつくすところにある。キリストを信ずる人は、信仰をもつがよい。信仰とは、彼が引受けた義務であるからである。信仰をもたない人は、信ずるという恩寵〔恵み〕をとり逃した人なのである（おそらく彼は、生れつき呪われていたために、信ずることができず、ただ知ることができるだけの人間なのである）。したがって彼は、何か他のものをも信ずることができないのである。物事を形而上的に把握することのできない人でも、心理学的に把握することはできる。そこで私は、物事を心理的対象とするために、それからその形而上的側面をとりのぞくのである。それによって私は、少くともそこから何か理解可能なものを引き出してわがものとすることができるし、それによってさらに、象徴の背後に隠されていて、私の理解をこえていた〔問題の〕諸過程とその心理的条件について学ぶことができる。それとともに私は〔古人と〕類似した道を歩み、類似した経験を得る可能性にまで至るのである。そして、それでもなお最後にはっきりつかめない形而上的問題が背後にひそんでいるとしたら、それを明らかにする最良の機会が〔心理学によって〕与えられることになるであろう。

私は、偉大な東洋の哲学者たちに対して感歎する。(七) 私の気持はその形而上学に対する私の態度が不遜であるにもかかわらず、純粋なものである。私は彼らを、象徴的な心理学者ではないかと考えている。彼ら〔の言葉〕を文字通りに解することは大きな誤りであろう。彼らが考えていることが本当に形而上的であるならば、彼らを理解しようと思ってもできないであろう。しかし彼らの考えていることが心理学的な事柄であれば、われわれは彼らを理解できるし、そこから最大の利益を得ることになるであろう。なぜならそのときには、いわゆる「形而上的存在」が経験可能になるからである。もし私が、神は絶対的な存在であってあらゆる人間的経験の彼方にあるということを認めるなら、神は私の心を冷たくする〔ような不可解な存在である〕。そのときには、私の心が神に向ってはたらくこともなく、神が私の心に対してはたらくこともできない。ところが、神とは私の心の内なる力強いはたらきであるということを私が知っているときには、私は神とかかわらなければならない。そのとき神は、じっとしていられないほど、重要な存在になるのである。それは現実に現われるすべてのものと同じように、おそろしいほどあたりまえの存在である、と思われてくるのである。

「心理主義」という非難の言葉は、自分の心が自分の思いのままになると思っている愚かな人たちにこそ当てはまるものである。そういう人たちはいくらでもいる。心的な事柄を低く評価するのは、典型的な西洋的偏見である。人は、「心」という偉大な言葉をどのように使うかということは知っていても、その意味するところは知らない。私が「自律的な心的コンプレックス」という概念を使うと、読者の中から直ちに〔それは客観的事実でなく〕「心的コンプレックスにすぎないのだ」という意見が出てくる。一体どういう根拠から、人は、心とは「……にすぎない」などと確信しているのだろうか。われわれが意識しているすべての経験は心像であり、心像とは心であることを、人はまるで知らないか、とんと忘れているかのようである。神とは、心の中で心によって動かされるものであり、また心を動かすものである、その意味で「自律的コンプレックス」と考えてもよいものだと言えば、神の尊厳を傷つけると思う人もいるであろう。彼らは、克服しがたい衝動や神経症的状態に苦しめられるかもしれない。そこでは、彼らの意志や生活の知恵はすべて何の役にも立たない。しかしそれによって、心はその無力さを証明したのであろうか。マイスター・エックハルトは「神は永久に、心の中でくり返し生れなければならないであろう」と言っているが、〔私を心理主義と非難する人は〕彼のような人をも「心理主義」と非難するのであろうか。私の考えるところでは、「心理主義」という非難はむしろ、自律的コンプレックスの真の性質を否定し、それを既知の外面的事実の結果として、つまり〔心にとっては〕本来のものでないとして〔環境的条件から〕合理主義的に説明しようとする知的態度に対してこそ、浴びせるべきものである。そういう知性の判断は、「形而上的」主張と同じように一種の思い上りである。それは、われわれの心的状態の原因を、人間的限界を越えた経験不可能な神性に委ねようとするのと同じことである。そういう心理主義は、まさに形而上学の干渉と対応するものであって、後者と同様に幼稚なものである。要するに、私にとってより道理にかなっていると思われるのは、心に対しても、経験可能な現実世界と同じ価値を与え、前者に対して後者と同じ「現実性」を与えることである。つまり私にとって「心」とは、その内部に自我が包含されている広大な世界なのである。もっとも、自分は自分の中に海を包含していると信じている魚もいるのであろうが……。形而上的な問題を心理学的に考察しようとするなら、われわれがもっている習慣的幻想から離れなくてはならない。

ここでは、〔瞑想によって開いた〕黄金の華の中に、あるいは一インチ四方の空間〔寸田〕の中に、「ダイヤモンドの身体」〔金剛体〕すなわち永久に朽ちることのない微細身が生れるという観念が、形而上的に主張されている[73]。このような身体は、他のすべての場合と同じように、独特な心理的事実に対する象徴的表現なのである。その事実は客観的なものであるからこそ、果実・胚芽・子供・

生きた身体等々といった生物的生命に関する経験にもとづいた形態に投影されて現われるのである。このような心理的体験の事実を巧みに表現しているのは、「私が生きているのでなく、それが私を生きている」という言葉であろう。意識の優越についての〔近代人の〕幻想は「私が生きている」という確信にまで至りつく。しかし無意識の存在を認めることによってこの幻想が崩壊するときには、無意識は、その内部に自我を包含した現実的なものとして現われてくる。そのときには、無意識に対するわれわれの態度は、ちょうど息子の存在が自己の生命の死後の存続を保証すると信じている未開人の感情に似てくる。このような感情は全く独特なものであって、時には、ある黒人が自分の言うことをきかない息子に腹を立てて「そこに俺の身体をもって奴が立っているのに、ちっとも俺の言うことをきかない」と怒鳴った話のように、グロテスクな形をとることさえあるほど、特異な感情である。

ここでは内的感情における変化が問題なのである。それはちょうど、息子が生れたとき父親が経験する感情に似ている。このような感情の変化は、使徒パウロの証言によって、われわれ西洋人にもよく知られているものである。「生きているのは、もはや私ではない。キリストがわたしの中に生きておられるのである」(ガラテヤ、二・二〇)とパウロは言っている。「人の子」としての「キリスト」という象徴は、これと似た心的経験を意味している。それは、人間的形態をもったより高い精神的存在が、目にはみえないが個々人の内部に生れる体験であって、その新しい身体はわれわれの未来の宿りに使われるべき霊的身体なのである。パウロがのべているように、人は、新しい身体を着物をきるようにまとうのである(「キリストに合うバプテスマを受けたあなた方は、皆キリストを着たのである」、ガラテヤ、三・二七)。個人の生き方と幸せにとってこの上なく重要な、こういう微妙な感情を、知的概念の用語で表現するのは容易なことではない。それはある意味で、「私の身代り〔分身〕」が存在しているという感情である。しかも、自分がそこから追い出されたという感じはともなっていないのである。いわば、自分の生の営みをみちびく点が、みえない別の中心に移ってしまったような感じである。「やさしい愛にみちた束縛の中で、しかも自由な」というニーチェの隠喩がぴったりする。宗教的な言葉は、自由な依存状態や静けさと献身といった感情を語るにふさわしい心像的表現にみちみちている。

私はこのような独特な経験の中に、意識の解放の結果として起る現象を認める。このような経験によって、主観的な「私が生きている」体験が客観的な「それが私を生きている」体験に変るのである。このような状態は、もとの状態にくらべると、より高い経験であると感じられる。実際それは、いわば神秘的分有関係のさけがたい結果である〔世界の事物からの〕強迫や、自分が負うことのできないほど大きな責任から解放される経験であるとも言える。パウロをみたしているのは、この解放の感情である。つまり、自分は神の子であるという意識、血の匂いの強制から解放された意識である。それはまた、そこに生ずるすべての事柄と和解しているという感情である。したがって、『慧命経』の表現をかりれば、完成せる者の眼差しは自然の美へと立ちかえるのである。

こうして、パウロ的なキリストの象徴において、西と東の最高の宗教体験は互いにふれ合うのである。悲しみにみちみちた英雄キリストと、宝玉の都の深紅の広間〔玉京の丹闕〕に咲く黄金の華――これはまた何という対照であろうか！ 想像も及ばないほどのちがい、お互いの歴史をへだてる深淵は何と大きいことか。これこそ正に、将来の心理学者たちが取組むべき重大な課題である。

現代の宗教的諸問題の中で、つまらない問いとみなされている一つの問題がある。しかし私は、これこそ今日の主要な問題、すなわち現代の宗教的精神を前進させる課題であると考えている。この問題について論じようと思えば、「宝玉」すなわち中心的象徴の取りあつかい方について、東洋と西洋の間のちがいに注意しなくてはならない。西洋人は、キリストが人間として受肉したこと、またキリストの人格性と歴史性を強調する。これに対して東洋人は「生れることもなく消えゆくこともなく、過去もなく未来もない」〔生ぜず、滅せず、去ること無く、来ること無し〕と言う。[七三] このような理解のちがいに応じて、キリスト者は、キリストの恩寵を望んで、すぐれた神のごとき人格に従う。これに対して東洋人は、解放は個々人がみずから行なうわざによって起る、ということを知っている。完全な「道(タオ)」は、個人の内から成長するのである。『キリストのまねび』[七四]のやり方は、長い間たつと欠点が生れてくる。というのは、われわれは最高の「意味」を具現した一人の人間を神的な模範として崇拝するために、形だけの模倣におちいってしまい、われわれ自身の内にある最高の意味を実現すること——すなわち本来的自己の実現——を忘れてしまうのである。自分自身の〔内なる〕固有の意味を放棄するということは、〔世俗的観点からみれば〕具合のわるいことではない。しかし、もしイエスがそういう生き方をとったならば、彼はたぶん評判のよい一人の大工として生涯を送ったことであろう。そして〔もし現代に生れたとしても〕当時と似た状況にある今日の人びとに対して、宗教的反逆者となることもなかったであろう。

「キリストのまねび」は、形だけでなく、より深く理解することもできるであろう。すなわち、個人の気質の最も十全な表現であるその人の確たる信念を、イエスが示したと同じような勇気と犠牲を払って実現する義務を引受けることである。幸いなことに——と、われわれは言わなければならないだろうが——すべての人が人類の教師とか偉大な反逆者としての使命をおびているわけではない。だから結局は、個々人が自分なりのやり方で自己を実現することができるのであろう。この大いなる誠実さが、おそらく理想となるのかもしれない。新しいものは常に、思いもよらないところで始まるものであるから、たとえば、現代人が昔の人ほど裸体を恥かしがらないということが、あるべき姿を承認する始まりを意味しているかもしれない。さらには、かつては最も強いタブーだった事柄が、一層広く承認されるようになるであろう。なぜなら、大地の現実性は、テルトゥリアヌス(三五)のいう「ヴェールをかぶった処女」のように、永久におおわれたままに止まることはないであろうからである。道徳的な自己暴露は、このような方向に向っての単なる一歩を意味するにすぎない。人は、あるがままの現実の中に立って、みずからに対して自分自身を告白する。その場合、もし彼が何の意味もなしにそうした自己暴露をすれば、彼は混乱した愚者であるにすぎない。しかしもし彼が、自分のしていることの意味をよく理解していれば、苦しみに耐えてキリストという象徴を実現する高い人間になり得るのである。宗教的に低い前段階において全く即物的なタブーや魔術的儀礼にすぎなかったものが、より高い段階に移ると、魂の問題や純粋に精神的な象徴に変るということは、しばしば観察されることである。外面的規則だったものが、心の発達にともなって、内面的態度の問題になるのである。そうすれば、歴史的空間の中で自己の外に見出される人格としてのイエスが、その人自身の内なるより高き人間に変るというような事態が、「そういう東洋的認識とは正反対の態度をとる」プロテスタント的人間の上に起るかもしれないのである。そうすれば、われわれはヨーロッパ的態度によって、東洋理解における開悟に対応した心理的状態に到達したことになるであろう。

すべてこうしたことが、未知の目標へ至る途上に見出される高い人間的意識の発達の段階なのであるが、それは通常の意味における形而上学ではない。さしあたりそれは「心理学」にすぎないけれども、そこまでは経験可能であり、そして理解可能でもあり、また――ありがたいことに――現実的でもあるから、それによって何かを為すことができる現実であるとともに、そういう予感をともなっているが故に生きた現実でもあるのである。心理的に経験可能なものに満足し、形而上的なものを拒絶する私の態度は、洞察力をもった人なら誰でもわかることであろうが、決して信仰やより高い力に対する信頼をあてこすった懐疑論や不可知論の態度ではない。私が言っていることは、カントが、認識不可能な「物自体」を「単に否定的な限界概念」とよんだ場合とほぼ同じ状況なのである。どんな場合でも、超越的なものについて語ることはさけるべきである。なぜなら、そういう態度は常に、みずからの限界を意識できない人間精神の愚かしい思い上りにすぎないからである。したがって、神あるいは「道」を魂の活動であるとか魂の状態であるという場合には、それは認識することのできる何事かについて述べているにすぎないのであって、認識不可能な事柄について語っているわけではない。認識不可能なものについては、何ひとつ解決することもできないのである。

結論

私の注解の目的は、東と西の間に、内面的で心的な理解の橋を懸けようとすることである。あらゆる現実的理解の基盤をなすのは人間であり、したがって私は、人間的な物事について語らなくてはならない。私はごく一般的な問題だけを扱い、特殊な技術的問題には立入らなかったが、これはそのためなのである。技術的な指示は、カメラがどういうものであり、ガソリン・エンジンがどういうものであるかということを知っている人には有益である。しかし、そういう機械について何も知らない人に教えてみても、何の意味もない。私がこの注解の読者として予想している西洋人は、こういう状態にいるのである。したがって私には、心的状態とシンボリズムの間にみられる東西の一致を強調することが、何にもまして重要であるように思われたのである。なぜなら、これらの類似において、東洋精神の内面的空間に至る通路がひらかれるからである。その通路は、われわれ西洋の独自性を犠牲にするように要求したり、われわれを根なし草にしようと脅かしたりはしない。またそれは、われわれとふれ合うことがないために、基本的にはわれわれの関心をひかないような展望しか与えない知的な望遠鏡か顕微鏡のようなものでもない。それはむしろ、すべての文化的人間にとって共通の苦悩や希求や努力という雰囲気である。それは、意識化するという、人類に課せられたおそるべき自然の実験なのであって、この実験が共通の課題になって、両極に分れた東西の文化を一つにするのである。

西洋的な意識は、どんな場合にも、端的な意識そのものである。それはむしろ、歴史的に条件づけられ、地理的に制約された要因であって、人類の一部分を代表しているにすぎないのである。われわれの意識の拡大は、他の意識様式を犠牲にして押し進めるべきものではなく、われわれの心の中にある。異質な〔東洋の〕魂の特質と類似した要素を発達させることを通じて、実現してゆくべきものである。それはちょうど、東洋がわれわれ西洋の技術、科学、そして産業なしですませることができないのと同じことである。ヨーロッパの東洋への侵入は、大規模な暴力行為であった。それは、東洋の精神を理解するという義務——いわゆる高い身分にふさわしい責務 noblesse oblige ——を、われわれに残したのである。それはわれわれが現在感じている以上に、おそらくわれわれにとって必要なことでもあるであろう。

注

一 (訳注) 太乙金華宗旨、第八章42節注釈、本書二三八頁参照 (以下、太・八—42のごとく略記)。

二 (訳注) クラーゲス Ludwig Klages (1872—1956)、ドイツの哲学者、性格学者。ニーチェを偉大な心理学者とし、生の哲学をとなえた。

三 (訳注) バビロンの王ネブカドネザルは、自分のみた夢の意味を説明できない知者たちをすべて殺そうとした (ダニエル書、第二章以下)。

四 (訳注) 太・四—9、本書一八八頁。

五 (原注) 行為せぬことによる行為。
六 (訳注) 太・七―1、本書二一〇頁。
七 (訳注) エックハルト Meister Eckhart (1260―1327) 中世ドイツの有名な神秘思想家。彼の神秘体験は、よく禅の見性や悟りに比較される。
八 (訳注) これは、いわゆるマンダラ図形を描くときの経験などを念頭においたものと思われる。
九 (訳注) 太・七―1、本書二一〇頁。
一〇 (原注) 柳華陽『慧命経』(Hui Ming Ging. Chin. Blätter, herausgegeben von R. Wilhelm. Bd. I, Heft 3. または本書二七七頁以下) をみよ。
一一 (訳注) 太・一―1、本書一四七頁。慧命経、一章、本書二七九頁参照 (以下、慧・一のごとく略記)。
一二 (原注) ヴィルヘルムはまた Weg (道) とも訳している。
一三 (原注) 「首」は「天上の光の座」でもある。
一四 (訳注) 太・一―1、本書一四七頁。
一五 (原注) 「性」(本性) と「慧」(意識) は『慧命経』の中では、無差別に使われている (両者は「命」の反対語であるが、全く同じではない)。(以下訳注)「性」は心の隠れた本質であり、「慧」はその本質が現実化するときにあらわれる叡知の作用である。
一六 (原注) 本書二七九頁 (慧・一) 参照。(以下訳注) ユングはここで「舎利を中国音のまま die Schêli と記している。これは「仏舎利」などというときの「舎利」である。原語 sharira は「身体」の意味であるが、『慧命経』の用法では、仏のごとき永遠不滅の身体を指している。
一七 (原注) Jung, Psychologische Typen, Kap. V, Ges. Werke, Bd. 6, 1960. の私の議論を参照されたい。
一八 (訳注) アルカイ (単数はアルケー archē) は、ミレトス学派以来古代ギリシア哲学で用いられている用語で、万物の元素、根源、もとのものを指す。

一九（原注）マンダラについての詳しい説明は、次の著作を参照せよ。
H. Zimmer, Kunstform und Yoga im indischen Kultbild. Berlin, 1926.
M. Eliade, Yoga, Unsterblichkeit und Freiheit. 1960.（邦訳、エリアーデ『ヨーガ』せりか書房。）
Jung, Zur Empirie des Individuationprozesses ; Über Mandalasymbolik ; in Gestaltungen des Unbewußten. 1950.

二〇（原注）Wallis Budge, The Gods of Egyptians. London, 1904.

二一（原注）Böhme, Viertig Fragen von der Seele. Amsterdam, 1682.

二二（原注）これに対して、中国では、両眼の間にある天の光という観念を用いていることを参照せよ（訳注、太・一―1、本書一四七頁）。

二三（訳注）テトラクテュス Tetraktys というのは、ピタゴラス派が万物の原型とみなした数的原理で、

●
● ●
● ● ●
● ● ● ●

コンフォードによると、上のように描かれる。これは 1+2+3+4=10 を示し、10は完全数である。ピタゴラス派は、これによって一切の存在の生成を説明したという（コンフォード『宗教から哲学へ』東海大学出版会、一三四頁参照）。

二四（原注）Mathews, The Mountain Chant. (Fifth Annual Report of the Bureau of Ethnology, 1883–84), und Stevensson, Ceremonial of Hasjelti Dailjis (Eight Annual Report of the Bureau of Ethnology, 1886–87.)

二五（原注）私は、夢遊病者の描いたマンダラを、次の論文で示した。
Jung, Über die Psychologie und Pathologie der sogennanten okkulten Phänomene. 1902. (Ges. Werke, Bd. 1.)

二六（訳注）太・一―2b、本書一四八頁。

二七（訳注）ヴィルヘルムは「竅（けう）」を Keimblase と訳している。これは植物学や生物学でいう「胚胞」つまり、芽や花がそこから成長してくる胚種を膜でつつんだ容器（胞）を意味する。しかし、「竅」は

元来、穴を意味する言葉である。彼がこういう意訳をした理由は次のように考えられる。『慧命経』の用法では、「竅」は、ほぼ漢方医学でいう「経穴」（ツボ）を指していると思われる。経穴は気がたまる穴であり、また経絡の末端はいわゆる「井穴」で、これは、「気」が出入する穴であるといわれている。つまり経絡組織として見た身体は、感覚的には認知できないが、瞑想において宇宙の気を感得する第二のみえざる身体組織（いわゆる「先天の竅」）なのである。この組織が瞑想によっていわゆる「真人」を受胎し、成長させる容器になるわけである。本書二八九頁に掲載した呼吸法の図は、代表的な経絡である任脈と督脈にそって気を周回させるように説いている。これによって瞑想が深まり、次に引用されている「黄庭」以下のさまざまな象徴的イメージが体験されるのであるから、その意味で、この感覚をこえた身体を、マンダラ体験を生み出す「胚胞体」と解することができるわけである。ただし訳語としては熟さないし、意味がとりにくいので、一応「みえざる身体（組織）」と訳し、必要に応じて「胚胞体」と訳すことにした。

二八（原注）これらの引用については、太・一―6、慧・一、本書一五二頁、二七九頁参照。（以下訳注）このうち、寸田尺宅は眉間の位置を指す。太・一―5、本書一五二頁。

二九（訳注）慧・一、本書二七九頁。

三〇（原注）これらの引用については、慧・一、本書二七九頁以下。

三一（訳注）太・一―4、八―3、本書一四九頁、二一六頁。これは「水郷の鉛は唯、一味なり」という太乙金華宗旨の語を引いたものである。ユングはこれを、すべての卑賤なものの中に偉大な一者を示す金華が宿る、という意味に解している。

三二（原注）A. Avalon, Die Schlangenkraft. Weilheim. 1961.（以下訳注）この書の原典は A. Avalon, The Serpent Power, London, 1931. なおクンダリニ・ヨーガの「クンダリニ」とは「巻かれたもの」を意味し、尾骶骨の部位にとぐろを巻いて眠っている蛇の象徴である。クンダリニ・ヨーガでは、瞑想によってこの蛇が目覚め、脊柱をのぼるにつれて、いわゆるクンダリニ・シャクティとよぶ力がはたらき始め、ヨギは白い光を体験するという。このアヴァロンの著作は、ヒンズー教シヴァ派の経典の訳と解説である。

三三　(原注)　私は E.F. Knuchel, Die Umwandlung in Kult, Magie und Rechtgebrauch. Basel, 1919. にすぐれた収集があることを言っておきたい。

三四　(原注)　Evans-Wentz, Das tibetanische Totenbuch, 6. Aufl. Zürich, 1960. (以下訳注) 原典は W. Y. Evans-Wentz, The Tibetan Book of the Dead, London. 1927. 邦訳おおえ・まさのり『チベットの死者の書』講談社。ユングは、この書にも心理学的解説を書いている。Jung, Psychological commentary on "the Tibetan Book of the Dead", CW. 11.

三五　(訳注)　道教の瞑想法では、眉間の部位を上丹田とよぶ。仏教の図像学ではいわゆる「白毫(びゃくごう)」に当る。悟りをひらいた如来には、この位置に渦を巻いた白い毛があるという。『往生要集』にくわしくのべられている白毫観という瞑想法では、この位置に思念を集中する。またヨーガでは、眉間の部位をアジナ・チャクラという。さしあたり、瞑想における直観的体験の得やすい思念集中点の一つと考えておけばよいであろう。

三六　(訳注)　注二五参照。

三七　(訳注)　太・四―7、本書一八五頁。ヴィルヘルムは「動とは、線索を以て牽動するを言う。即ち、制の字の別名なり」という句を、「運動は外的手段によって生れる。その(運動の)本質は克己 Beherrschung である」(S.95) と訳している。ユングはこの句を要約して引用しているのであるが、このヴィルヘルムの訳は疑問がある。ここの「動」は、心が外物に動かされる意味であるから、「制」は受身に、つまり「外物に支配される」という消極的意味に解さなくてはならない。もっとも、瞑想はそういう心の「動」を「静」に帰せしめる別種の運動である点において、克己の意味をもつであろうが。

三八　(訳注)　この文にそのまま当てはまる言葉は、原典にもヴィルヘルムの訳にもない。光と闇は陽と陰、円運動というのは「回光」(光の回転、瞑想)のことであろう。この書の基本主張は、回光によって陰陽対立を超越した純陽に至ることなので、このように要約したものと思われる。

三九 (訳注) タパス tapas は元来、熱を意味する。転じて、物を変化させるとか、精神を清浄にする意味に用いられる。ふつう「苦行」と訳されることもあるが、ウッドは、これを西洋的意味の禁欲や苦行と解するのは誤りだといっている (cf. E. Wood, Yoga Dictionary)。

四〇 (訳注) プラトンの『饗宴』(シンポジウム) にみえる話。プラトンは、太古の人間は球形で、二面・四手・四足、男女両性を具有していた、とアリストパネスに語らせている。この考え方はグノーシス主義や東方教会 (オリゲネス) の神学などに影響を残している。

四一 (原注) この点を指示していただいた私の協力者、ニューヨーク在住のベアトリス・ヒンクル博士に謝意を表する。表題は次の通り。Ed. Maitland, Anna Kingsford, Her Life, Letters, Diary and Work. London, Redway, 1896. 特に一二九頁以下を参照。

四二 (訳注) エンテレケイアとは、アリストテレス形而上学の用語で、神の存在様式を示す。万物を運行させつつ、みずからはそれ自身の内で自足し、完全な状態にあること。いわゆる「不動の動者」としての神のあり方。

四三 (原注) このような経験は本物である。しかし、経験が真実であるからといって、患者がそこからみちびき出した結論が健全なものであるという証拠にはならない。もっとも、精神病の場合であっても、全くまじめに解すべき心的経験に出会うことはよくあるものである。

四四 (訳注) ヒルデガルト・フォン・ビンゲン Hildegard von Bingen (1098—1179) 中世ドイツのベネディクト会修道士。女子修道院を建て、病者を癒す。神秘家として有名で、神秘劇「徳の輪舞」Leigen der Tugenden はカトリック神秘思想の一源泉とされる。

四五 (原注) Hildegards Briefe an Mönch Wibert von Gembloux über ihre Visionen. (1171).

四六 (原注) 慧・六、本書二九六頁。

四七 (原注) 慧・六、本書二九七頁の図参照。ここでは、瞑想の中から浮んでくる前世の記憶が示されている。

四八 (訳注) 慧・七、本書二九八頁参照。

四九 (訳注) 法身 Dharma-kāya 大乗仏教の代表的な仏身観である三身説では、仏の身体に応化身・報身・法身の三つを分ける。応化身は救済のためこの世に現れた仏の肉身、報身は修行の果報をたのしんでいる彼岸の仏の身体、そして法身は究極不可見の超越的仏の身体である。密教の大日如来は法身仏の代表的なもの。

五〇 (訳注) ラプラス Pierre Simon Laplace (1749—1827) フランスの天文学者、物理学者。星雲説によって太陽系の生成を考えたことで有名。

五一 (原注) この問題についてのすぐれた叙述として、次の二書をすすめたい。H.G. Wells, Christian Alberta's Father; Schreiber, Denkwürdigkeiten eines Nervenkranken, Mutze, Leipzig.

五二 (原注) マタイ福音書、五章二六節。(以下訳注) イエスの山上の垂訓の一節。イエスは、隣人に対して怒ってはならない、もし怒ったなら、相手は怨んで法廷に訴え、獄に入れて報復するだろうと説いている。引用文の「そこ」は獄を指す。ユングは、怒りという情動にとらえられることは獄にとらえられるようなものであるという寓意をこめている。

五三 (原注) 本書二二八—二三〇頁。(訳注) この引用句にそのまま当る文はない。おそらく要約。次の句は、太・一—2a (一四七頁) に類似の句がある。

五四 (訳注) ユング心理学の用語。アニムスは女性の無意識における男性像に、またアニマは男性の無意識における女性像に示されるような、性的意味をおびた元型。エロスといってもよいであろう。

五五 (訳注) 太・二—8、本書一五九頁。

五六 (訳注) 太・二—11、本書一六二頁。

五七 (訳注) 太・二—8、本書一五九頁。

五八 (原注) 次の私の論文にくわしくのべてある。Jung, Die Beziehungen zwischen dem Ich und dem Unbewußten. 7. Aufl. 1963. (Ges. Werke, Bd. 7, 1964.)

五九 （原注） Jung, Psychologische Typen, Kap. V. (Ges. Werke, Bd. 6, 1960.)

六〇 （訳注） ここの意味はたぶん次のような事情を指しているのであろう。反対の性の者が魄や幽霊をコントロールするというのは、男性の審神者(さにわ)が女巫に憑依した霊をしずめるような習慣を指すのであろう。また超心理学という用語は、そういう心霊現象を研究する心理学という意味であろう。

六一 （訳注） ユングは男性における意識面と無意識面の関係を、ロゴスとアニマという対比でとらえ、女性の場合はエロスとアニムスという対比でとらえている。「魂」と「魄」の関係は、前者、つまりロゴスとアニマの関係に近い、と彼は解しているのである。これに対してヴィルヘルムは、「魂」と「魄」をアニムスとアニマに近いものと解している。「魂」と「魄」は元来、意識と無意識の両方を含めた心の二要素と解すべきであろうから、ユング心理学の用語法と完全におきかえることはできにくい。ユングとヴィルヘルムの用語法のちがいについては、本書一四二頁注一一にみえる英訳者ベインズの説明を参照されたい。

　なおユングが、中国哲学は全く男性の精神世界に属すると言っている点については、次のような点に注意しておく必要がある。心理学的にみて哲学的概念が男性心理の立場に即して定義されていることは、西洋のキリスト教的教義学も中国哲学も同じであるが、中国では、男性心理の中に潜在する女性的無意識的要素の存在を承認している。「魂」と「魄」の関係は、このことを示している。しかし西洋では、そういう要素（エロス、肉）の存在を人間のたましいの霊的本性から排除しようとするために、理論的困難が生れる、とユングは考えているのである。

六二 （訳注） logos spermatikos ストア哲学の用語。宇宙を支配する理法ともいうべきロゴスに対応して、人間のたましいに宿るロゴスの種子。ストア哲学の霊魂論では、この種子的ロゴスは生殖器の部分に宿るものとみなされた（ジャン・ブラン『ストア哲学』クセジュ文庫、白水社、六八頁以下参照）。

六三 （原注） Hyslop, Science and a Future Life, Boston, 1905. （以下訳注） パイパー夫人は今世

紀初めごろの有名な霊媒。多くの男性の霊が現われたという。ユングは、男性は意識面で多くの女性に関心を抱く傾向がある反面、無意識では一人の理想の女性像（アニマ）を有しているのに対して、女性は逆に、意識面では一人の男性を求めつつ、無意識では多数の男性像（アニムス）をもつ傾向があるという。パイパー夫人の場合はその例である、と彼は解釈している。

六四（訳注）太・二—9、本書一五九頁。

六五（原注）慧・八、本書三〇〇頁。

六六（原注）Lévy-Bruhl, Les Fonctions mentales dans les sociétés inférieurs, 1912.（以下訳注）レヴィ＝ブリュール（1857—1939）はフランスの哲学者、社会学者。

六七（訳注）ユングは、ここに subtle body という英語を挿入しているが、これは、ヨーガ哲学における微細身 sükshma sharira の訳語として一般に用いられているものである。ヨーガ哲学では、現実の生理的身体組織の根底にみえざる第二の身体としての微細身が潜在するという。瞑想はこの微細身のはたらきを目覚めさせ、死によっても解消しない不滅の身体をつくり出すことである。

六八（訳注）アムフォルタスは、中世の詩人ヴォルフラン・フォン・エッシェンバッハの長編叙事詩『パルチバル』に出てくる王の名。この詩に取材したヴァーグナーの楽劇『パルジファル』は有名である。アムフォルタス王は妖女クンドリーへの愛に迷い、キリスト磔刑の聖槍によって重傷を負い、愚者パルジファルに救われる。アムフォルタスの傷は、道をふみ外し、世界苦に悩む人間の存在を象徴する。

六九（原注）正にこれが神秘的分有関係の克服である。

七〇（訳注）太・八注釈、本書二三八頁参照。ここでユングは、古代の賢者を Der alte Adept Gu De と固有名詞のように解しているが、Gu De の原語は「古徳」である。

七一（ヴィルヘルムの注）西洋の教義学者と対照していえば、中国の哲学者たちは、こういう〔ユングのような〕態度に対して、ただ感謝するだけである。なぜなら彼らは、彼らの神々に対しても主人であるからである。

七三（原注）　この書物が「生の永続」〔永生、不死〕について語っている場合、それは死後の生命の存続についてのべているのか、それとも物質的肉体の永続についてのべているのか、はっきりしない。「生命の霊薬」〔丹〕などといった表現は、はなはだ漠然としたものにすぎない。瞑想（ヨーガ）についての教示が純粋に生理的意味に理解されているということは、後人が補足説明した部分によってわかる。われわれ〔西洋人〕にとっては、こういう身体的問題と精神的問題を混合した説明は異様に思われるかもしれないが、未開な精神にとってはそれほど気になることではない。われわれとちがって、彼らの場合、生と死は絶対的な対立を意味しないからである（この点については、民族学的資料の他に、特に興味深い例として、徹底した古代的表象をともなったイギリスの「レスキュー・サークル」rescue circles の〔死者との？〕「交流」があげられる）。「不死」についてのこのような曖昧な観念は、よく知られているように、初期キリスト教の中にも見出されるものである。そこでは全く類似した前提、つまり生命の重要な担い手たるべき「霊気的身体」という観念にもとづいて、不死を理解している（ゲーリー Geley の超生理学的理論は、この古代的観念の現代風の再生であろう）。しかし、われわれはここでは、この書物について、その迷信的な読み方、たとえばこれによって黄金〔金丹〕を製造するといった迷信に対しては警告を与える立場に立っているのであるから、ためらうことなくその教えの精神的意味を主張しても、テキストの意味するところと何ら矛盾しない。この書の教えが目標としている境地においては、物質的身体はあまり重要でない役割しか果していない。というのは、それは「霊気的身体」によっておきかえられているからである（瞑想（ヨーガ）の修行において、一般に呼吸法の重要性が説かれるのはそのためである）。*「霊気的身体」は、われわれのいう意味において「精神的」なものではない。西洋人は、知識を得る目的で、物質的なものと精神的なものを分離してしまうくせがある。しかし魂というものは、この対立する二つのものが集まってでき上っているのである。心理学はこの事実を認めなければならない。「心的」ということは、物質的であるとともに精神的であるということである。われわれの書物の表象のしかたは、そういう曖昧で混乱したようにみえる中間的世界の中を動いているのであるが、これは、「心的現実」という概念が、独特な生命的領域を表現しているにもかかわらず、われわれの間ではその意味内容がまだ十分知られていないためなのである。魂がなければ、精神は物質的素材と同じように死んだものである。というのは「精神と物質という」両者は作為的な抽象物にすぎないからである。しかし根源的な直観においては、精神とは揮発性をおびた身体なのであり、また物質的素材にも魂の息吹きが通っているのである。

＊（訳注）「霊気的身体」Hauchkörper, breath-body という言葉の Hauch, breath は息、呼吸の意味なので、ユングはこう言ったのであろう。これらはギリシア語のプノイマ pneuma の訳であるが、プノイマは元来、息という意味とともに、霊という意味をもっている。ユングはヨーガの微細身や『慧命経』でいう金剛体、あるいは道教でいう真人受胎を、そういうプノイマ的存在様式の表象とみなしている。この見方はほぼ正しい。ヨーガにおける呼吸法は、微細身のはたらきを活発にする訓練である。

七三（原注）慧・八、本書三〇〇頁。

七四（訳注）『キリストのまねび』Imitatio Christi 中世ドイツの神秘家トマス・ア・ケンピス（1380—1471）の主著。修道士がキリストの先例に従って生活するように勧めた教訓書。

七五 テルトゥリアヌス Tertullianus（160？—222）古代ローマ教会の教父。

ヨーロッパのマンダラの例

C・G・ユング

以下（一一三頁から一二三頁の間に挿入）の絵は、患者の治療に当って、本文でのべられたようなやり方で描かれたものである。最も古い絵は一九一六年の日付である。これらの絵はすべて自然発生的に生じたものであって、東洋の影響によって描かれたものではない。四番目の絵にみられる『易経』の卦は『東方聖書』Sacred Books of the East の中のレッグの翻訳をよんだことに由来しているが、これは、大学教育を受けたこの女性患者にとって、その内容が彼女の人生に特に意味があるように思われたために、絵に描きこまれたまでにすぎない。私は多くのマンダラのコレクションをもっているが、私のよく知っているヨーロッパのマンダラは、どれひとつとして、東洋のマンダラの習慣的また伝統的に確立された調和と完全さにまでは至っていない。そこで私は、無限の多様性をもつヨーロッパのマンダラの中から、十枚の絵をここに選び出した。それらは、少くとも全体としてみれば、東洋の哲学と西洋における無意識的な精神過程との対比を、はっきりと説明しているであろう。

女性　あらゆる花の中でも最も素晴らしいものとして描かれている黄金の華。

女性　中心に黄金の華があり，そこから豊饒の象徴としての魚が放射している（ラマ教のマンダラの電光と対応している）。

男性　中心に光り輝く華があり，その周囲を星が回転している。華のまわりには，八つの門をもった壁がある。全体は半透明な窓とみられている。

（訳注　これはユング自身が1927年に描いたもので，彼はこのマンダラを「永遠の窓」と名づけている。）

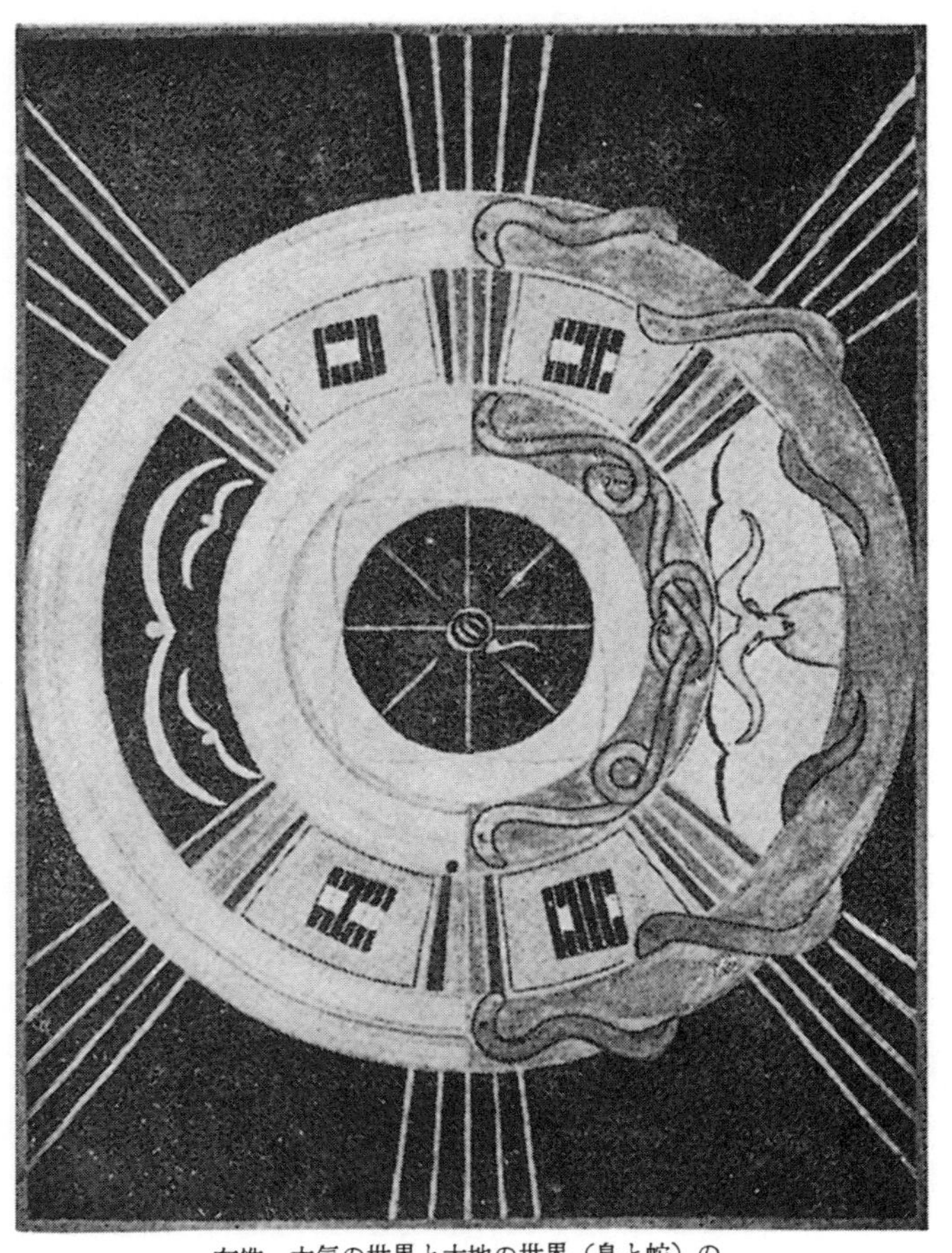

女性　大気の世界と大地の世界（鳥と蛇）の
分離。中心には黄金の星をもった華がある。

女性　光の世界と暗黒の世界の分離。また天上的魂と大地的魂の分離。中心は観想を描いている。

男性　中心には，大空に輝く白い光がある。内側の最初の囲いには，原形質のような生命の芽生え。第二の囲いには，四つの基本色を含んだ回転する宇宙的原理。第三と第四の囲いには，内と外に向ってはたらく創造力。外側の四隅の基本方位には，男性の魂と女性の魂があり，両者はともに，明と暗とに分かれている。

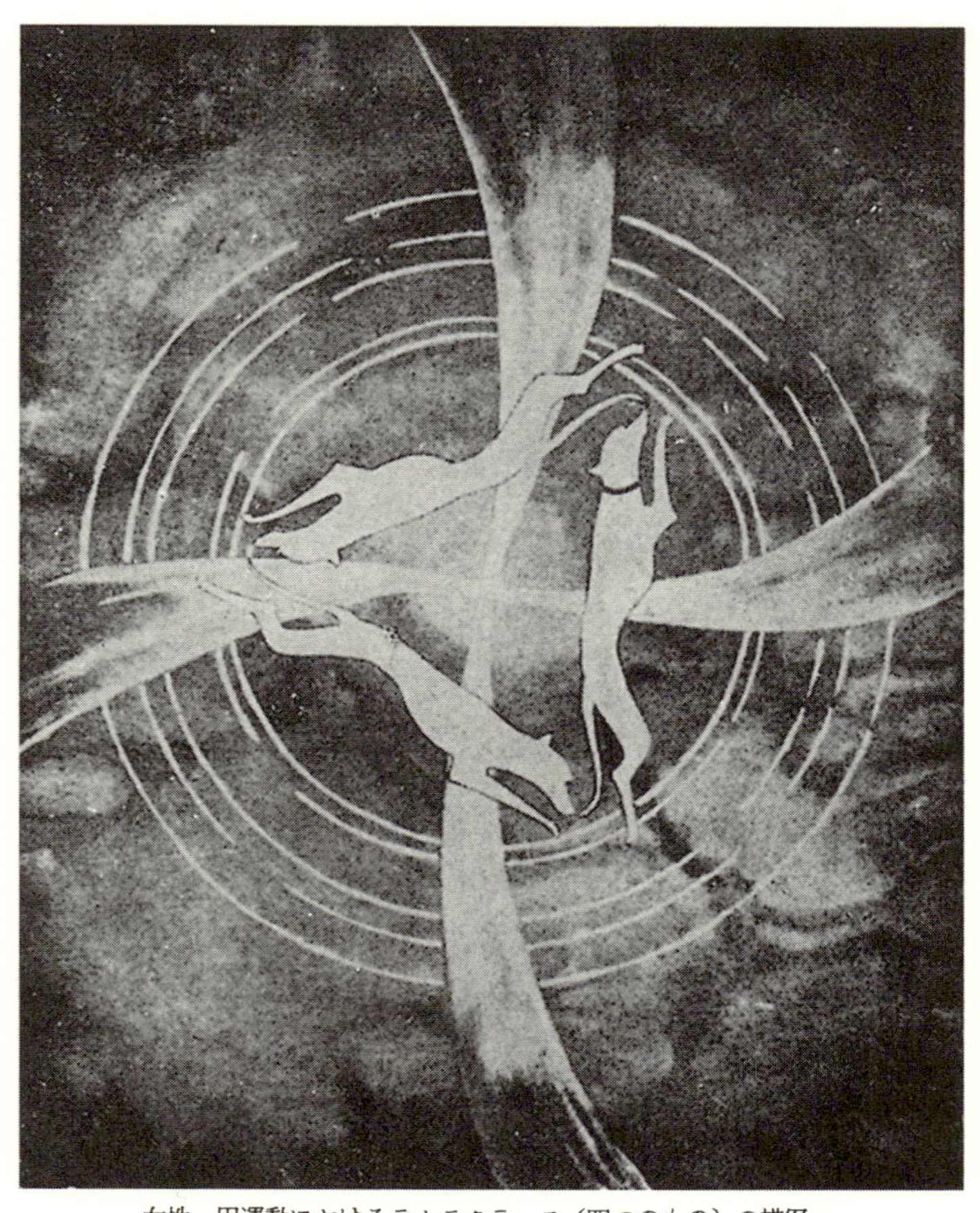

女性　円運動におけるテトラクテュス（四つのもの）の描写。
（訳注　テトラクテュスについては本書56頁を参照）

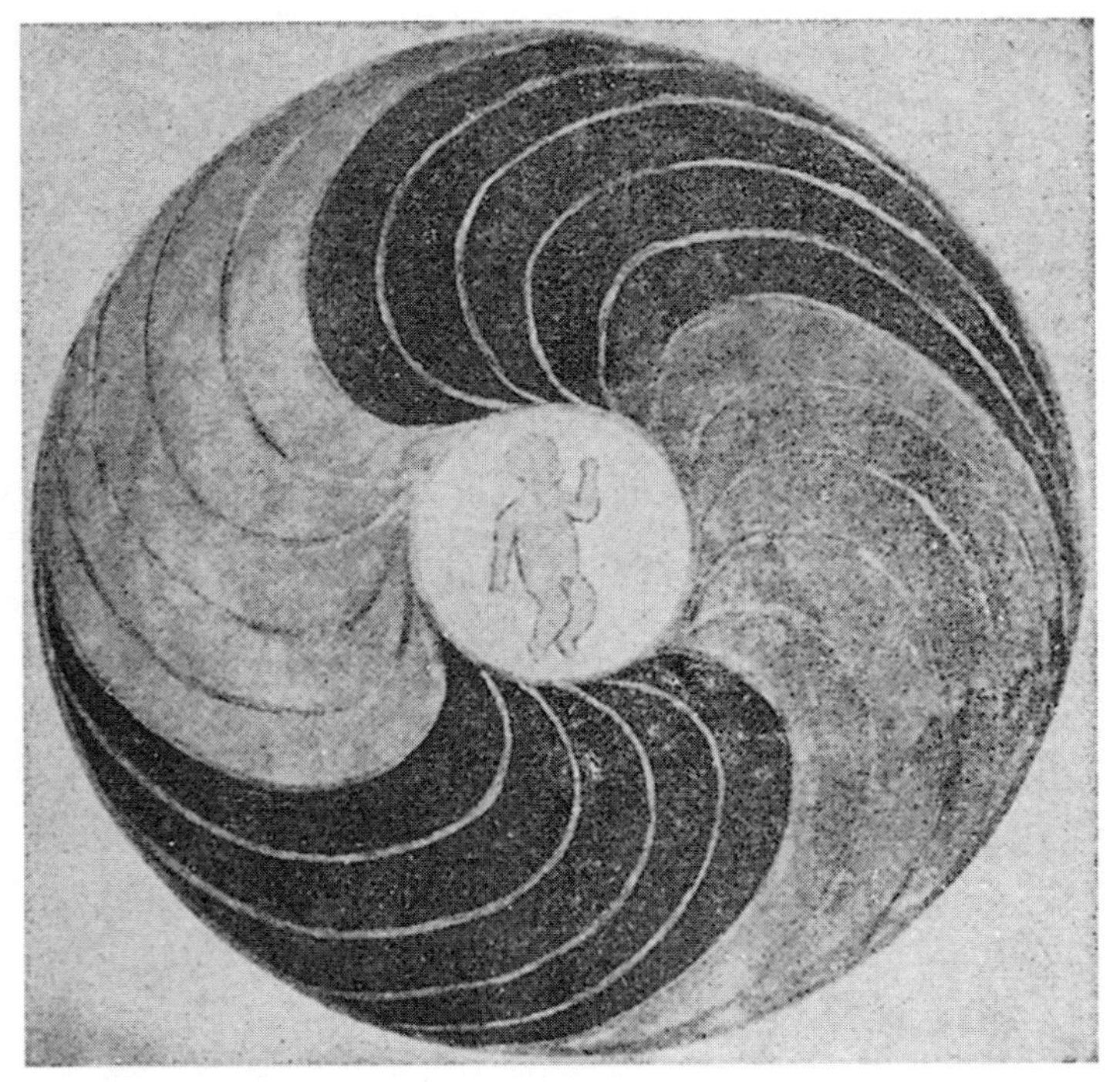

女性　円運動をする，四つの基本色をもった胚胞の中に含まれている子供

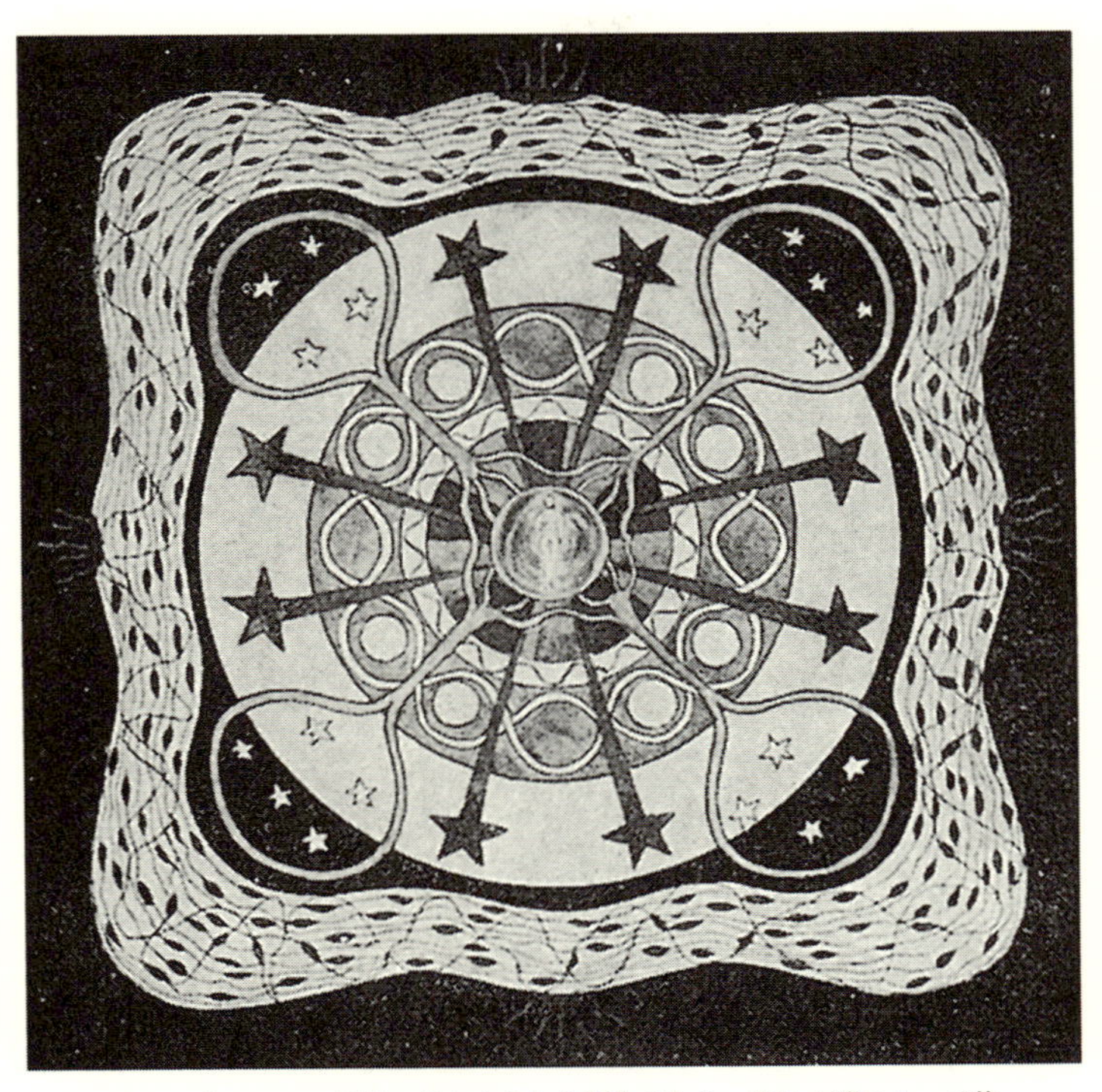

女性　中心には，男性の姿をともなう胚胞がある。彼は血管によって養われており，その血管は宇宙に起源をもっている。宇宙は，その流出物を引きつつ中心の囲りを回転している。外周には神経組織が拡がっていて，太陽神経叢の中で起っている〔生理心理的〕過程を示している。

男性　城壁と水濠で守られた都市のマンダラ。内部に広い第二の水濠があり，十六の塔で守りを固めた城壁をとりまいている。その城壁の内側に，さらに第三の内濠がある。この内濠は，黄金の屋根をもつ中央の城をとり囲んでおり，その中心が黄金の寺院である。

(訳注　このマンダラは1928年にユングが描いたもので，彼はこれを描いた直後に，ヴィルヘルムから『太乙金華宗旨』の独訳を受けとる。)

太乙金華宗旨の由来と内容

リヒアルト・ヴィルヘルム

一　本書の由来

この書は中国のある秘教的サークルに由来するものである。それは長い間口伝で伝えられ、その後、書写の形で伝えられてきた。はじめて印刷に付されたのは、清の乾隆帝の時代（十八世紀）である。最後に本訳書の底本は、一九二〇年〔民国十年〕に、『慧命経』と合本の形で、新しく一千部北京で印刷されたものである。筆者の考えでは、この版は、そこで論じられている問題を理解できる小さいグループの人たちの間にだけ頒布されたものと思われる。ともかく私は、こういう風にして世に出た本書を一部手に入れることができたのである。この小冊子が新しく印刷に付され流布するようになったのは、最近の中国における政治的経済的危機の状況によって、宗教的潮流が新しく目覚めてきたところに理由がある。一群の秘教的宗派が生れたが、それらの目ざすところは、古代からひそかに伝えられてきた修行法を実行することによって、生のあらゆる苦悩から離脱した心の状態に到達することである。そのための方法としては、呪符・祈禱・生贄(いけにえ)などが用いられたが、これらに加えて、中国で広く普及している霊媒による交霊会の方法があって、人びとは自動書記(プランシェット)(中国語の言いまわしでは扶　(フーチー)、あるいは宙をとぶ霊の筆先)を用いて、神々や死者と直接に交流するのである。(一)

これらの実修と並んで、心理学的方法を重視する秘教的傾向も現われてきたが、この場合には瞑想ないしヨーガの修行がさかんに行われた。この方法の信奉者たちは、ヨーロッパ人とは全くちがって――ヨーロッパ人のヨーガ修行者にとっては、東洋の修行は単なるスポーツにすぎない――ほとんど例外なしに、ある種の中心的な体験にまで到達する。この場合、われわれに言えることは、中国人の心性にとっては、特定の心的経験に到達するための完全で確実な方法が問題になっている、ということである(C・G・ユングが正しく指摘したように、中国人の心性は、いくつかの根本的な点において――少なくとももつい最近までは――ヨーロッパ人のそれとは本質的に異なっていた)。幻のような外界の束縛からの解放の他にも、さまざまの宗派によって、いろいろな目標が追求された。瞑想を基礎にした解放によって追求される最高の段階は、仏教的な　槃(ニルヴァーナ)か、あるいは本書にみられるように、人間における精神的原理をそれと関連する心理発生的な諸力と結びつけることによって、死後の生の可能性に対して準備させること、それも衰え果てた影のような存在としてこの世から放たれるだけでなく、自覚せる精神としての死後の生を教えるものである。これと並んで、またしばしばこれと関連しあって、次のような傾向が見出される。それは、こういう瞑想によって、ある種の植物的－動物的生命過程（交感神経系）のあり方に心理的影響力を及ぼそうとする態度である（ヨーロッパ風に考えれば、われわれはここで、内分泌系に関する〔心身医学的な〕過程について語っていることになるのであろう）。そのような影響によって、生命過程の強化、若返り、そして正常化が達成されるであろうし、さらにそれによって死さえも、生命過程の調和のとれた終結に適合するものとして克服されるのである。この世の肉体は、精神的〔霊的〕原理によって見捨てられる（精神的原理は、それ自身に内在するエネルギー系から創出された霊的身体において、独立した死後の生をつづける能力をもっている）。そして見捨てられたこの世の肉体は、蟬がぬぎ捨てた殻のように、ひからびたぬけがらとして後に残るだけである。

これらの宗派のより低いレベルでは、このようにして神通力を獲得することや、悪霊と病気を払いのける能力を得ることが目ざされている。この場合には、魔よけ、つまり呪文とか護符が重要な役割を演じている。それと同時にこの種の事柄は、時として、集団的精神異常の状態にみちびくことがある。たとえば義和団の乱〔一八九九―一九〇一〕はその一例であるが、それは、宗教的あるいは政治－宗教的不安の中に魂の解放を見出そうとするのである。最近は、もともと道教の中に存在する諸教混淆的な傾向がつよく現われてきた。したがってそのような新しい団体では、世界のすべての五大宗教（儒教、道教、仏教、イスラム教、キリスト教、時にはこの他にユダヤ教もあげられる）の信徒たちが、それぞれの宗教組織から離脱することなしに、そのまま受け入れられている。

われわれの時代にこのような宗教運動が現われてきた背景について、以上に簡単に説明したので、次には、本書の教義の歴史的源泉について簡単にのべることにしよう。この場合、われわれは次のような点に注目しなければならない。この教義は[三]、それが書物になって定着したものよりもずっと古いものだということである。『太乙金華宗旨』は、木版の刊本としては十七世紀までさかのぼることができる。底本の編者〔慧真子という道士〕がのべているところによると、彼は北京の書籍商・古物商の集まっている通りである琉璃廠で、その時代〔十七世紀〕にさかのぼる不完全な写本を一部発見し、後になって友人の所蔵する書物によって補なったということである。けれども口伝による伝承はさらにずっと古く、八世紀の唐代に成立した黄金の生命の仙薬の宗教（金丹教 Gin Dan Giau）にまでさかのぼる。創立者は、道教の有名な祖師である呂巌 Lü Yen（呂洞賓 Lü Dung Bin）である、と言われている。後代の民間伝承は、彼を八人の不老不死の祖師〔八仙〕の一人に数えている。そして彼のまわりには、時代の経過とともに、伝説のゆたかな花飾りが集められていったのである。この宗派は、唐代には、土着および外来のあらゆる他の宗教と同じように、寛容と保護を受けて大いにひろまったのであるが、時がたつにつれて迫害を受けるようになった。それは最初から秘教的な秘密の宗教だったので、信者が秘密の政治的策謀の疑いをかけられたのである。信者は、敵意を抱いた政府からたえず迫害を受け、最後には清朝政府によって、政府自身が崩壊する直前に、極端に残酷な方法で迫害を受けた[三]。信者の多くはキリスト教に向った。実際に教会に加入しなかった場合にも、彼らはすべてキリスト教に対して好意的である。

　本書は、金丹教の教義について最も良い説明を与えてくれる。その教説は、呂巌（別のよび方は呂洞賓すなわち呂という洞窟の賓客）に帰されている。この書の中では、彼は開祖の呂、すなわちいている。

「呂祖師」とよばれている。彼は西暦七五五年に生れ、八世紀の終りから九世紀のはじめにかけて生きた。彼の言葉には、後代にいろいろ注釈がつけ加えられたが、それは同じような伝承にもとづいている。

呂は、その秘教的な(エソテリック)秘密の教義をどこから得てきたのであろうか。彼自身は、その起源を関尹喜(いん)、関尹子(関所、つまり函谷関にいた尹喜という名の師)に帰している。伝説によると、老子は彼のために道徳経を書き下したといわれている。実際、本書の体系の中には、道徳経の中に秘密の形で隠されている神秘な教義に由来する多くの考え方が見出される。たとえば本書にみえる「谷の中の神々」は、老子のいう「谷神」と同じものである。しかし道教は、漢代〔前三世紀—後三世紀〕に至って、次第に浅薄な魔術にまで堕落していった。宮廷に仕える道教の方士たちが、錬金術〔錬丹〕によって金丹つまり黄金の仙薬(賢者の石)を得ようとしたからである。この術は、卑金属から金をつくり出し、人間を肉体的に不死にするものと信じられていた。呂巌の運動は、これに対して改革をとなえたのである。彼の教えでは、錬金術的な用語は、心理的過程を象徴する言葉になった。この点で彼は、老子の本来の考え方にふたたび近づいている。ただし老子は全く自由な思想家だったので、彼の後継者である荘子はしばしば、ヨーガ修行、自然的〔信仰〕治療者、錬丹術士のあらゆる奇術をあざけっている——そのくせ彼自身はもちろん瞑想の訓練を行い、それによって〔神秘的〕合一の直観を得、それを、後になって知的に発展させた理論体系の基本にしているのである。呂巌には確乎たる信仰、宗教的な傾向があり、それは仏教の刺戟を受けて生れたものであって、あらゆる外的事物は幻影であるという確信を彼に与えている。ただしその考え方は、明らかに仏教とは区別される。彼はあらゆる努力によって、現象の経過の中に静止している極を求める。そこでは達人に対して永遠の生命が与えられるのであるが、このような考え方は、いかなる実体的自我をも否定する仏教の考え方とは全くちがっている。しかしそれにもかかわらず、やはりその当時中国を強力に支配していた大乗仏教の影響は過小評価できない。仏教の経典はくり返し引用されている。仏教の影響は、本書では、金丹教においてふつう受け入れられていると思われる以上に大きい。本書第三章の後半には、「止観」（心の動きを固定させる観照）の瞑想法が、はっきりあげられている。これは智顗〔A.D. 531—597〕のひらいた天台宗で行われていた純然たる仏教的訓練法なのである。

このため本書の教えの説明には、ある種の断絶がつきまとっている。一方では〔道教的な〕〝黄金の華〟の育成がのべられているかと思えば、他方では、超世俗的なやり方で涅槃に近づくように目標を移してしまう純粋に仏教的な考え方がつよく現われている。さらに本書の終りの方には、精神的な高さと理論的脈絡の厳密さからいえば、単なるつけ足しとしか言えないようないくつかの章がつづいている。[22] のみならず、〔瞑想における〕光の回転による内面的新生と神的な種子の穀粒を創造する作業は、本書の最初の方でのべられているにすぎない。ところがこの作業は実は、もっと後の訓練段階が目ざしている目標なのであって、たとえば〔合本にされた〕柳華陽の『慧命経』の中で、よりくわしくのべられている。したがってわれわれは、この著作の一部は実は失われてしまったのであって、他の出典から補充されたのではないかと推測することもできる。先にのべた理論的さけ目と、私の訳さなかった部分が質的に劣っていることとは、たぶんこれによって説明がつくであろう。

偏見なしに本書をよんでゆけば、さらに、仏教と道教という二つの源泉だけでは、この書の思想内容を十分に説明できないことがわかる。『易経』I Ging に基礎をおいた儒教思想が、これらとともに利用されているのである。易経の八つの基本的記号〔八卦 Ba Gua〕は、ある種の内面的〔心理的〕過程を象徴するものとして、本書のさまざまの個所で引用されている。この象徴の用い方がどんな影響を及ぼしているかという点については、後に説明することにしたい。儒教は、易の他にも道教と広い共通の基盤をもっているから、この二つの思想の流れを統合しても、理論的脈絡の上には何の障害も生れないのである。

ヨーロッパの多くの読者にとっては、おそらく次のような点がいちじるしく注意をひくことであろう。キリスト教でよく知られているような表現法がテキストの中に現われてくる反面、ヨーロッパではふつう単なる礼拝の文句として表面的に理解されているにすぎないような周知の観念が、ヨーロッパとは全く別な観点からとらえられているということ、そしてこれは、それらの文句が使用されている心理学的意味合いによってそのように理解されているということである。目立った二、三の例を思いつくままにとってみると、次のような直観的な言いまわしやとらえ方があげられる。光は人間の生命(いのち)である。眼は身体(からだ)の光である。人間の霊的再生は、水と火による。そのためには子宮、あるいは耕地としての思念の大地〔意土、霊の国〕が到来しなくてはならない、等々。これらの表現は、洗礼者ヨハネの直観的表現法と比較することができる。「わたしは水で洗礼(バプテスマ)を授けるが、わたしのあとから来る方〔イエス〕は、聖霊と火によって洗礼を授ける」〔マタイ、三・一一〕あるいは「だれでも、水と霊から生れなければ神の国に入ることはできない。」特に本書では、霊の種子的実体としての〃水〃という考え方が目立っているし、また子供をつくるときに消費される流出活動〔漏尽〕（肉から生れるものは肉である）と、これに対する〃逆行〃の運動（肉の罪に対する懺悔（メタノイア））との対比が非常に目立っている。

沐浴という観念も、ヨハネの（そしてキリスト教の）洗礼の場合と同様に、このたましいの再生において一つの役割を果している。そればかりでなく、キリスト教の比喩において重要な役割を演じている神秘的観念も、しばしば現われてくる。また、たましいの内部における子供、幼児（神話でいう「永遠の少年（プエル・エテルニス）」、われわれの内に生れるべき、われわれのたましいの花婿でもあるキリスト）といった観念や、たましいの花嫁といった観念もあげられている。さらに、おそらく最も目立っているのは次のような点である。それは一見したところ全くつまらない特徴としかみえないけれども、このテキストでは、明るくもえ上るためにはランプに油を入れなくてはならないという表現が（五）、新しい、いわばほとんど集団心理学的意義を得ている。特に注意しておきたいのは、秘教的観点における黄金の華（金華）という表現が〃光〃という表現を含んでいるということである。二つの字形を互いにふれ合うように上下に書くと、上の字形〔业〕の下の部分と下の字形〔大〕の上の部分が合体して〃光〃という文字ができあがる。この秘密の文字〔米〕は明らかに、迫害の時代に考案されたものである。その時代はまた、できるだけ危険をさけるために、教義の普及は最も深い秘密というヴェールの陰でしか行われないように工夫されていたかもしれない。この教義が常に秘密のサークルに限定されたままになっていた理由はそこにあった。今日でもその信者は、外部に現われているよりもはるかに多いのである。

この光の宗教はどこから来たのか、と問うてみるとき、まず第一に考えられるのはペルシアである。唐代の中国には、多くの場所にペルシアの〔ゾロアスター教〕寺院が存在したからである。本書の教えには、いくつかの点でゾロアスターの教え、特にペルシアの神秘主義と一致した点があるけれども、反面、大きな相違も見出される。もう一つの考え方としては、[六]キリスト教の直接の影響があったとする意見がある。唐代には、唐の皇帝と同盟を結んだウィグル族の宗教であったネストリウス派のキリスト教が非常に崇拝されていた。これは七八一年〔唐の徳宗の建中二年〕に建立された、中国語とシリア語の刻文のある有名なネストリウス派の記念碑〔大秦景教流行中国碑〕が、陝西省西安府で発見されたことによって立証されている[七]。したがってネストリウス派と金丹教との関係は、大いにあり得ることである。ティモシイ・リチャードは、金丹教はまさに古いネストリウス派の名残りであると考えるまでに至った。彼がこういう見解に達したのは、金丹教の信者の儀式とある種の伝統の中に、たしかな一致が見出されたためであった。最近、佐伯好郎はこの学説をふたたびとりあげ、ペリオによって敦煌で発見されたネストリウス派の典礼書にもとづいて、一連の新しい類似を確認した[八]。彼は、金丹教の創始者である呂厳を、ネストリウス派の碑文を書き、中国名で呂秀巌と署名しているアダムと同一視するまでに至っている。彼の意見によれば、金丹教の創始者呂厳はネストリウス派のキリスト者だったということになる（!）。佐伯は、両者が同一視できるという喜びのあまり、あまりにも強引に彼の説を押し進めている。彼の証明のしかたは非常に説得的であるが、論証を筋の通ったものにする大事な点が欠けている。中途半端な証明をいくら寄せ集めても完全な証明にはならない。ただし、金丹教の中にはネストリウス派の考え方が色こく混合しており、その考え方はこのテキストの中にもはっきり認められるというところまでは、われわれも彼の意見に賛成しなければならない。このような考え方は、その奇異な外見によって部分的には変にみえるところもあるが、また部分的には、注目に値する新しい性質の生き生きした感じを与えもするのである。われわれはここで、過去にくり返し証明されてきた一つの論点に到達するのである。

東洋（オリエント）と西洋（オクシデント）は
もはや分つことはできない〔ゲーテ〕

二　本書の心理学的・宇宙論的前提

以下の翻訳を理解するに当っては、本書の方法がよりどころにしている世界観的基礎について、なお二、三説明しておくことが重要である。その世界観は、ある程度まで、あらゆる中国哲学の諸傾向が共通に有しているものである。それは、宇宙と人間とは根本において共通の法則に従うものであり、また人間は小宇宙であって、堅固な壁によって大宇宙から隔てられているわけではないという前提に立っている。同じ法則がこの両者を支配しており、一方の状態から他方の状態へ通ずる通路が開いているわけである。心（プシケ）と宇宙とは、〔つながり合った〕内なる世界と外なる世界のように関係しあっている。したがって人間は本来、あらゆる宇宙的事象に参与し、外面的のみならず内面的にも宇宙に織り込まれているのである。

したがってタオ Tao、世界の意味 Weltsinn、道 Weg は、人間を支配するとともに、みえざる自然及びみえる自然（天と地）を支配する。「道」という字の本来の字形は、「首」という字——これはおそらく「始まり」と解釈されるべきであろう——と「行く」を示す字形〔辶〕とから成っている。さらに、合成された形では、それは「わだち」〔車輪の跡〕を意味する。またその下には、後の書き方では省略されているが、「立ち止っている」という字がある。[九] つまりこの字の本来の意味は、「それ自身は動かないけれども、始めからまっすぐに目標へと通じているわだち」である。つまり、道それ自身は運動しないが、それはあらゆる運動が行われる手段であり、また運動に法則を与えるものである、という考え方が基礎になっている。天体の軌道は、星座がその上を動いてゆく道である。人間の進む軌道は、彼がその上を歩いてゆくところの道である。老子はこの言葉を形而上的意味で用いた。それは究極的な世界原理であり、あらゆる現象の顕在化に先立つ「意味」であって、まだ両極的対立関係に分たれていないが、あらゆる現実化の過程はこれに依存しているのである。このような用語法は、本書の前提になっている。

この点、儒教の場合には、用語法の上で或るちがいが見出される。儒教では、道という言葉は〔超越的でなく〕世界内的な意味をもっており、それは正しい道、つまり一方では天の道、他方では人間の道を意味している。「不可分なる一者」という究極的原理は、儒教の場合には、〔道ではなくて〕太極（大きい棟木、大きい極）である。「極」という表現は本書にも時折り現われるが、ここでは「道」と同じ意味に使われている。

「道」ないし「太極」から現実性の原理が生じる。その一方の極は光（陽 Yang）であり、他方の極は闇あるいは影（陰 Yin）である。ヨーロッパの研究者の間では、陽と陰は、まず何よりも性の区別に関連するものと考えられる傾向がある。しかしこの文字は元来、自然現象に関係したものである。「陰」は影であり、したがって山の北側、あるいは川の南側を意味する（昼間の太陽の角度は、川に向った南側の斜面を暗くみせる）。「陽」の元来の字形はひるがえる三角旗を示すものであり、また――「陰」の文字と対照して――山の南側、あるいは川の北側を意味している。このような「光」と「闇」という意味がまず最初にあって、そこからこの原理が、あらゆる両極的な対立物に、したがって性的な区別についても適用されるのである。しかし、陰と陽の両者は現象の領域の内部でのみ活動するものであって、それらの共通の源泉は二分されない一者である。陽はその能動的原理であり、条件づけるものとして、また陰は受動的原理であり、派生的であるとともに条件づけられるものとして、現われている。したがって、このような考え方が形而上学的二元論にもとづいたものでないことは明らかである。この陰と陽ほど抽象的でない概念としては、創造するもの（乾 Kiën）と受容するもの（坤 Kun）という対比概念がある。これらは『易経』（変化の書）[10]に由来するものであって、天と地によって象徴される。つまり、天と地の結合によって、またこの活動の場の内部における二つの根源的な力のはたらきによって、（「道」という唯一の根本法則に従いながら）〝一万の事物〟〔万事〕すなわち外界が成立するのである。

外面的にみれば、人間もまた、身体的現象という点では、これら多くの事物の中に含まれている。人間は、あらゆる点において小さい宇宙（小天地）なのである。したがって人間の内面的な性質も――儒家の言うように――「天」に由来するか、あるいは道家が表現しているように、「道」の現象形態であることになる。人間は、その現象的形態においては多様な個々人として展開するが、そのそれぞれの内部に、中心となる一者（モナド）が生命原理として含まれている。ただしそれはただちに——誕生の前、受胎の瞬間に——本性（性 Sing）と生命（命 Ming）という両極的現象に分れてゆく。本性（Wesen）を示す文字（性 Sing）は「心」(Sin) と「生じる」「生れる」(生 Shong) からつくられている。「心」〔心臓 Herz〕は、中国的な考え方によれば情動的意識の座であって、その意識は、五官を通じて受けとる外界からの印象に対する感情的反応によって喚起されるものである。これに対して、何の感情も表現されていないときにも基体として残っているもの、つまりいわば超越的な——意識をこえた——状態の中にとどまっているもの、それが本性（性）なのである。この概念に対してより厳密な定義を与えようとする場合には、それは永遠の理念という観点からみれば本来善であると考えられたり（孟子の性善説）、あるいは、その経験的歴史的発達という観点からみれば、それは本来悪であるか、少なくとも中立的なものであって、儀礼の長い発達によってのみ善になし得るものである、と考えられたりする（荀子の性悪説）。

本性（性 Sing）は、明らかにロゴスに近い概念であるが、それが現象の世界に入ってくるときには、生命（命 Ming）と密接に結びついて現われてくる。「命」（生命 Leben）という文字はもともと、王の命令、天命、宿命、人間に定められた運命、したがってまた一生の寿命、つまり自分の自由に使える生命力の分量、などを意味する。したがって「命」（生命）は〔身体性と結びつくから〕エロスに近い概念である。この二つの原理は、いわば超個人的である。本性（性）は、精神的存在としての人間を人間たらしめるものである。個々の人間は、それを有してはいるが、しかしそれ自体は個人をこえているのである。生命（命）は、人間が自分の意識的な意志によらない宿命に対して耐え忍ぶ他はないという意味において、やはり超個人的なものである。儒家は、「命」の中に、人間が従わなければならない天によって定められた法則を見てとる。道家は「命」の中に、自然の多彩な遊びを見る。それは、「道」の法則を逃れることはできないが、そのようなもの〔遊び〕としては、全くの偶然でしかない。中国仏教は、「命」の中に、迷妄の世界の内部における業（カルマ）〔輪廻〕のはたらきを見ている。

以上のような〔性－命の〕双極性に対応しているのが、身体的－人格的人間において現われてくる次のような両極的緊張関係である。身体は、次の二つの心的形成物の相互作用によって生気づけられる。（1）「魂」Hun　これは「陽」の原理に属するものであるから、私はこれをアニムスと訳した。[二]（2）「魄」Po　これは「陰」の原理に属し、アニマと訳される。[三] この両者はもともと、死の過程についての観察からきた表象である。したがってこの二つの文字は、いずれもデモン、すなわち死者（鬼）を示す共通の字形を含んでいる。[三] この場合、アニマ〔魄〕は特に、肉体的諸過程と結びついたものと考えられた。それは、死とともに大地に沈んで朽ち果てるものである。これに対してアニムス〔魂〕は、より高次のたましいである。それは死後、上へ、大気の中へと昇る。そこでアニムスはしばらくの間活動してから、天界で雲散霧消するか、あるいは生命の普遍的な貯水池へと還流してゆくのである。人間の生体において、この両者とある程度まで対応しているのは、大脳神経のシステムと太陽神経叢のシステムである。アニムスは両眼の中に住み、アニマは下腹部に住む。アニムスは明るくて活動的であり、アニマは暗くて大地に結びつけられている。「魂」、アニムスに対応する文字は「鬼」と「雲」を示す字形から構成されており、「魄」、アニマに対応する文字は「鬼」と「白」からつくられている。「魄」についてのこのような観念には、中国以外のどこか他の場所でも、たとえば影のたましいとか肉体のたましいというような形で、類似したとらえ方が見出せると思われる。明らかに、似たような考え方が中国的な見方の中にも含まれているのである。ただしわれわれは、こういう推論に当っては、やはり慎重でなくてはならない。というのは、最も古い書き方では、「鬼」を示す共通の文字がないからである。この場合にはたぶん、両者をみちびき出せない原象徴が問題になるであろう。いずれにせよ、アニムス——魂——は明るい陽のたましいであり、アニマ——魄——は暗い陰のたましいである。

通常の〝右回りの〟rechtläufige[一四] すなわち自然に下降する生命過程は、次のようなものである。二つのたましい〔魂と魄〕は、知的要素と動物的要素として互いに関係しあう。この場合、一般的には、アニマすなわち無反省な意志が、衝動にかり立てられて、アニムスないし知性をむりやり自分に従うように強制する。少くとも、アニムスつまり知性は、〔アニマの力にかり立てられて〕外界の事物へと向けられる。それによってアニムスとアニマのエネルギーは外へ漏出して、生命は次第に消耗してゆく。この場合の積極的成果としては、新しい存在〔子供〕が創造され、生命が持続してゆくわけであるが、しかしその一方、根源的存在はみずからを「外在化」してしまうので、最終的には〝物によって物にされる〟のである。その終点は死である。アニマは沈み、アニムスは昇る。そして、力を奪われた自我 Ich, ego は、あわれな状態にとり残されるのである。

今かりに、われわれが「外在化」に向って〔衝動的に〕進んでゆけば、たましいは重さに引張られて死のくらい苦悩の中に沈んでゆき、自我をたえず魅惑しつづける生の幻影をむさぼり食うみじめな状態におちいり、何事にも主体的に参加できない〔とらわれの〕状態におちいってしまう（地獄、餓鬼）。これに対して、自我が「外在化」の力にもかかわらず、上方に到達しようと努力すれば、それは少くともしばらくの間は（死者の遺族が献げる供物の力がそれを強めることによって）、比較的幸福な生を持続してゆく。この死後の生は、各自がつんだ功徳にしたがって種々の段階がつけられる。どちらの場合にも、人格的な要素は後退し、「外在化」に対応した退化現象が生ずる。存在は無力なまぼろしになる。彼にはもはや生命力が欠けており、彼の運命は終りを告げたからである。それは今や天国か地獄の中に生きているのであって、もはや外的〔物質的〕なものではなく、純然たる内的〔心的〕状態である。たましいは、このような〔衝動的外在化の〕状態を追い求めてゆけばゆくほど退化してゆき、ついには――どのような性質のものであれ――存在の次元からは消滅してしまい、その中にある断片的想念だけが蓄積されるようになる。その想念が新しい子宮に入ると、それはふたたび新しく存在を始めるようになる〔輪廻転生して生者につきまとう〕。このような状態の全体が悪霊、幽霊、不帰の客、つまりこの世から引退した者たちのあり方である。中国語では「鬼」という（これは、しばしば誤って「悪魔」Teufel と訳されている）。

以上のような下降的過程に対して、自分の一生の間に生命力の〝逆行する〟rückläufige 上昇的運動をみちびき入れることができれば、言いかえればアニムスによってアニマの力を自由に支配できるようになれば、たましいは外面的事物から解放されるに至る。外界の事物は、認識はされるが、もはや欲望の対象となることはない。これによって迷妄は、その力を奪いとられる。ここに、内面的で、また上昇してゆく力の回転が起る。自我は世界の事物との葛藤状態からぬけ出す。そして死後もなお〔破壊されない我として〕生きつづけている。なぜならそれは、「内面化」によって生命力が外へ漏出するのを防いだからである。それは漏出の代りに、身体的存在様式に依存しない生命の中心を、モナド〔個的一者〕の内的回転運動の中につくり出したのである。そのような自我は、ひとつの神 ein Gott デウス Deus「神」Shen である。「神」をあらわす文字は「伸びる」「はたらく」であり、要するに「鬼」の反対である。最も古い書き方では、それは二重の曲りくねった渦巻模様によってあらわされている。それはまた雷、電光、電気的作用をも意味する。そのような存在は、内的回転がつづいているかぎり存続している。それは感覚的には見ることのできないものであるが、人間に対して影響を及ぼし、偉大な思想や崇高な行為へと進ませることができるのである。何千年にもわたって人間性を鼓舞し発展させてきた古代の聖者や賢者はそのような存在なのである。

しかしながら限界はある。これらの存在は依然として人格的性格を保っており、空間と時間のはたらきの下におかれている。彼らは、天地が永遠でないと同じように、永遠に不死ではない。永遠なのはただ、事物とのあらゆる関わり合いから内面的に分離されて育ってくる黄金の華だけである。つまり、この段階にまで到達した人間は、彼の自我 Ich を高い次元に移調してしまうのである。彼〔の我〕はもはやモナドに限定されることなく、あらゆる現象を支配している両極的な二重性の及ぶ範囲を突破して、分たれない一者である「道」へと復帰するのである。ここに、仏教と道教のちがいが存在する。仏教においては、この「涅槃（ニルヴァーナ）」への復帰は、世界と同じ単なる迷いに結びついているにすぎない自我の完全な消滅にかかわっている。涅槃が死とか生の停止と解釈できないとすれば、それは端的に超越そのものを意味している。これに対して道教では、目標はいわば人格の理念であり、体験の〝痕跡〟を霊的変容の中において保持することである。それは生命とともに自己自身のうちに還帰してゆく光であり、われわれのテキストでは、これが黄金の華 Goldblume によって象徴されているのである。

終りに、本書の中で『易経』の八つの記号〔八卦〕がどのように用いられているかということについて、簡単にのべておきたい。

(1)「震」Dschen 卦は☳。雷、震い動かすもの。これは大地の深みから出現する生命であり、あらゆる運動の始まりである。

(2)「巽」Sun 卦は☴。風、木、おだやかなもの。これは、現実的な力が理念の形態の中に流入する過程を示している。風がどんな場所にも吹き通ってゆくように、それはすべてにしみわたるものであり、かくて〝現実化〟をつくり出すのである。

(3)「離」Li 卦は☲。太陽、火、明るいもの(付着するもの)[15]。これは、この光の宗教において重要な役割を果している。それは両眼の中に住み、保護する円環を形づくり、再生をもたらす。

(4)「坤」Kun 卦は☷。地、受容するもの。これは二つの根本原理の一つ、すなわち「陰」の原理であって、大地の力の中に具体化されている。大地は、耕地として天上の種子をおのれの中に受けいれ、形成するものである。

(5)「兌」Dui 卦は☱。湖、靄、清朗なもの。これは陰の側面が終る状態であり、したがって季節としては秋に属している。

(6)「乾」Kiën　卦は☰。天、創造するもの、強さ。これは「陽」の原理を具体化したものであって、坤、つまり受容するものを受胎させる。

(7)「坎」Kan 卦は☵。水、深み。これは卦の外形からいうと、先にあげた「離」の卦☲と反対の形をしている。「離」はロゴスをあらわすのに対して、「坎」はエロスの領域をあらわしている。「離」は太陽であり、「坎」は月である。「坎」と「離」の結婚は秘密の魔術的過程であって、子供、すなわち新しい人間を生み出す。〔したがって心理学的にみれば、「離」は男性原理、「坎」は女性原理を示す。〕

(8)「艮」Gen　卦は☶。山、静止。これは瞑想の姿であり、外的なものを静止させることによって内面化の過程に生気を与える。[六] したがって「艮」は、死と生がふれあい、〃死して生きる〃あり方が成就される場所である。

注

一 (原注) 本書を世にひろめた編者が、自動書記によって、呂祖師自身に序文を書かせているのは、はなはだ風変りなことである。〔訳注。底本には「孚佑帝君太乙金華宗旨自序」という題で、呂巌の自序が掲載されている。〕というのは、本書の教義がその人に帰せられている呂祖師は、唐王朝(六一八—九〇七)の人だからである。しかしこの序文は、本書の中にみられる思想からはるかにかけ離れたものである。それは、このような方法で書かれた作品の多くがそうであるように、平板で無意味である。

二 (原注)『黄金の華の秘密』(太乙金華宗旨)という題名は、底本として用いた版では、中国人の編者によって『長生術』(人間の寿命をのばす技術)という題に変えられている。

三 (原注) 一八九一年には、一万五千人の信徒が清朝の傭兵によって殺された。

四 (原注) これらの章は訳していない。(以下訳注)。本訳書に収めた第九章から第十三章までを指す。

五 (訳注) 「油を添へて命に接す」太・八―10、八―18、等。本書二二〇頁、二三三頁。

六 (訳注) 八世紀中ごろから九世紀にかけて、モンゴルから新疆地方を支配したトルコ系民族。中国人は回紇とよんだ。回教という言葉はここから来ているが、彼らは当時はイスラム教徒ではなかった。

七 (訳注) この碑は、一六二五年(明の熹宗の天啓五年)に発見された。そのくわしい内容や考証については、王治心(富田訳)『支那宗教思想史』大東出版社、一八二頁以下を参照。

八 (原注) P. Y. Saeki, The Nestorian Monument in China, London, 2. Aufl. 1928.

九 (原注) 「古籀篇(こちゅうへん)」Bd. 66, S. 25 ff. 他の文字を分析した場合にも、この書を参照した。(以下訳注)「古籀篇」は「説文解字」に先行する字書。成立は周代頃か。児童の暗誦の便に作られた韻文の文字集。大漢和辞典によると、「道」の古い字形は[illegible]、[illegible]である。

10 (訳注) 欧米では、『易経』を「変化の書」Das Buch der Wandlungen, Book of Changes と訳すことがある。「易」は「変る」という意味であるから。

二 (英訳注) ヴィルヘルムは、アニムスという言葉にユングの場合とは全くちがった意味を与えている。ユングでは、アニムスは女性の心の一要素である。ユングは「魂」をロゴスの意味に近いものとみているが、ロゴスは「魂」に対して用いることはできない。なぜなら、ロゴスにより近い中国的概念、すなわち「性」(人間性)があるし、また「魂」は個人的なものとみなされているのに対して、ロゴスは全く非個人的であるからである。ヴィルヘルムが説いている「魂」の意味は、「大地のたましい」earthly-soul としての「魄」に対比される「精神のたましい」spirit-soul という表現によって示されると思う。用語法の混乱をさけるために、英語版ではこの点に修正を加えることを考えたが、この修正は両著者によって承認された。しかし、用語の置きかえの提案は明らかに、読者のために事柄を単純化してしまうことになるし、意味上は何の変化もない。さらに、こういう修正はいくつかの文を書き直す必要を生じ、ドイツ語版と英語版の間にあまりにも大きいちがいを来すことになる。そのため、この変更は為されなかった。(C・F・ベインズ)

一二 (英訳注) 「魄」はユングのいうアニマの一部分にしか対応しないことに注意すべきである。ユングではアニマの動物的側面ばかりでなく精神的側面も重要なものである。

一三 (英訳注) 中国では、デモン demon に当る言葉〔鬼〕は必ずしもわるい意味にだけ用いられるわけではない。

一四 (英訳注) ドイツ語の rechtläufig という言葉は、文字通りに訳せば、「正しく流れる」 right-flowing を意味する。このテキストでは、それは身体内部の「エネルギー」が下に流れることを示しており、この例ではすべて「下方へ流れる」と訳される。身体のエネルギーが、その自然な、下向きの道程に向うのを防いで、それをせきとめれば、運動は「逆に流れる」 backward-flowing (rückläufig)〔背後に流れる〕ようになる。ヨーガの体系で瞑想の技術を教えるときにはエネルギーの自然な流れは逆にできるものであり、エネルギーは〔身体の〕より高い諸中心へ上昇させられ、そこで精神〔神〕spirit になる。この高次元への変換という究極の成果をしばらく別にすれば、分析心理学〔ユング〕の研究者は、エネルギーの二つの流れ方〔下降と上昇〕とユングのいう外向性-内向性の考え方の間につながりがあることを容易に認めるであろう。重要なちがいは、外向性と内向性は単に心的エネルギーの運動に用いられるにすぎないのに対して、中国のとらえ方では、心的過程と生理的過程の両方が含まれていると思われることである。

一五 (訳注) 「離」が「付着するもの」という意味をもつのは、「騒」が「静」を意味すると同じ逆説的用語法による。火は何にでも付着する性質をもつ。

一六 (訳注) ふつうこの八つの卦は、次のように季節と方位に配されている。

震　春分　東　　　離　夏至　南

巽　立夏　東南　　坤　立秋　西南
兌　秋分　西　　　坎　冬至　北
乾　立冬　西北　　艮　立春　東北
（方位については本訳書二〇四頁の図を参照。）

太乙金華宗旨

訓読文と現代語訳

第一章　天　心[一]（天上の意識）

1　呂祖師曰く、自然を「道」と曰う。道は名も相も無し。一なる性のみ。一なる元神のみ。性と命とは見るべからず。これを天光に寄す。天光は見るべからず。これを両目に寄す。

呂祖師は言われる。それ自身によって存在するものは、「道」〔意味 Sinn〕とよばれる。道には名前もなければ形態もない。それは一つの本性、一つの根源的精神である。人は、〔真の〕本性と〔真の〕生命とを見ることができない。この両者は天上の光の中に含まれている。人は天上の光を見ることができないが、それは両眼の間に潜在しているのである。

2a　古来の仙真、口口に相伝し、一を伝へ一を得。太上[二]、見化してより、東華[三]、某〔厳〕[四]に逓伝し、以て南北両宗[五]に及ぶ。全真、極盛と為す可し。盛りなるは其の徒衆に盛りにして、衰ふるは心伝に衰ふ。今日に至るを以て、濫泛極まれり。凌替極まれり。極まれば則ち返る。故に、浄明を蒙りて許祖〔昔日、許祖有り〕[六]慈普の度を垂れ、特に教外別伝の旨を立てて、上根を接引す。

聞くは千劫に逢ひ難く、受くるは一時の法会なり。皆、当に仰ぎて許祖の苦心を体すべし。

必ず人倫日用の間に於て脚根を立て定め、方に真を修め、性を悟るべし。

昔からすべての聖者たちは、口から口へと教えを受けつぎ、一なる真理を伝え、一なる真理を体験してきた。老子がこの世に出現されてから、東華帝君によって私にこの教えが伝えられ、それ以来、〔全真教の〕南宗と北宗に至ったのである。全真教の時代は、この教えが最もさかんな時代であったといえよう。この教えは、さかんなときには信徒たちの間に非常にひろく行われたが、衰えるときには、教えを心において受けつぐ態度も衰えた。その後今日に至るまで、その教えは混迷の極に達し、また衰退の極に至ってしまった。しかし、物事は極端にまで至れば、逆になるものである。そこで、許祖はあまぬく慈愛の心で人びとを救い、特に文字に記されない教えを伝えて、理解力ある人たちをみちびいたのである。

この教えを聞くということは、千劫の時間にも出会えないくらい稀な機会であり、それを受けるのはただ一度の説法のときなのである。一同の者は、みな、許祖の徳を仰ぎ、その苦心をよく知らねばならない。そして必ず、毎日の生活の場面の中に、自分の立つべき足場をしっかりと築いて、真理を体得し、本性を自覚すべきである。

2b　我れ、今、叨(かたじけな)くも度師と為(な)り、先ず太乙金華の宗旨をもって発明し、然る後に細(くわ)しく開説を為さむ。

私は今、お前たちの導師となって、お前たちにまず、偉大な一者の黄金の華の秘密を明らかにしよう。そしてその後で、さらにくわしく説明してやることにしよう。

3　太乙とは無上の謂なり。丹訣は総て有為を仮りて無為に臻るなり。一超直入の旨に非ず。伝ふる所の宗旨は直だ、性の功を提す。第二の法門に落ちず、所以に妙と為す。

偉大な一者とは、その上に何ものをも有しないものの呼び名である。生命の仙薬の不思議な秘密は、人間は行為しない状態に至るために行為する、というところにある。〔別訳。瞑想修行の秘訣はすべて、形あるものに即して形なき世界に至るところにある。〕お前たちは、すべてのものを飛びこえて、直接に〔永遠の世界へ〕突入しようとしてはならない。私が受け伝えている根本原則は、本性に関する仕事に着手することである。その際、特に重要なのは、誤った脇道に入りこまないことである。

4　金華は即ち光なり。光は是れ何色なるや。象を金華に取る。亦、一光を秘す。字は内にあり。是れ、先天太乙の真炁〔気〕なり。「水郷の鉛は只だ一味なり(七)」とは此なり。

黄金の華とは光のことである。その光はどんな色をもっているであろうか。黄金の華とは象徴として用いられたものである。この花の中には一つの光が隠れている。そこに示されているのは内にあるものである。これこそ、超越的な偉大なる一者の真の力なのである。「水の領域の鉛はただ一つの味しかもたない」という言葉は、このことを示唆している。

(注釈)(八) 天の一者〔天一〕は水を創造する。これが偉大な一者の真のエネルギー〔太乙之真炁〕である。人は、この一なるものを得れば生きるが、一なるものを失えば死ぬのである。しかし人は、気のエネルギー(プラーナ(九))によって生きているにもかかわらず、気を見ることがない。ちょうど、魚が水によって生きているにもかかわらず、水を見ることがないようなものである。人は気がなければ死に、魚は水を離れれば生きることができない。そこで祖師たちは人びとに、根源をしっかりと抱き一なるものを守ること

〔抱元守一〕を教えたのである。これが、光の回転と中心の保持〔回光守中〕の教えである。もし人がこの真の気のエネルギーを保持すればそれによって生命をのばすことができる。それから更に、正しい方法に従って「加熱と融合」〔煅煉〕を行えば、不死の身体を創造し、完成することができるのである。

5　回光[10]の功は、全く逆法を用う。想を天心に注ぐ。天心は日月の中に居す。

光の回転〔瞑想法〕は、ふつうとは逆方向の運動によっている。つまり、思念を〔外界の事物でなく〕天上の心（天の意識のある場所）へ集中するのである。天上の心は、太陽と月（すなわち両眼）の間に存在している。

6　黄庭経[11]に云く、「寸田尺宅[12]、生を治むべし」と。尺宅とは面なり。面上の寸田とは、天心に非ずして何ぞや。方寸の中に鬱羅たる蕭台の勝、玉京の丹闕の奇、乃至は至虚にして至霊の神の住む所を具有す。儒には虚中と曰ひ、釈には霊台と曰ひ、道には祖土と曰ひ、黄庭[13]と曰ひ、玄関[14]と曰ひ、先天の竅[15]と曰ふ。蓋し天心は猶、宅舎一般の如く、光は乃ち主人の翁なり。

黄庭経にはこう言っている。「一尺四方の家の一寸四方の場所が、生命を支配することができる。」一尺四方の家というのは、人間の顔のことである。したがって、顔の上にある一寸四方の場所とは、天上の心〔の住む場所〕に他ならないであろう。この一寸四方の中に、茂みにかこまれた静かなテラスの立派な光景や、宝玉の都の深紅の広間のおどろくべき様子、あるいは最も空虚で最も神秘な生命力にあふれた神の住む場所が、皆そなわっているのである。儒教ではこれを「空虚の中心」とよび、仏教では「神秘な生命力のテラス」とよぶが、道教では、「祖先の国」「黄色い宮廷」「神秘な通路」「先立つ天上の空間」などとよぶ。たとえていえば、この天上の心は住居のようなものであり、光はその家の主人の老人ともいうべきものである。

7 故に、一たび光を回らせば、身を周る炁は皆、朝に上る。聖王の都を定め、極を立て、玉帛は万国に執るが如し。又、主人は清明にして、奴婢は自然に命を奉じ、各々、其の事を司るが如し。

したがって、光が回転し始めると、全身をめぐっている気のエネルギーは、すべて玉座の前に集まってくる。それはちょうど、神聖な王が都を建設して支配の基本原則を定め、すべての国が貢物をもって集まってくるようなものである。あるいはまた、主人が静かに賢明にしておれば、男女の召使いは自分から進んで主人の命令に従い、各人の仕事をするようなものである。

8 諸子は只去に光を回らせ。便ち是れ、無上の妙諦なり。光は動き易くして定め難し。之を(一七)回らすこと既に久しくして、此の光、凝結す。即ち是れ、自然の法身(一六)なり。而して、神は九霄の上に凝る。心印経(一八)に謂ふ所の「黙して朝に飛昇す」とは此なり。

したがってそなたたちは、ただ一生懸命に光を回転させることに努力しさえすればよいのである。これが最も深い、おどろくべき秘密なのである。光は動きやすくて、固定させることはなかなか難しい。しかし、長い間光を回転させる訓練をつづけてゆけば、光はおのずと集中するようになる。

そういう状態が、本来の霊的身体〔仏の超越的身体〕なのである。この凝結させる精神のはたらきは、九層の天の彼方で起るのである。心印経に説かれている「沈黙の中に、汝はある朝、高く飛び翔ける」という状態は、このことを指している。

9　宗旨の行法は、別に進むを求むるの法無し。只だ、想を此に純にするに在り。楞厳経(一九)に云く、「想を純にすれば即ち飛び、必ず天上に生る」と。天とは蒼蒼の天に非ず。即ち身を乾宮に生ずる、是なり。之を久しくして自然に身の外に身有り。

この根本原則を実行するに当って、お前たちは何も他の方法を探し求める必要はない。ただひたすら、ここ〔回光の訓練〕に思念を集中しさえすればよいのである。楞厳経にはこうのべてある。「思念を純粋にすることによって、人は飛ぶことができ、必ず天上に生れるのである。」ここでいう天上とは、広漠とした青空のことではない。新しい身体をともなって、創造者の宮殿に生れることをいうのである。これ〔回光の訓練〕を長い間つづければ、おのずから肉体の外に別のもう一つの霊的身体が生れるのである。

10　金華とは即ち金丹なり。神明の変化は各々心に師ふ。此れ、妙訣に中る。毫末も差はずと雖も、然も甚だ活なり。全て聰明なるを要す、又須らく沉(二〇)〔沈〕静なるべし。極めて聰明の人に非ずんば、行ふも得ず。極めて沈静の人に非ずんば、守りても得ず。

黄金の華とは黄金の仙薬（〔金丹〕文字通りには黄金の球、黄金の薬）のことである。精神と悟りの段階におけるあらゆる変化は、心に依存している。神秘で深遠な教えが、ここに示されている。この教えは全く正確にはたらくものであるが、大変とらえにくいので、それを理解するにはすぐれた知性と明晰さが必要である。また、〔そのことに〕沈潜し、平静である必要がある。最高度の知性と理解力のない人は、どんなに実行してみても、この教えを彼の身に実現することはできない。また最高度の沈潜〔没入〕と心の平安をもたない人は、教えられたことを守りつづけても、この教えを身に実現することができないのである。

〔注釈〕 この章全体の趣旨は、はじめにまず、世界の偉大な「道」の根源を説明している。

天上の心とは、偉大な道の根であり、苗である。もし人が完全な静けさに到達できたならば、天上の心はおのずから現われてくるであろう。感情が動き、順を追って展開するとき人間が生れるが、〔そのとき天上の心は〕彼の根源的性質〔元性〕となるであろう。

この性質は、父母からこの身体が誕生する前、すなわち受胎の時に、真の空間〔真竅、みえない身体〕の中に住むようになる。誕生の時には、個体化の一声〔自囫的一声〕とともに、性と命は分れて二つになる。この時から、――完全な静けさが達成されないかぎり――性と命とは再び相会することはない。したがって太極図は、こうのべている。「偉大な一者〔太乙〕は、それ自身の中に、真の気〔真炁〕と、精神と、アニマ・アニムス〔魂魄〕とを包含している。」思念が完全な静けさに到達したときには、天上の心があらわれるようになり、その自然な神秘の活動は、根源にまで至るであろう〔八―15参照〕。

この性は、みえない身体〔真竅〕の中に住んでいるのであるが、光の輝きは、両眼の間に住んでいる。それ故に祖師は、光の回転について教え、人びとが真の性を追求するようにと説いているのである。

真の性とは根源的精神〔元神〕であり、根源的精神とは性と命である。それは究極においては、根源の気〔元炁〕に他ならない。偉大な道とは正にこれである。

祖師はまた、道の深遠なはたらきは意識的に行為すること〔有為〕によって無意識的な無行為〔無為〕に至るものであることを、人びとが見誤らないようにと心配されている。そこで祖師は、「丹訣はすべて有為を仮りて無為にいたる」(生命の仙薬の不思議な秘密は、意識的行為によって無意識的な無行為に達するにある)と言われているのである〔一—3参照〕。この場合、意識的行為というので、光の回転と光の反射〔回光返照〕[二]を始めることによって、天上の神秘なはたらき〔天機〕[三]が現われてくるようにすることである。それにつづいて、真の種子〔真種〕の生産が行われ、人は正しい方法に従って加熱と融合を行い、黄金の仙薬をつくり出すのである。それから〔仙薬は〕、障害〔関〕を通過して、胎児として形成され、温めて養育したり、洗い清めて入浴する〔沐浴〕仕事を通じて、成長させられる。人はこうして無意識的な無行為〔無為〕の境地に入ってゆくのである。胎児が生れ、殻を脱ぎすてて、世俗的世界〔凡〕をこえて神聖な世界〔聖〕へ入ってゆくまでには、丸一年間の火の季節〔火候、修行期間〕を必要とする。

この方法は全く単純で容易なものである。しかしそこには、さまざまの変化する状態〔千変万化〕が存在している。そこで「一超直入の旨に非ず」(一足とびに無為の世界に入ることを教えるのではない)と説かれているのである〔一—3参照〕。永遠の生命〔長生〕を求める者は、根源的な性と命が発してくる場所〔元性発源之処〕を求めるようにしなくてはならない。

第二章　元神・識神（根源的精神と意識的精神）

1　呂祖師曰く、天地の人を視ること、蜉蝣(ふゆう)の如し。大道の天地を視ること、また泡影なり。惟(た)だ元神と真性のみ、則ち元会を超えて之に上る。

呂祖師は言われる。天地にくらべれば、人間はかげろうのようなものである。（注釈・かげろうというのは水の虫である。朝生れて夕方には死ぬ。）しかしながら、偉大な「道」にくらべれば、天地もまた気泡か幻影のようなものである。ただ根源的精神と真の本性のみが、時間と空間を克服している。

（注釈）〔元会についての説明〕一万八百年を一つの「会」とする。一般に言われているところでは、天は〔十二支の〕「子会」のときに開け、「亥会」には閉じる。要するに、十二会を一元とするわけである。したがって「元会」とは十二万九千六百年で、天地が開けてから閉じるまでの期間である、この文はただ、真の本性を洗練し完成することによって、人は天地の輪廻の外に超え出ることができると説いているのである。

2　其れ精気は則ち天地に随って敗壊す。然れども元神在り。即ち無極なり。天を生じ、地を生ずるは皆此に由るなり。学人但だよく元神を守護すれば、則ち生を超え、陰陽の外に在りて、三界[三]の中には在らず。此れ惟だ見性して方に可なり。いわゆる本来の面目なり。

ところで、〔万物の〕種子となる気は天地の変化とともに破壊されるものである。けれども、そこにはなお根源的精神が変らずに存在する。これが両極的対立をこえたもの〔無極〕である。天地の創造は、すべてこれによって可能である。道を学ぶ者は、この根源的精神をしっかりと保持することができるならば、生を超越し、陽と陰の両極的対立を克服し、もはや三つの世界の中にはいないようになるのである。このようなことは、本性を実現すること〔見性〕によってのみ可能になる。人間の「本来の顔と眼」というのは、このことに他ならない。

3　凡そ、人、胎に投ずる時、元神は方寸に居り、識神は則ち下の心に居る。下面する血肉の心は、形、大いなる桃の如し。肺有りて以て之を覆い翼け、肝は之を佐け、大小腸は之を承く。仮りに如し一日食わざれば、心は上り、便ち大いに自在ならず。以て、驚を聞きては跳ね、怒を聞きては悶ふるに至る。死亡を見ては則ち悲しみ、美色を見ては則ち眩む。頭上の天心は、何ぞ嘗て、微微として些かも動かんや。

人間が母胎の中に入るとき、根源的精神は一寸四方の中（両眼の間）に住むが、意識的精神は下方の心臓の中に住むようになる。[二四] 下に向った血と肉の心臓は、大きい桃の形をしている。それは、肺葉によって被われ保護されており、肝臓によって支持され、大腸と小腸がこれにつながっている（この心臓のはたらきは外界に依存している）。もし人が、たった一日でも何も食べなければ、心は全く不快に感ずるようになる。何か驚くべきことを聞くととび上り、何か腹の立つことを聞くと苦しみ悩むようになる。死に直面すれば歎き悲しみ、何か美しいものを見れば目がくらんでしまうのである。けれども、上の頭の中にある天上の心〔すなわち根源的精神〕は、ほんのわずかでも動くであろうか。（そんなことはない。）

4　問う、天心は能く動かざるや。方寸の中の真意、[二五] 如何にして能く動かんや。動に到る時は便ち妙ならず。然れども亦、最も妙にして、凡そ人死する時に、方に動く。此れ妙ならずと為す。最も妙なるものは、光已に凝結して法身と為り、漸漸として霊は通じ、欲は動くなり。此れ、千古不伝の秘なり。

そなたたちが「天上の心は動くことはないのか」と問うならば、こう答えよう。一寸四方の中にある〔高い水準の〕真の思考が、どうして動くことがあろうか。もしそれが動くときには、その思考はもはや良いものではない。それが（動くことなく）最も良い状態にあっても、人が死ぬとき、それは動こうとする。したがって、もはや良いものではなくなってしまうのである。それが最も良い状態にあるときは、光が凝結して法身〔仏の真理の身体〕となり、その神秘なはたらきが次第に浸透して欲求を動かすようになる。これは、今日に至るまで数千年来、まだ明らかにされていない秘密である。

5　下の識心は、強藩・悍将の如し。天君の闇弱なるを欺きて、便ち遥かに紀綱を執る。之を久しくして太だ倒置す。今、元宮を凝守すれば、英明の主、上に在るが如し。二目、光を回らすは、左右大臣の心を尽して輔弼するが如し。内政既に粛へば、自然に一切の奸雄は、戈を倒にして命を乞はざるは無し。

下方の意識的な心は、強い力をもった部族か粗暴な将軍のようにふるまい、天上の支配者を愚かで弱いものとして軽蔑し、国政の指導権をみずからの手に奪ったのである。このような状態が長くつづけば、万事は全く逆になってしまう。しかし今、根本の宮殿を確立し保持することができれば、それはちょうど、強力で賢明な支配者が王位に即いたようなものである。両眼が光を回転させるのは、左右の大臣が全力をつくして君主を支持するようなものである。こうして内政が正しく行われるときには、あのずるい英雄たちはすべて、何ら強制しなくても、武器をすてて命乞いをするようになるのである。

6　丹道は、精水・神火・意土の三者を以て無上の訣と為す。精水とは何ぞや。乃ち先天真一の炁なり。神火は即ち光なり。意土は即ち中宮の天心なり。神火を以て用と為し、意土を体と為し、精水を基と為す。

生命の仙薬への道は、〔仙薬をつくるための〕最高の秘密として、精水〔種子となる水〕と神火〔霊妙な精神の火〕と意土〔思考の土〕の三つを知っている。まず、精水とは何であろうか。それは、天に先立つ真に一なるものの気（エロス）のことである。神火とは光（ロゴス）のことである。意土とは、中心の住居にある天上の心（直観）のことである。神火は〔仙薬をつくるための〕作用、意土は〔つくられた仙薬の〕実体、そして精水は〔仙薬をつくるための〕基底とみなされる。

7　凡そ人は、意を以て身を生ず。(二六)身は七尺なるを身と為すに止まらざるなり。蓋し身中に魄有り。魄は識に附して用き、識は魄によって生ず。魄は陰なり。識の体なり。識、断たざれば則ち、生生世世、(二七)魄はこれ形を変じ、質を易へて已むこと無きなり。

一般的にいえば、人間の身体というものは〔仏典に説いているように〕意欲によって生じるものである。ここで身体というのは、七尺の大いさの外的身体に限定されるわけではない。というのは、身体の中にはアニマ〔魄〕が存在するからである。アニマは分別する意識に附随してはたらき、逆に分別する意識はアニマに依存して生れるのである。アニマは女性的（陰）であり、意識の実体である。この意識が中断されないかぎり、それは生命から生命へ、世代から世代へと〔輪廻転生して〕たえず発生してゆくが、アニマはその形態を変化させ、基底〔住む場所〕を変えつつ、存続してゆくのである。

8　惟し、魂有り。神の蔵する所なり。魂は、昼は目に寓り、夜は肝に舎む。目に寓れば視、肝に舎めば夢みる。夢とは、神、遊ぶなり。九天九地も（二八）刹那に歴遍す。覚めて則ち冥冥たり、淵淵たるは、形に拘はるるなり。即ち、魄に拘はるるなり。

けれども、これとともにアニムス〔魂〕が存在する。その中には精神がかくされている。アニムスは、昼間は両眼の中におり、夜は肝臓の中に住んでいる。それは、両眼の中にいるときには外物を見るのであるが、肝臓の中に住むときには夢みるのである。夢とはたましいがさまようことであって、九天と九地をめぐる旅もたちまちのうちに行われる。ただし、目がさめているときも暗く沈みこんでいるような者は、肉体的な形にとらえられているのである。つまり彼はアニマにとらえられているのである。

9　故に回光は魂を錬る所以なり。即ち神を保つ所以、即ち魄を制する所以、即ち識を断つ所以なり。古人の出世の法は、陰滓を錬尽して、以て純乾に返るなり。魄を消し、魂を全くするに過ぎざるのみ。

したがって光の回転は、アニムスの力を集中する訓練であり、それによって精神が保持され、アニマの力が支配され、分別する意識は捨て去られる。世界から超越するために古人が用いた方法は、暗黒の滓（かす）をすべて溶解して、純粋に創造的〔天上的〕なものに還るということである。これはアニマの力を消滅させてアニムスの力を完全にすることに他ならない。

10　回光とは、陰を消し魄を制するの訣なり。乾に返るの功無く、回光の訣有るに止まると雖も、光は即ち乾なり。之を回らすは即ち之に返るなり。只だ此の法を守れば、自然に精水は充足し、神火を発生し、意土は凝り定まりて、聖胎は結ぶべし。蜣螂（きょうろう）は丸を転じ、丸中に白を生ず。神を注ぐ純功なり。糞丸の中、尚、胎を生じ、殻を離るべし。吾が天心の休息する処、神を此に注げば、安（いづく）んぞ身を生ぜざるを得んや。

光の回転は、暗いものを消滅させ、アニマの力を制御するための秘訣である。たとえ創造的なもの〔純粋な陽〕にまでかえるだけの力がなく、光の回転という秘法があるだけであっても、光は創造的〔純粋な陽〕なのである。光を回転させるということは、創造するものへと還ってゆくことなのである。この方法を守りさえすれば、おのずから精水はゆたかになり、神火がもえ上り、意土は凝固して、神聖な胎児が成熟するであろう。くそこがねという甲虫（かぶと）の一種は、糞から球をこねあげるが、その球から白い幼虫が生れる。これは、精神集中による純粋な〔陽の〕はたらきである。汚物の球からさえ、胎児が生れ、殻が脱ぎ去られるのである。ましてわれわれの天上の心の住みかであれば、われわれがそこに精神を集中しさえすれば、どうして新しい身体〔法身〕が生じないことがあろうか。

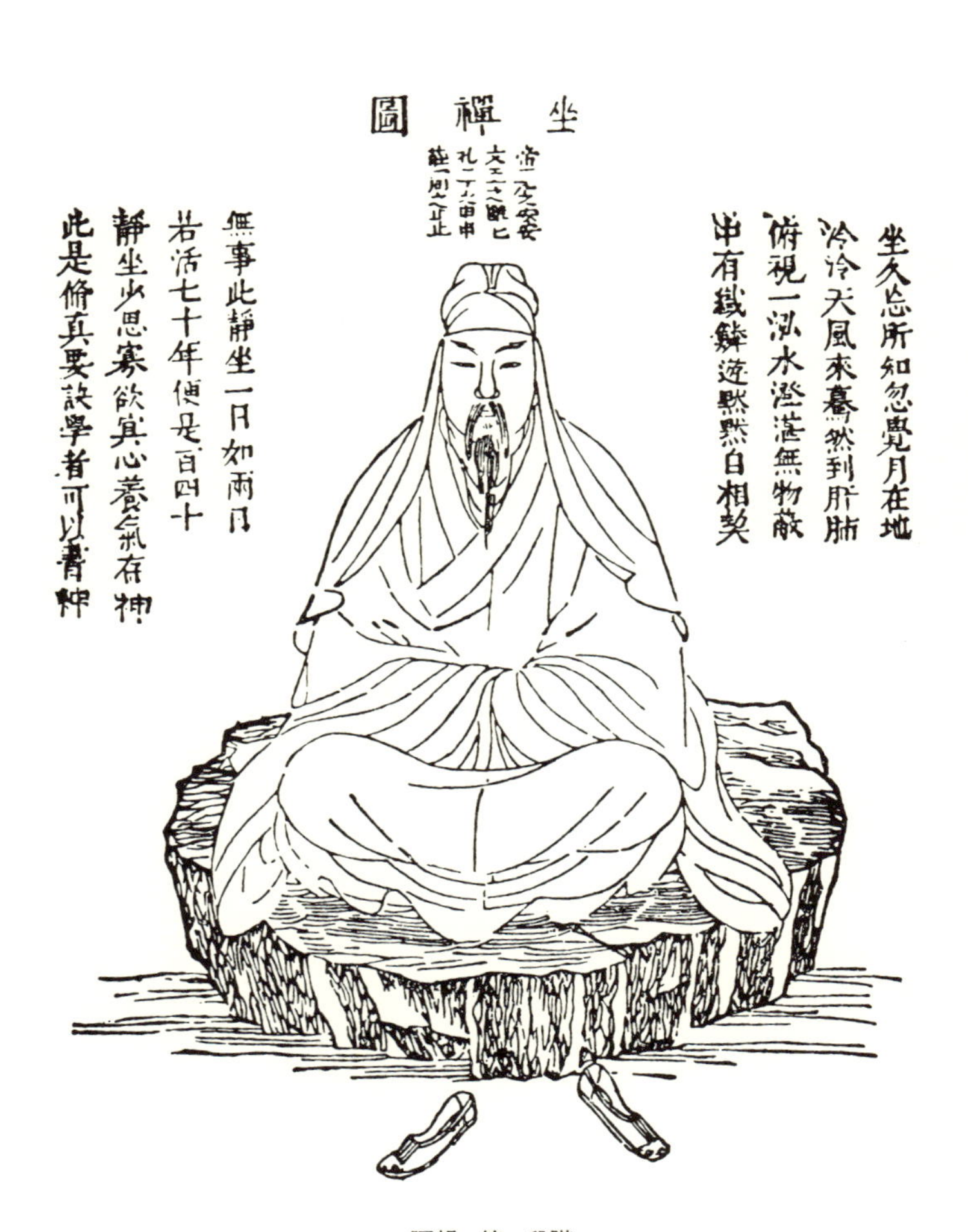
坐禪圖
坐久忘所知忽覺月在地
冷冷天風來驀然到肝肺
俯視一泓水澄湛無物蔽
中有纖鱗遊默默自相契
無事此靜坐一日如兩日
若活七十年便是百四十
靜坐少思寡欲冥心養氣存神
此是修真要訣學者可以書紳

瞑想　第一段階
光の集中

11　一にして霊なる真性、既に乾宮に落つれば、便ち魂と魄に分る。魂は天心に在りて陽なり。軽清の炁〔気〕なり。此れ太虚（二九）より得来り、元始と形を同じくす。魄は陰なり。沈濁の気なり。有形の凡心に附く。魂は生を好み、魄は死を望む。一切の好色と動気は皆、魄の為す所なり。即ち識神なり。死して後は血を享けて食い、活くれば則ち大いに苦しむ。陰は陰に返るなり。物は類を以て聚まる。学人、陰なる魄を錬り尽せば、即ち純陽と為るなり。

一なる神秘な真実の本性（生あるものと結びついたロゴス）が創造するものの宮殿に入るとき、それは分れてアニムス〔魂〕とアニマ〔魄〕になる。アニムスは天上の心である。それは光の性質をもっている。それは軽いもの、純粋なものの力である。それは、われわれが偉大な空虚から得てきたものであり、最初の始まりと同じ形をしている〔つまり、一切の形をこえている〕。アニマは暗い本性をもっている。それは重いもの、濁ったものの力である。それは物質的な肉体の心臓に附着している。アニムスは生を愛し、アニマは死を求める。すべての感覚的快楽と興奮とはアニマの作用である。それは意識的精神のはたらきである。それは死んだ後には血を食べるが、生れてきたときには大へん悩み苦しむのである。暗いものは暗いところへかえる。事物はその種類にしたがって互いに引き合うのである。けれども道を求める者が、暗いアニマを錬って完全に蒸溜してしまえば、それは純粋な光（三〇）（陽）に変るのである。

（注釈）　この章の趣旨は、人間の身体が気によって形成されるに当って、根源的精神と意識的精神がどういう役割を演じるか、ということを説いたものである。

祖師はこう言われる。人間の生はかげろうのようなものであって、根源的精神の真なる本性だけが、天地の循環と永劫の運命から逃れることができる、と。〔一―1〕

ところで、真なる本性は無極から生じ、太極のもとの気を受けて完成される。それは、天地の真の本性を受けることによって意識的精神となり、また父母の本性を得ることによって根源的精神となるのである。根源的精神には、分別する意識もなければ知識もないが、生きた身体の創造と形成〔造化〕の過程を規制することができる。意識的精神のはたらきは、よく目立つものであり、非常に活動的であり、またいつでも変化に適応することができる。それは人間の心の主人である。それは、身体の中に止まっているときはアニムス〔魂〕になるが、身体を離れると鬼〔つまり陰の霊〕になってしまう。

根源的精神は、身体の有無に依存している。受胎して身体ができるとき、根源的精神は無極の中に凝固っており、個体化の最初の叫び声とともに生命が誕生するとき、かの意識的精神はこの吸気に従い、さらに気を吸うに従って進み、〔新しく生じた身体を〕その入るべき住居とする。それは人間の心臓に住む。その時から、心は主人であり、根源的精神はその地位を失い、意識的精神が力をふるうのである。

根源的精神は静けさを喜ぶのに対して、意識的精神は運動を好む。運動に当って、意識的精神は情欲に結びつけられている。それは昼も夜も根元の精水〔元精〕を消耗し、根源的精神の気が尽きはてるまでに至る。そして意識的精神はやがて、その殻〔身体〕を捨て去って出てゆく〔つまり、死ぬ〕。

ふだんから善いことをしている者は、死の重大な瞬間に直面したとき、その精神の気は清らかで明るいので、上の穴である口と鼻から外に出てゆく。これはふつう清くて軽い気と言われるものであって、上方に浮んで天に昇り、五つの神通力をもった影の守護者・守護霊〔陰神・陰仙〕になる。

けれども、根源的精神の力が意識的精神によってふだんから費消され、貪欲や怒りや偏愛や欲望によって多くの罪業を造っているときは、死の重大な瞬間に当って、精神の気は暗く濁っているので、意識的精神は下の穴である肛門を通って気に従って外に出てゆく。これはふつう、暗く濁った気といわれるものであって、下方に凝り固まって、地獄に沈み、鬼になる。このときには、根源的精神の力が失われるばかりでなく、真なる本性の霊妙な智慧もこれによって減少してしまう。祖師がこれについて、「動に到る時は便ち妙ならず」（思考が動くときは、それはもはや良いものではない）〔二—4〕と言われたわけは、ここにあるのである。

もし、根源的精神を保存しようとするならば、人は何よりもまず、意識的精神のはたらきを支配し、制御するようにしなくてはならない。そして、これを支配し制御する方法は、まさに光の回転によって実現できるのである。

光を回転させる訓練をするときには、身体と心の両方を忘れ、心は死んで精神が活動するようにしなくてはならない。精神が活動すれば、気は動きはじめて〔身体をめぐり〕、必ず深遠ですばらしい状態になるのである。これこそ、祖師のいわれた「最も妙なるもの」（最も良い状態）なのである〔二—4〕。その後に精神を下腹部（太陽神経叢）に沈めなくてはならない。そのとき、気は精神〔神〕と交わり、精神は気と合一して、凝って結晶する。これが、まず出発点となる方法〔下手之法〕なのである。[三]

この方法を長くつづければ、生命の宮廷〔命宮〕にある根源的精神は、化して真の気となる。このとき、水車の回転の方法を用いて根源的精神を蒸溜し、黄金の仙薬〔金丹〕をつくるのである。これが集中するはたらきの方法〔転手之法〕である。

黄金の仙薬が完成すれば、神聖な胎児が形成される。そのとき、道の胎児〔道胎〕を温め養育する仕事をすべきである。これが仕事を完成する方法〔了手之法〕である。

次に、幼児の気の身体が完全に形成された後に、ふたたび母胎を出て空虚に還る仕事をするのである。これが仕事から解放される方法〔撒手之法〕である。

これこそ、遠い古代以来伝えられた偉大な道に至る順序であり、永遠にして不死となり、また仙人となり聖人となる真の方法なのである。決して空しい教えではない。

ところで、努力してこのような段階にまで至れば、暗い原理に属する多くのもの〔群陰〕は剥がれてなくなってしまい、たましいの実体は純粋な光〔純陽〕に変り、意識的精神は根源的精神に変化している。

このような人は、無限に変化する能力をもち、輪廻の外に超越した六つの神通力をもった黄金の仙人〔六通之金仙〕[三]とよんでよいであろう。このような方法を用いて修行しなかったならば、何人も生と死の輪廻をくり返す道から離脱することはできない。

第三章　回光守中（光の回転と中心の保持）

1　呂祖曰く、回光の名は何(いず)れに昉(はう)するや。これ、文始真人（関尹子(かんいんし)）[三]より昉す。光を回(めぐ)らせば則ち、天地陰陽の気、凝らざるはなし。いはゆる精思とはこれなり。純炁(き)とはこれなり。純想とはこれなり。

呂祖師は言われる。光の回転という言葉はいつから知られるようになったのであろうか。それは関尹子によって明らかにされたものである。

もし光を回転させるならば、すべての天と地の諸力、光と闇の諸力は必ず結晶する。これが微細な思念とよばれるものであり、また気〔力〕の純化されたもの、思考〔表象〕の純化されたものなのである。〔一―9参照〕

2　初めてこの訣を行うや、乃ち有の中にして無あるに似たり。之を久しくして功成れば、身外に身あり、乃ち無の中に有あるに似たり。百日功を専らにすれば、光、わずかに真にして、方に神火と為る。百日の後、光の中に自然にして、一点の真陽あり、忽ちに黍珠〔沈める珠〕(三四)を生ず。夫婦交合して胎有るが如し。便ちまさに、静かにして以て之を待つべし。光の回るは即ち火候なればなり。

はじめてこの秘法を訓練し始めると、もろもろの存在の中に、存在でないような何かがあるように感じられてくる。さらに努力をつづけて成果があがるようになると、自分の肉体の外に、別の一種の身体があるように感じられてくる。それはちょうど、何もないところに何かが存在しているという感じである。百日間一生けんめいに努力をつづけると、少しではあるが、ほんとうの火が感じられるようになる。この火のもえるような感じは、やがて精神の火として育ってゆくものである。さらに百日間努力すれば、光の中に、点のようなほんとうの光の極(陽)が自然にみえてきて、突然〔下腹部に〕黄色い真珠の種が生れる。それはちょうど、夫婦が交わって受胎が行われたようなものである。このときには、静かな気持で待っているように心がけなくてはならない。光の回転を行うのは、まだ火の季節〔訓練期間〕であるからである。

3　夫れ、元化の中に、陽光有りて主宰たり。形有る者は日為り、人に在りては目と為る。走漏する神識、此より甚だ順なるは莫き也。故に、金華の道は全く逆法を用ふ。

ところで、根元的な生成のまっただ中にあっては、光の輝き(陽光)が決定的なはたらきをする支配者である。物質界においては、それは太陽である。人間の場合には、それは眼である。精神的意識の放射と分散は、その力が外界に向けられ(下に流れ)るときに、主としてその〔精神的意識の〕(三五)

エネルギーによって起るのである。したがって黄金の花の道は、全く逆行の方法〔エネルギーを内界へ向け、上方へ流す訓練方法〕に依存しているのである。

（注釈）人間の心は火に属している。(三六)そしてその火の輝きは、上へ向って両眼にまで通じる。眼が外界の事物を観察する場合は、それは「自然に見る」と言われる。ところで、今、眼を閉じて、逆に内側を観察し、祖先の空間〔祖竅〕(三七)を見る場合、これを逆行の方法というのである。腎臓のエネルギー〔腎気〕は水に属している。情動が刺戟されてエネルギーが下へ流れ〔外へ向けられ〕ると、それは自然に男女（子供）を生み出す。しかし、もし情動が発するときに、それをそのまま外に向って流出させず、意識してエネルギーの循環のしかたを調整し、それを創造する天上の坩堝(るつぼ)〔乾鼎〕にまで上昇させ、身心のはたらきを生気づけ養うようにする。これもまた逆行の方法というのである。したがって、黄金の仙薬の道〔金丹道〕は、すべて逆行の方法を用いる、と言うのである。

4　回光は一身の精華を回(めぐ)らすには非ず。直ちに造化の真炁(き)〔気〕を回らすなり。一時の妄念を止むるには非ず。直ちに千劫の輪廻を空にするなり。故に、一息は一年に当るとは、人間の時刻なり。一息は百年に当るとは、九途の長夜(三八)なり。

光の回転というのは、単に個々の身体のエッセンスを循環させることではない。それはそのまま、〔宇宙の〕創造と形成の真のエネルギーを回転させることなのである。それは一時的な散乱した空想的観念を止めることではなく、ただちに、永劫につづく〔天地と生死の〕輪廻転生のくり返しを超越することなのである。したがって、「一呼吸の長さは一年に相当する」というのは、〔この世の〕人間の時間のはかり方からみた言い方である。これに対して「一呼吸の長さは百年に当る」というのは、〔輪廻によって再生する〕九つの小径の長い夜からみた言い方である。

5　凡そ人は、自団的一声(三九)の後、境を逐って順に生く。老に至るまで、未だかつて逆視せざれば、陽気衰滅す。便ち是れ、九幽の界なり。

一般に、人間というものは、個体化の最初の叫び声とともに生れた後は、環境的条件に動かされて、生活に適応してゆくものである。もし彼が老年になるまで、一度も、逆のやり方で〔自己の内なるものを〕見ることがないならば、光のエネルギーは汲みつくされ、消滅してしまうであろう。それは、九つの暗黒の世界（輪廻転生）にみちびくであろう。

6　故に楞厳経(四〇)に云く、想を純にすれば即ち飛び、情を純にすれば即ち堕つ、と。学人、想少なく情多ければ、下道に沉〔沈〕淪す。惟だ諦観と息静のみ、便ち正覚を成ず。逆法を用ふればなり。陰符経(四一)に、機は目に在り、と云ひ、黄帝素問(四二)に、人身の精華は皆上りて空竅に注ぐ、と云ふは、是なり。此の一節を得れば、長生は茲に在り。超昇も亦、茲に在り。此は是れ、三教を貫徹する工夫なり。

したがって、楞厳経には次のように説かれている。「よい思念を集中することによって、たましいは上方へ飛翔する。しかし、わるい情念に集中すると、下へ落ちてしまう。」道を学ぶ者は、思念が少く情念が多いときには、下方へ向う道に深く沈んでしまう。ただ、明らかに〔内的イメージを〕観察することと、静かな呼吸の訓練によってのみ、たましいは真の悟りに至ることができる。このために、逆行の方法を用いるのである。陰符経に、〔解放に至る〕「機会は眼の中に存在している」と言い、黄帝内経の素問篇に、「人間の身体のすぐれたエッセンスは、すべて上方に流れて、〔みえない空間の中の〕みえない身体へと注ぎこむ」と言っているのは、このことなのである。これらの文の一節を実現することができれば、たましいの不滅性に至ることができる。そしてまた、現世からの超越に至ることもできるのである。これが、すべての宗教〔儒、道、仏という三つの教え〕に共通した修行法の考案なのである。

7　光は身中に在らず、亦、身外に在らず。山河大地、日月照臨するは、此の光に非ざるは無し。故に、身中に独在せず。聴と明と、智と慧と、一切の運転と、此の光に非ざるは無し、所以（ゆえ）に亦、身外に在らず。天地の光華は大千（四三）に布満す。一身の光華も亦、自（おのづか）ら天に漫（みなぎ）り、地を蓋（おほ）ふ。所以に一たび光を回らせば、天地、山河、一切は皆回る。人の精華、上りて目に注ぐ。此れ、人身の大関鍵なり。子輩、之を思へ。

光は単に身体の中にだけあるのでもなければ、単に身体の外にだけあるのでもない。山も河も大地も、また太陽と月が上で輝くのも、すべてはこの光でないものはない。したがって、光は単に身体の中にだけあるのではない。理解と明晰さ、洞察と解明、及びすべての精神のはたらきは、同じように、この光に他ならない。したがってそれはまた身体の外にだけあるものでもない。天地の光の輝きは、あらゆる大きな一千の世界をみたしている。これと同じように、個々の身体の光の輝きも、天をみたし、地をおおっているのである。したがって、光が回転し始めれば、同時に、天も地も、山も河も、すべてのものがそれとともに回転するのである。人間の身体の中にあるすぐれたエッセンスを、上方に向って、両眼の間に集中すること、これが、人間の身体の〔秘密をひらく〕偉大な鍵なのである。そなたたちは、よくこのことについて熟考せよ。

8　一日静座せざれば、此の光、流転す。何所(いづこ)にか底止せん。若し一刻能く静座すれば、万劫千生、此の了徹に従ひ、万法は静に帰す。真に不可思議なるは、此の妙諦なり。

もしそなたたちが、一日でも瞑想を行わなければ、この光は流出してしまう。どこへ流れてゆくか、誰が知ろうか。もしそなたたちがほんのしばらくでも瞑想を行うならば、一万の劫(カルパ)も一千の生涯も同じく貫き通し、すべての法(ダルマ)〔存在〕は静けさへと還帰する。これは真に、われわれの理解をこえた微妙な洞察である。

（注釈）これより以下の説明は、初歩の人が訓練を始めるときに必要な方法に関係している。道を求める者は、これを知らなくてはならない。

9　然れども、工夫して手を下すは、浅きより深きに入り、粗より細に入る。総(すべ)て、間断せざるを以て妙と為す。工夫の始終は則ち一なり。但(た)だ其の間に、冷暖、自(みずか)ら知る。(四四)要は天空海闊(かつ)に帰す。万法、如如たり。(四五)方(まさ)に手に得ると為す。

しかしながら、この〔瞑想の〕訓練を始めるに当っては、表面的なものから深いものへ、粗野なものから精細なものへと、進んでゆかなくてはならない。一般的にいえば、この場合に大事なことは、訓練を中断しないということである。始めから終りまで、訓練は一貫していなくてはならない。瞑想者はその間に、〔自分の飲む〕水の冷たさや温かさをみずから経験するように、こつを知るのである。その要点〔目標〕は、空の大いさと海の広さを得ることである。すべての存在があるがままに明らかにあらわれている状態が、まさに、目標を手中に得たということに他ならない。

10　聖聖、相伝ふること、反照を離れず。孔に致知(四六)と云ひ、釈に観心と号け、老に内観と云ふ。皆、此の法なり。但だ反照の二字、人人能く言ひて、能く手に得ざるは、未だ二字の義を識らざるのみ。反とは、知覚の心より、形神の未だ兆さざる初めに反る。即ち、吾が六尺の中に、返りて個〔箇〕(四七)の天地未だ生れざる体を求む。今、人但だ一二時中の間静座し、反りて己の私を顧みる。便ち、反照と云ふ。安んぞ頭に到るを得んや。

すべての聖者たちが伝えたことは、光の反照（反転し照らすこと）の教えに他ならない。儒教で「致知」（知恵の完成、認識を究極にもたらすこと）とよび、仏教で「観心」（心の瞑想、あるいは直観）とよび、道教で「内観」（内面的な瞑想、直観）とよぶものは、すべてこの方法を指している。ただし「反照」という二字については、誰でもそれについて話すことはできるけれども、その言葉の意味するところを認識していないかぎり、それを得ることはできない。「反」（かえる、かえす）というのは、自己を意識している心から、〔万物を〕形づくる霊的作用がまだあらわれてこない最初の状態にまで還ることを意味している。言いかえれば、自己の心身の中に天地がまだ生れる以前にあった全体を求めて努力する、ということである。今日、人はたった一時間か二時間くらい坐って、自分自身に属するもの〔事物、行動、思念など〕について反省し、それを「反照」とよんでいる。このようなやり方で、どうして究極的なものに達することができようか。

11　仏道の二祖は、人に鼻尖を看ることを教ふ。念を鼻端に著くるを謂ふに非ざるなり。亦、眼の鼻端を観て、念は又中黄に注ぐを謂ふにも非ざるなり。眼の至る所、心も亦至る。何ぞ能く一上して一下せんや。又、何ぞ能く忽ち上りて忽ち下らんや。此れ皆、指を誤りて月と為すなり。〔四八〕

仏教と道教の祖師たちはいずれも、弟子に対して、自分の鼻のあたまを見ることを教えている。しかしこれは、鼻の尖端に思念を固定させるという意味ではない。また、眼で鼻の尖端をみつめながら、思念を「中心の黄色」〔両眼の間〕に集中する、という意味でもない。眼が向ってゆくところに、心もまた向うものである。〔心と視線を〕上方〔中黄〕と下方〔鼻尖〕に同時に向けるようなことが、どうしてできようか。あるいはまた、あるときは急に上へ向け、あるときは急に下へ向けるようなことがどうしてできようか。こういう見解は、月を指さしている指を、月そのものと取りちがえているようなものである。

12　畢竟して如何。曰く、鼻端の二字、最も妙なり。只だ是れ、鼻を借りて、以て眼の準と為すのみ。初め、鼻上に在らずば、蓋し大いに眼を開くを以て、則ち遠くを視て、鼻を見ず。太だ眼を閉づれば、則ち眼、合して、亦鼻を見ず。大いに開けば之を失ひて外に走り、散乱し易し。太だ閉づれば之を失ひて内に馳せ、昏沈し易し。惟だ、簾を垂ること中を得れば、（四九）恰好に鼻端を望見す。故に、取りて以て準と為す。只だ是れ、簾を垂ること恰好にして、彼の光、自然に透入するに任す。注射すると注射せざると、你〔汝〕を労せず。

では結局のところ、この教えは何を意味しているのか。「鼻端」という言葉は、大へん良く考えられたものである。鼻は、ここではただ、われわれの視線の目標を定めるだけのものである。瞑想を始めるに当って、眼を鼻の尖端に向けていない場合には、眼は〔自然に〕大きく開いて遠くを見るようになり、自分の鼻を見ないようになるが、逆に、眼を閉じ過ぎてしまえば、瞼が合ってしまって、やはり鼻は見えなくなる。眼を開きすぎるとそれをコントロールできなくなり、視線は外に向い、それによって心は散乱しやすくなる。眼を閉じすぎると、やはりそれをコントロールできなくなって、視線は内側に向い、夢みるようなまどろみの状態に沈みこんでしまう。簾を半分下げるように、瞼を半ば閉じる場合には、ちょうどよい具合に鼻の尖端を見るようになる。そのため、鼻を眼の向かう目標にするのである。この場合に重要なことは、正しく瞼を下げて、光が自然に流れこむようにすることである。光が入ってくるかこないか、そなたは気にしないことである。

13　鼻端を看るには、只だ最初に於て、静処に入り、眼を挙げて一たび視る。個の準則を定むれば、便ち放下す。泥水に匠人の線を用ふると一般なるが如し。彼、自ら手を起して一たび掛くれば、便ち了倣〔作〕に依りて上に去る。只管線を把へて看ざるなり。

鼻の尖端をみる場合には、瞑想を始めるに当ってまず、静かな場所に入り、視線を定める。これが正しい方向に向って固定したら、そのままに放置すればよいのである。それはちょうど、大工が墨の泥をしませた測縄を用いるのと同じようなものである。彼は、はじめ手を縄にかけたあとは、縄が自然にはたらくままにしておき、たえず縄を見ることに気を配ったりはしないのである。

14　止観(五〇)は是れ仏法にして、原(もと)より秘的ならず。

「止観」の瞑想法は仏教の方法の一つであるが、これは元来、秘伝として伝えられてきたものではない。

（注釈）祖師はここでおそらく、世の人たちが「止観」について誤解するのを心配しておられるのである。止観は、道教と仏教の悟った人たちの秘密の教えであって、これまで明らかにはされていない。だからこそ逆に、祖師はまず最初に「止観は仏教の教えであって元来は秘伝ではない」と宣言されたのである。これを単に、初歩の人たちのための入門の教えと誤解してはならない。

両目を以て諦(あきらか)に鼻端を視て、身を正しくして安坐し、心を縁中に繫(つな)ぐ。

両方の眼で鼻の尖端をみつめて、正しい姿勢でらくに坐り、心を「縁中」（現象が流れ去る中に静止している極(五一)）に結びつけるのである。

（注釈）道教では「中黄」と言い、仏教では「縁中」と言っているが、両者は全く同じものである。

必ずしも頭中を言はず。但だ、両目の中間、斎平なる処に於て念を繋げば、便ち了る。
それは必ずしも、頭の中心を意味しているわけではない。ただ、両眼の間にある平らな場所に思念を集中することが大事なのであって、それだけでよいのである。

（注釈）　道を求める者は、まずここから訓練を始めるように注意しなくてはならない。

光は是れ活潑にして、東西に潑的たり。念を両目の中間に繋げば、光は自然に透入す。必ずしも、意を中宮〔中黄〕に着せざるなり。此の数語、已に要旨を括し尽す。其の余は、静に入り静を出づる前後、下は、止観の書の印証を以て可なり。
光は生き生きしたもので、はなはだ動きやすい。両眼の間に思念を集中すれば、光は自然に流れこんでくる。何も、努力して思念を中心の宮殿に向ける必要はないのである。大事な要点は、この数語の中に要約されている。これ以外の教えは、静坐を始めるときから静坐を終るときまで、止観に関する書物に従って検証することができる。

15　縁中の二字、極めて妙なり。中は在らざる無し。大千に遍くして、皆、裏許に在り。聊か造化の機を指す。縁は此れ入門のみ。縁は此れ端倪を為す、定著有るに非ざるなり。此の二字の義、活甚にして妙甚なり。
「縁中」（諸条件の中にある中心）という表現は、大へんすぐれている。「中」（中心）というものは至るところにあるものであって、すべての世界はその中に含まれている。それは、一切の創造と変化の機会になる瞬間を意味している。「縁」（諸条件）というものは、〔そのような機会を得て〕道に入るための入口の門なのである。「縁」は〔この機会を得ることが〕始まりとなることを意味するまでであって、それ以上のことを必然的にともなうわけではない。その意味において、この「縁中」という二つの文字は、非常に生き生きとしてすぐれていると言ってよい。

16　止観の二字は、原、離れては得ず。即ち定と慧なり。以後、凡そ念、起る時、旧に仍って兀坐するを要せず。当に、此の念は何処に在り、何に従ひて起り、何に従ひて滅するやを究むべし。反覆して推窮するも、了として得べからず。即ち、此の念の起る処を見るなり。又、起る処を過ぎて討するを要せず。「心を覓むるも、了として得るべからず。」「吾、汝に安心を与えて竟る。(五三)」此は是れ正観なり。此に反するは、名づけて邪観と為す。是の如く、得べからずして已る。即ち、旧に仍りて綿綿として去る。止めて之に継ぐに観を以てし、観て之に継ぐに止を以てす。是れ、定と慧と雙び修む。此れ、回光と為す。回とは止なり。光とは観なり。止めて観ざるは、名づけて、回有りて光無しと為す。観て止めざるは、名づけて、光有りて回無しと為す。之を誌せ。

「止観」の「止」と「観」は、元来、分けてはならないものである。これは「止」（瞑想における三昧の状態）と「観」（見る智慧）を意味している。その後、想念が浮んだときには、そのままじっとしているべきではない。この想念はどこにあるのか、どこから生れてきたのか、どこへ消えてゆくのか、ということを探究しなくてはならない。〔けれども〕このようにして、くりかえし追究してみても、終りに達することはできない。この想念が起ってくる場所は、とらえることはできないのである。言いかえれば、このような想念は、〔どこからか〕生れてくるということが経験されるだけである。それがどこから生れてくるかということは、それ以上追究しても無駄である。「心（意識）をいかに探し求めても、それはとらえられない（意識によって意識の背後に達することはできない）」ということがわかる。「私はこうして、お前に心の安らぎを与え終った。」このようにするのが、正しい観想である。これと矛盾するやり方は、誤った観想とみなされる。以上に説明したように、「心はとらえられない」ということがはっきり自覚されたならば、糸がいつまでもつながるように、これまで通りの訓練をつづけてゆくのである。想念が流れてやまないときは、これをとどめ、それによって体験されてくるものを観照するのである。観照したら、こんどは再び想念の動きをとどめるように努力するのである。〔このようにして、「止」と「観」をくり返してゆくことによって瞑想は深められてゆく。〕これが、三昧とその智慧とを共に体験する方法である。[33] これが、光の回転ということに他ならないのである。「回光」の「回」は、想念の流れを「止」めることである。そして「光」は、そのようにしてから「観」るということである。止めるだけで観ないのは、回転運動だけがあって光は無い、と言わねばならない。観るだけで止めようとしないのは、光があるだけで〔それを保護する〕回転運動はない、と言わなくてはならないのである。そなたたちは、よくこの点に注意せよ。

嬰兒現形圖

瞑想　第二段階
気穴に胎児生る

（注釈）この章の大体の趣旨は、光の回転に当っては、中心を保持することが大切である、ということである。前章でのべたように、人間の身体のすばらしい宝は、根元的精神〔元神〕がその支配者になることによって生れるのである。もし根源的精神が意識的精神によって使われる場合には、それは日夜エネルギーを消耗し、散乱し、エネルギーがつきたとき、身体は死滅する。そのため今、この章では、意識的精神の作用を制御し、根源的精神のエネルギーを保存する方法を説いているのである。これは、光の回転によらなくては達成することは不可能である。

このやり方は、家を建てることにたとえてもよい。美しい家を建てようと思うならば、まず立派な基礎工事をしなくてはならない。しっかりした基礎ができれば、壁の根拠は深く柱と壁はしっかりと建てられる。このようにしっかりと基礎を立てなくては、どうして美しい家を建てることができようか。生命を養い育てる方法も、正にこれと同じである。

ところで、光の回転は、家を建てるときの基礎工事のようなものである。基礎がしっかりしていれば、何と早く建築することができることだろう(!)。精神の火〔神火〕をもって「中黄」を保持することは、建てる仕事を意味する。そのため、祖師は特に、生命を養育する入門の方法を明らかにされる。そして人びとに、両眼をもって鼻の尖端を見ること、瞼を半ば閉じて内に心を向けること、正しい姿勢でらくに坐ること、心を「縁中」に結びつけること、を指示されているのである。

ところで、思念を両眼の間に結びつけることは、元来、光をみちびき入れるためである。その後、精神のはたらきは結晶して「縁中」に入ってくるのである。縁中とは「下丹田」(下腹部の太陽叢）のことである。すなわち、みえざる気の空間〔炁竅〕である。

祖師はひそかに、次のように説かれている。瞑想の訓練を始めるに当っては、静かな部屋に坐り、身体は枯れた木のように、また心は冷たくなった灰のようにせよ。両眼の瞼を下げて内側を見、心の想念を洗い清め、欲望を絶ち、エネルギー〔精〕を保存せよ。このようにして毎日、結跏趺坐してよく坐れ。眼の中なる光を結晶させ、耳はリズムをきき、舌（口中）の気がもれないように、舌は上口蓋につけよ。鼻の呼吸をしずかに調え、思念は神秘な関門〔玄関〕に集中せよ。もし最初に呼吸のリズムの調整をよく訓練しておかなければ、息が急に止ったり、荒くあえいだりして困るようになる。眼を閉じるときには、両眼の視線が自然に向かってゆく鼻梁の間の一点を基準にせよ。その場所は、両眼の視線が互いに交わる点から一寸も下らないくらいのところ、ちょうど鼻梁の尖端のあたりに小さい骨（こぶ）のあるあたりである。はじめは、このようにして、想念を集中してゆくのである。

このようにして呼吸を調整すれば、身心は安らかにくつろいだ状態になる。眼の光はしずかに、長く輝き、散乱したり、沈みこんだりしないように、しなくてはならない。眼は外へは向けず、瞼を下げて、内側を明るく照らすようにする。それが照らし出す場所は、正に内から見出されるこの場所（みえざる気の空間）である。口は、ものを言ったり笑ったりせず、唇は閉じ、内側で息をするように〔気息を〕集中する。息をするのは、正にこの場所（気の空間）においてなのである。鼻は外からの香りを嗅がないようにする。香りを嗅ぐのは、正にこの場所（気の空間）においてなのである。耳は外からの音を聴かないようにする。音を聴くのは、正にこの場所（気の空間）においてなのである。このようにして内なる一点に思念を集中し、心は正にこの場所（気の空間）を守るのである。

こうして想念が外へ流れてゆかないようになれば、真の思念〔真念〕がおのずと蓄積されるようになる。真の思念が蓄積されるようになれば、エネルギー〔精〕が蓄積されるようになる。エネルギーが蓄積されれば、気が蓄積されるようになる。気が蓄積されれば、霊妙なはたらき〔神〕が蓄積されるようになる。霊妙なはたらきとは、想念であり、想念とは心であり、心とは火であり、火とは霊薬である。このようにして内なる領域を観照してゆくときには、〔呼吸とともに〕に神秘な気〔氤氳（いんうん）〕の開閉はつきるところがなくなるであろう。しかしながら、呼吸の調整を訓練しないかぎり、創造と変化の深い秘密は知ることができない。

弟子が訓練を始めても、もし思念を両眼の中間に集中することができず、あるいはまた、眼を閉じたときに、心の動きが安らかに調和的になって気の空間〔旡竅〕を感得することができないとすれば、その原因はおそらく、呼吸の仕方が荒々しく急であるからであって、そのために他の害も生れてくるものと思われる。というのは、身心のはたらきが、なお忘れ去られるほど沈静していないため、気が浮び上り、呼吸はあらあらしくなって、これを無理に抑えつけているだけだからである。

もしも、思念を両眼の間に結びつけたとしても、精神のはたらき〔神〕を「縁中」(太陽叢)に結晶させるまでに至らないとすれば、それは、堂に登ったけれども部屋に入らないようなものである。このような場合には、精神の火〔神火〕は発生せず、気は冷たいままであって、真の種子は容易に芽生えないであろう。

したがって祖師は、人びとが訓練をするに当って、思念を鼻の穴に集中することだけを考えて、みえざる気の空間〔炁竅〕に結びつけることを知らないのを心配なさっているのである。そのため祖師は、大工が墨縄を用いて測定する方法を比喩とされたのである。墨縄を使う大工は、材料がゆがんでいるか、まっすぐであるかを知るために、墨縄でひいた線によって基準を定めるのである。基準が定まりさえすれば、仕事を始めることができる。大工は、その材料に対して仕事をするのであって、測定線に対して仕事をするわけではないということは明らかである。したがって、思念を両眼の間に結びつけるということは、正しく大工が測定線を利用するのと同じ意味しかもっていないのである。祖師がこのことをくり返し教えられているのは、人びとが、祖師の言わんとするところをはっきり理解できないのを、心配されているためである。

道を学ぶ者は、このようにして、いかに仕事を始めるかということを理解するが、祖師はさらに、弟子たちがその仕事を中断してしまうことを心配されるのである。そのため祖師はくり返してこう言われる。「百日の間、一所けんめいに訓練すれば、光はやっと真正なものになる。それから、その光は精神の火〔神火〕になるであろう。」(三―2)このようにして、努力して修行に専念してゆくならば、「さらに百日の後には、光の中に真に創造的な光の点〔一点の真陽〕がおのずから現われてくるのである。〔三―2〕道を求める者は、全心をもって、明らかに、このことを探求しなくてはならない。

第四章　回光調息（光の回転と呼吸法）

1　呂祖師曰く、宗旨は只、純心に行ひ去るを要す。験を求めずして、験自ら至る。大約すれば、初機の病通は昏沈と散乱の二種、之を尽す。此を郤くるに機竅有り。心を息に過ぎて寄するなかれ。息とは自心なり。自心を息と為す。心、一たび動けば、即ち気有り。気は本心の化なり。

呂祖師は言われる。私の教えの趣旨は、心をひたすら集中して修行するところにある。そうすれば、成果を求めなくても、成果はおのずからやってくるのである。要約していえば、初歩の人が〔瞑想時に〕おちいり易い症状は二つある。それは昏沈〔内へこもって怠惰、眠気、憂鬱に沈むこと〕と散乱〔外からの刺戟にとらわれて、心がたえず動くこと〕の二つである。[五四] こういう状態におちいるのをしりぞけるにはこつがある。それは自分の呼吸にとらわれないことである。呼吸とは〔息という字に示されているように〕自分の心である。[五五] 心自り生じるものが呼吸なのである。心〔心臓〕が動くやいなや、そこに気のエネルギーも生れる。気とは元来、心の本性の活動が変容したものなのである。

2　吾人の念は至速にして、霎頃の一妄念は即ち一呼吸之に応ず。故に内呼吸と外呼吸とは、声に響の相随ふが如し。一日、幾万の息有れば、即ち幾万の妄念有り。神明の漏尽すること、木槁れ灰死するが如し。

われわれの思念はたえず動き廻っているものであって、一呼吸の間にも瞬間的な妄念がともなっている。したがって内なる呼吸〔妄念〕と外なる呼吸〔息〕は、ちょうど声とこだまのようにともなっているのである。われわれは毎日何万回も呼吸しており、したがって何万もの妄念をいだいているのである。精神の明晰さを保つエネルギーは煩悩となって外へ流出し、木が枯れ灰が冷たくなるように尽き果てるのである。

3　然れば則ち、念無からんと欲するも念は無き能はざるなり。息無からんと欲するも、息は無き能はざるなり。其の病に即して薬を為るに若くは莫し。則ち、心と息と相依る是のみ。故に回光は、之に兼ぬるに調息を以てす。

このような状況であるから、思念をもつまいと思っても、思念はたえずわき起ってくる。呼吸すまいと思っても、呼吸をしないわけにはゆかないのである。したがって、一番よい方法は病気から薬をつくることである。言いかえれば、心と呼吸の相互依存関係を用いればよいのである。したがって光の回転は、呼吸法の訓練と統合して行なうのである。

4　此の法は全て耳光を用ふ。一は是れ目光、一は是れ耳光なり。目光とは、外なる日月、光を交ふるなり。耳光とは、内なる日月、精を交ふるなり。然れば精とは即ち光の凝り定まる処、同出にして異名なり。故に聰と明とは総べて一なる霊光のみ。

この瞑想法には、とりわけ「耳光」の方法が必要である。〔光というのは〕一つは目光、一つは耳光である。目光というのは、外界の太陽と月が一つになって生れるものである〔この場合、太陽と月は、外物を見る両眼を意味している〕。耳光というのは、内なる太陽と月が一つになって生れる種子のことである〔たましいの男性原理と女性原理の統合から霊的エネルギー体をつくること〕。したがって種子とは、光が結晶した場所のことであって、〔外なる光と内なる光は〕同じ起源をもち、ただ名前が異なるだけである。したがって「聰」〔耳さといこと、聞いて理解する力〕と「明」〔目ないし光による理解〕とはすべて同一の霊妙な光に他ならない。

5　坐する時は、目を用いて簾を垂れて後、個〔箇〕（五六）の準則を定めて便ち放下す（五七）。然れども、竟に放下するも又恐れて能はざれば、即ち心を聴息に存す。息の出入は、耳に聞かしむべからず。聴くは惟だ、其の声無きを聴くなり。一たび声有れば、便ち粗にして、浮きて細に入らず。即ち、心の軽軽微微として些なるに耐ふ。愈ゝ放てば愈ゝ微なり。愈ゝ微なれば愈ゝ静なり。之を久しくして忽然として、微なるもの遽に断つ。此れ則ち真息現前す。心体、識るべし。

打坐するときには、両眼の瞼を〔なかば〕下げて、自然に視線が向うところに固定して、じっとそのままにする。しかし、それがうまくゆかないときは、呼吸に耳をかたむけるように心を向ける。ただし、呼吸するときの息が出たり入ったりする音が聞えるようではいけない。「聞く」というのは実は、音を立てない呼吸を聞くことである。息が音を立てているようでは、呼吸は荒く、うわついていて、かすかになっていない。言いかえれば、心は全く軽やかで、ほとんど動かないような状態に保たなくてはならない。心が〔外界の刺戟から〕解放されればされるほど、その動きはかすかになる。その動きがかすかになればなるほど、心は静かになってゆく。このような訓練を長くつづけてゆけば、突然、かすかな動きさえ停止したように静かになる。そのときは、真の息〔霊妙な気〕が出現しているのであって、心の本体が意識されるに至ったのである。

6　蓋し、心細なれば則ち息細なり。心一たび動けば、則ち炁〔気〕なり。息細なれば、則ち心細なり。炁、一たび動けば、則ち心なり。定心は必ず、之に先んずるに養炁を以てすとは、亦、心は入手する処無きを以てなり。故に、炁を縁じて之が端倪と為す。所謂、純炁の守なり。

なぜなら、心の動きがかすかであれば、呼吸もまたかすかである。というのは、心が動けば、〔外界に向う〕気も動くからである。逆にまた、呼吸がかすかであれば、心の動きもかすかである。というのは、少しでも〔呼吸とともに〕気が動けば、それは心の動きに影響を及ぼすからである。「心を静かに安定させるには、まず気を養うことが必要である」といわれるのは、心というものは、直接にはたらきかけることのできないものだからである。したがって、〔心を静めるための〕手がかりとして、気〔呼吸〕の調整法を用いるのである。これが、気の力を集中して保持する方法とよばれるものである。

7　子輩、動の字を明らめず。動とは、線索を以て牽動するを言ふ。即ち、制の字の別名なり。

即ち、奔趨を以て之を動かしむべく、独り純静を以て、之を寧ましむべからず。此に大聖人、心炁の交を視て、善く方便を立て、以て後人を恵むなり。

弟子たちよ。そなたたちは「動く」ということの意味をよく理解できていないようだ。「動く」というのは、綱を引張ったときにぶるぶる震動するような状態をいうのである。それは、〔心が外物に〕支配されるということに他ならない。したがって、心は外に走ることによって容易に動かされてしまい、集中された平静さによって、その動きを停止させることができないのである。そこで、心の動きと気の動きが相互に影響しあうことを知った偉大な聖者たちは、後世の人びとに役立つように、よい方法を考案したのである。

8　丹書(三八)に曰く、「鶏は能く卵を抱きて、心、常に聴く」と。此れ、要訣なり。蓋し、鶏の能く卵を生む所以は、気を暖むるを以てなり。暖気は能く其の殻を温むるに止りて、其の中に入る能はず。則ち、心を以て炁を引きて入る。其れ、聴くなり。一心、注ぐなり。心入れば則ち気入り、暖気を得て生る。故に母鶏は、時に外に出づること有りと雖も、常に耳を側つ勢を作す。其の神の注ぐ所、未だ常に少くも間あらざるなり。神の注ぐ所、未だ嘗て少くも間あらざれば、即ち暖気も亦、昼夜間無くして神活く。神活くとは、其の心の先づ死するに由るなり。人能く心を死すれば、元神活く。死心とは枯槁の謂に非ず。乃ち専一にして分れざるの謂なり。

仏云く、「心を一処に置けば、事、弁ぜざるは無し」と。心は走り易し。即ち、炁を以て之を純にす。炁は粗たり易し。即ち、心を以て之を細にす。此の如くして、焉んぞ定まらざる者、有らんや。

生命の仙薬に関する書物には、次のようにのべてある。「牡鶏が卵をかえすことができるのは、その心が常に耳をすませているからである」と。これは大事な秘訣である。牡鶏が卵をかえすことができるのは、暖める力によるものである。しかし体温の力は殻を暖めるだけであって、その中までしみ通ることはできない。そこで牡鶏は、心を用いて、気を内部にまでみちびき入れるのである。牡鶏は、〔心で〕聞くことによってこれを行うのである。つまり、その全心をそこに集中するのである。心が内部に入ってゆけば、気の力も内部に入り、ひなは暖められた気を受けとって生命を得るのである。したがって牡鶏は、たとえ卵を置き去りにして外へ出るときがあっても、いつも耳をそばだてて聞くという姿勢を保ちつづけている。その集中した精神の動きは、片時も中断しない。精神の集中が片時も中断されることがなければ、暖められた気の力も日夜絶えることがなく、精神の力は生き生きと目覚める。精神の力が目ざめるのは、その心がまず死ぬことによってである。〔これと同じように〕人間がその心を死なせることができれば、根源的精神は生き生きと目覚めるのである。心を死に至らしめるというのは、それを枯渇させ、しぼませてしまうことではなく、心の動きが一つに集中して分かたれなくなるという意味である。

仏陀はこう言われている。「汝の心を一点に集中すれば、汝にできないことはない」と。心は動きやすいものである。そこで、気〔呼吸の力〕によって、それを集中しなくてはならない。気はともすれば荒くなりやすい。そこで心によって、それをかすかにしなくてはならないのである。このようにすれば、心はどうして静かに固定しないことがあろうか。

9　大約するに、昏沈と散乱の二病は、只だ静の功を要す。日日に間無くして、自ら大休息処有り。若し静坐せざる時は、散乱有りと雖も、亦自ら知らず。既に散乱を知れば、即ち是れ、散乱を卻くるの機なり。昏沈にして知らざると、昏沈にして知るとは、相去ること奚んぞ啻に千里ならんや。之を知らざる昏沈は、真の昏沈なり。之を知る昏沈は全き昏沈に非ざるなり。清明は是に在り。

一般的にいえば、〔先にのべた〕昏沈と散乱という二つのわるい症状は、ただ心を静める作業によってのみ克服される。日々中断することなく訓練してゆけば、必ず自然に成果があがるであろう。もし静座して瞑想しなければ、心が〔外に向って動き〕散乱していても、それに気づくことができない。心が散乱していることに気づくのは、心の散乱を克服する機会を得たということである。また〔心が内へ沈みこむ〕昏沈の状態にありながらそれを自覚していないのと、昏沈の状態にあってそれを自覚していることとの間には、大へんなちがいがある。昏沈の状態にありながらそれを自覚できないのは、本物の昏沈である。自覚されている昏沈は、全くの昏沈とはいえない。その中にはなお、心の清らかな明晰さがいくらか存在しているからである。

10　散乱とは、神、馳するなり。昏沈とは、神、未だ清まらざるなり。散乱は治め易く、昏沈は医し難し。之を病に辟〔譬〕（五九）ふ。痛み有り養〔癢〕（六〇）み有るは、薬あるべし。昏沈は則ち麻木不仁之症なり。散は以て之を収むべく、乱は以て之を整ふべし。昏沈の若きは則ち、蠢蠢たり、冥冥たり。散と乱は尚、方所有り。昏沈に至りては、全く是れ、魄の事を用ふるなり。散乱は尚、魂の在る有り。昏沈に至りては則ち、純陰主たり。

散乱というのは、精神のはたらきがあちこちと〔外へ〕さまようことである。昏沈というのは、精神のはたらきがまだ純粋になっていないことである。この両者のうち、散乱の方はわりに容易に改善できるが、昏沈は治しにくい。病気にたとえていえば、痛みやかゆみを感じている場合には、それを治療する薬もある。しかし昏沈というのは、麻か木のように全く無感覚になってしまう病気のようなものである。心の動きが散漫になる場合は、努力して集中することができるし、それが混乱する場合は、努力して整理することができる。しかし、すべてに無感覚になる昏沈の状態は、暗闇の中に虫がうごめいているような、暗く麻痺した状態である。散漫と混乱は、まだ一定の場所があるが、昏沈の場合は、アニマの陰のはたらきだけが活動している。散乱の場合は、まだアニマの陽のはたらきがその中に存在しているが、昏沈の場合は、全くの闇の原理が支配している。

11　静坐の時、睡り去らんと欲するは、便ち是れ昏沈なり。昏沈を卻くるは只、調息に在り。息は即ち口鼻出入の息にして、真息に非ずと雖も、而も真息の出入は亦、此に寄る。

瞑想の際、眠くなるようであれば、それは、右にのべた昏沈の作用の一つである。眠気を克服する役に立つのは呼吸の調整だけである。この場合の息は鼻や口を通して出入する息〔つまり空気〕であって、ほんとの息〔つまり気〕ではないとはいえ、ほんとの息の流入と流出はこれと結びついて起るのである。

12　凡そ坐するには、須らく心を静め、炁を純にするを要す。心、何を以て静ならん。用は息の上に在り。息の出入は、惟だ心、自ら知る。耳に聞かしむべからず。聞かざれば則ち細なり。細なれば則ち清し。聞くは則ち気粗なり。粗なれば則ち濁る。濁れば則ち昏沈にして、睡らんと欲するは、自然の理なり。

一般的にいえば、打坐する場合には、心を平静に保ち、気を集中し純粋にするようにしなくてはならない。心を平静にするには、どうすればよいであろうか。それは呼吸の調整によってである。息の流入と流出は、ただ心で意識しているだけで、それが耳に聞えるようであってはいけない。呼吸が耳に聞えないようであれば、気は微細であり、気が微細であれば、それだけ純粋なのである。呼吸が耳に聞えるようなときは、息は荒く、息が荒ければ気は濁っている。気が濁っていると、昏沈（怠惰と沈没）が生じ、眠気に誘われてしまう。これは自明の理である。

13　然りと雖も、心の用は息の上に在り。又、善く用を会するを要す。亦是れ、不用の用なり。只だ、要は、微微として聴を照らすべきのみ。

しかしながら、心を平静に保つはたらきは、呼吸の調整にあるのであるから、心を正しく使うことを理解しなければならない。それは、心をはたらかせない〔心の〕はたらきである、と言ってもよい。その要点は、ごくかすかに「聴くを照らす」（聴くことに光を落す）ようにすることである。

14　此の句、微義有り。何をか照と謂ふ。即ち、眼光自ら照すなり。目は惟だ内を視て外を視ず。外を視ずして惺然たるは、即ち内を視るなり。実に内を視ること有るには非ず。何をか聴と謂ふ。即ち、耳光自ら聴くなり。耳は惟だ内に聴きて外に聴かず。外に聴かずして惺然たるは、即ち内に聴くなり。実に内に聴くこと有るには非ず。聴くとは其の声無きを聴き、視るとは其の形無きを視る。目は外に視ず、耳は外に聴かざれば、則ち閉じて内に馳せんと欲す。惟だ内に視、内に聴けば、則ち既に外に走らず、又、内に馳せずして、昏沈せざるに中る。此れ即ち、日月精を交へ、光を交ふるなり。

この〔「聴くを照らす」という〕句には、深いかくれた意味がある。「照らす」とは、どういう意味であろうか。それは、眼の光にそなわる自然な照らし出す作用のことである。この場合、眼は内を注視するだけで、外を見るわけではない。外を見ることなしに、明らかに〔見る作用だけを〕感じている状態を「内を見る」というのである。言いかえれば、内にある何かを実際に見ることが問題なのではない。また「聴く」とは、どういう意味であろうか。それは、耳の光にそなわる自然な聞く作用のことである。耳は外から聞くわけではなく、内から聞くだけである。外から聞くことなしに、明らかに〔聞く作用だけを〕感じている状態を、「内に聴く」というのである。ここでは、内にある何かを実際に聞くことが問題になっているわけではない。したがってこの場合、「聴く」というのは、そこに何の声もないことを聞くだけであり、また「見る」というのは、そこに何の形もないのを見るだけである。目が外のものを見ず、耳が外のものを聞かないときは、ふつう、それらの作用はおのずと閉じられ、内面に沈んでゆこうとする傾向をもつ。ただ、内を見つめ、内に聞くという姿勢をとる場合には、それらの器官のはたらきは、外へ走り去ることもなく、内へ沈みこむこともない。このようにして、昏沈におちいることを克服できるのである。それは、太陽と月が精気を結合し、光を結合させることである。

15　昏沈して睡(ねむ)らんと欲すれば、即ち起ちて散歩し、神、清まれば再び坐す。清き晨(あした)、暇(いとま)有ればー炷(しゅ)香を坐するを妙と為す。午(ひる)を過ぐれば人事多く擾(みだ)り、昏沈に落ち易し。然れども亦、必ずしも一炷香に限定せず。只だ、諸縁を放下し、片時も静坐するを要す。久久にして便ち、頭に入る有りて、昏沈と睡とに落ちず。

もし昏沈の状態におちいって眠気をさそわれるようなときには、起ち上ってそこらを歩きまわり、精神がはっきりしてきたら、再び坐って瞑想をつづけるようにせよ。気持のいい朝の間に、時間があったら、一本の線香がもえつきる間、打坐するのが最もよいやり方である。午後ともなれば俗事がいろいろ邪魔をするので、昏沈の状態におちいりやすい。ただし、瞑想の時間は必ずしも一本の線香のもえる時間に限定する必要はない。大事なことは、あらゆる世間とのかかわりはすべて脇へおしやって、ほんのしばらくでもよいから、静かに打坐して瞑想することである。そのようにして、長い間訓練をつづけてゆけば、心は卓越した状態に達し、昏沈や眠りにおちこむようなことはなくなるであろう。

（注釈）この章の大意は光の回転〔瞑想〕に当って最も重要なのは呼吸法である、ということである。訓練が一歩でも進めば、それにともなって、教えの内容も一層深くなる。道を学ぶ者は、心の動きと呼吸作用の相関関係に注意して、昏沈と散乱の症状におちいるのを防ぐようにしなくてはならない。

祖師が心配しておられるのは、初歩の人の場合、打坐するときに、瞼を閉じるとともに妄想がわき起って心がさわぎ始め、その動きを制御できなくなるということである。そこで師は、呼吸を数え〔数息〕思念を固定し集中する訓練法を教えているのである。それは、精神のエネルギー〔神気〕が外へ流れ去るのを防ぐためである。

息は自分の心から生じてくるものであるから、呼吸のリズムがととのっていないのは、すべて心の不安定にもとづいている。正しいやり方は、まず何よりも、一回の吐く息〔一呼〕と吸う息〔一吸〕が全くかすかに出入するようになり、その息づかいは耳に聞きとれず、ただ心で黙って呼吸の数を数えているだけ、という風に、静かに呼吸することである。もし心が呼吸の出入の回数を忘れてしまうようであれば、それは心が外へ走って行ったしるしである。そのときには、心の動きをしっかりと把持しなくてはならない。耳が注意深く聞こうとせず、目が鼻梁の間を注視しなかったりすれば、これもやはり心が外に気をとられているか、そうでなければ眠気におそわれ始めているのである。これは、心が昏沈はおちいろうとしている状態であるから、そのときは精神のはたらきを整えなければならない。もし、瞼を下げ、鼻に注目するとき、口を固く閉じず、歯を固くかみ合せておかないと、心は外へ動きやすい。そのときは、急いで口を閉じ、歯を咬み合せるようにしなくてはならない。

このやり方は、五官の作用が心に従い、精神の作用が気の状態に依存するようにすることである。それがすなわち、心と息〔呼吸〕の相関関係なのである。このようにして十日あまりも訓練すれば、心の動きと息〔呼吸〕とは自然に協同しあい、互いに調和するようになる。そうなればもはや、呼吸を数える必要もなく、息は自然にととのえられてくる。呼吸が静かにととのってくれば、昏沈と散乱の二つの症状も、自然に消え去ってゆく。

第五章　回光差謬（光の回転における錯誤）

1　呂祖師曰く、諸子の工夫は漸漸に純熟す。然れども、枯木の巌前、錯落多し。正しく、細細に開示するを要す。此の中の消息は、身到りて方に知る。吾れ今、則ち以て言ふべし。

呂祖師は言われる。そなたたちの訓練の成果は、次第に集中し、成熟してゆくであろう。しかし、岩の前に枯木が立っているような〔無心の〕状態で打坐できるようになるまでには、まだ多くの混乱や失敗の可能性がある。これについて、そなたたちにくわしく説明しておかなければならない。このような心の状態は、みずから身をもって経験することによってのみ認識できるものである。私はここで、順を追って説明しよう。

2　吾が宗は禅宗と同じからず。一歩は一歩の徴験有り。請ふ、先づ其の差別する処を言ひ、然る後に再び徴験を言はん。

私の宗派の瞑想法は、禅宗（Dschan Dsung）[六一]の仏教的瞑想(ヨーガ)のやり方とはちがっている。瞑想が一歩深まれば、その一歩に応じた確認のしるしとなる体験があるのである。したがって私はまず、両者のちがいがどこにあるかという点について説明し、その後で〔次章において〕確認の体験について話すことにしたい。

3　宗旨は、将に行はんとするの際、預め方便を作す。多く心を用ふる勿れ。教を放ち、活潑発底、気和し、心適せしむ。然る後に静に入る。静なる時は、正に機を得、竅を得るを要す。私の宗派の修行をしようとする場合には、まず楽な気持でやれるように心がけ、あまり多くのことに心をはたらかせないようにしなくてはならない。まず教えられたことはすべて忘れ、心は生き生きとゆったりした自然な状態で、気の動きと心の動きがおのずから調和するように心がける。そうして後に、はじめて平静な心の状態に入ってゆくのである。平静な状態になったときは、正しい状況〔悟りの機縁〕とみえざる空間〔みえざる身体〕のあり方を体得するように心がけなくてはならない。

4　坐するは無事中裏に在るべからず。所謂、無記の空(三)なり。万縁放下の中に、惺惺として自若たり。

打坐するときは、ただぼんやりと何もしないでいるという状態であってはならない。そういう状態は「認識なき空虚」とよばれるものである。世間とのあらゆるかかわりをすべて捨て去って、明らかな自覚をもちつつ、超然と自立していなくてはならない。

5　又、意を以て承当を興すべからず。凡太、真を認むるは、即ち此に有り易し。宜しく真を認めざれと言ふには非ず。但だ、真の消息は、存するが若く亡きが若くの間に在り。有意、無意を以て之を得れば可なり。惺惺として不昧の中に、放下して自若たり。

また、すべてのことをはっきり認識しようと考えてはいけない。一般に、真理を認識しようとするときには、こういう心理状態になりやすいものである。真理を認識するように〔身体意識的に〕努力してはいけないというのではない。ただ、〔瞑想において体験される〕真理というものは、存在するようでもあり存在しないようでもある、という状態で経験されるものである。意図があるが如くないが如き心理状態を通じて、それを自覚すればよいのである。明らかな自覚をもって、くもりのない心理状態の中で、すべてを投げすてて超然としていればよいのである。

6　又、蘊界(六三)に堕つるべからず。所謂、蘊界とは乃ち、五陰魔(六四)の事を用ふるなり。一般の入定の如きは、　木死灰の意多く、大地陽春の意少し。此れ則ち陰界に落つるなり。其の炁は冷たく、其の息は沈む。且つ許多の寒衰の景象有り。之を久しくして、便ち木石に堕す。

修行者はまた、心を惑わす世界におちこんではならない。ここで心を惑わす世界というのは、五つの暗い悪魔のはたらきが遊びたわむれるところを言うのである。ただし、一般に心が静かになったといわれている状態は、往々にして枯木や冷たい灰(六五)のような状態を考えている場合が多くて、大地が明るい春を迎えているような昂揚した心理状態はあまり考えられていない。そういう状態は、暗黒の世界に沈むことなのである。そこでは、気は冷たくなり、息は重苦しく沈滞する。その上、そのような心理状態には、寒くて〔生命のない〕また〔活動が〕衰えてゆくような多くのイメージが現われてくる。そういう状態に長くとどまっていると、木か石のような〔無感覚の〕状態におちこんでしまう。

7　又、万縁に随ふべからず。如し一たび静に入れば、端無き衆緒忽ちに至りて、之を却けんと欲するも能はず。之に随へば反りて順適なるを覚ゆ。此れ、主の奴役と為ると名づく。之を久しくして色欲界に落つ。

修行者はまた、〔外界との〕いろいろなかかわりに気をとられてはならない〔言いかえれば、右にのべた内への「昏沈」とともに、外への「散乱」をも克服せねばならない〕。こういう心理状態が起るのは、いったん心が平静になった後に、たえ間なくあらゆる妄想のつながりが突然に現われてくるときである。これをしりぞけようとしても、どうにもならない。むしろ、思念がわき出るままにまかせた方が、心が軽くなったような感じがするのである。これは、主人が召使いになってしまったようなものである。こういう心理状態に長くとどまっていると、形あるものにとらわれる欲望の世界におちこんでしまう。

〔注釈〕 これは、祖師が「枯れたようにじっと坐っている」〔枯寂静座〕といわれる状態である。この場合には、本性〔性〕を知るだけであって、生命〔命〕を知ることはできない。これは、まだ悟りの機縁となるみえざる空間〔機竅〕を体得できない者が、よくおちいりやすい症状である。

8　上なる者は天に生れ、下なる者は狸奴の中に生る。若しくは狐仙、是れなり。彼れ、名山中に在りて、亦自ら風月・花果・琪樹瑤草を受用す。三五百年、受用すれば去る。多きは、多

端拱冥心圖

瞑想　第三段階
霊約身体が解放され，自立する

数千歳に至る。然れども報尽くれば、還りて諸趣の中に生る。

このような修行をした者は、よい場合には天界に生れ、わるい場合には狸のような低級な動物界に生れ変る。よく狐の精霊などといわれているのは、このたぐいである。(六六)彼らは有名な山々の中に住んでいて、風や月、花や果実、また宝石のような実をつける木々や草のたぐいをたのしんでいる。しかし彼らは、千五百年か、多くても何千年くらい、そういう境地をたのしむだけである。その〔修行の〕果報がつきれば、再びさまざまな様式をもつ休みなき世界に生れ変るのである。

9　此の数は皆、差路なり。差路既に知りて、然る後、徴験は求むべし。

以上に説明したのは、すべて誤った道である。誤った道がどういうものかわかった後に、〔悟りの〕真のあかしとなる体験を求めることができるようになるであろう。

(注釈)　この章の大意は、(六七)道を求める者が光の回転を訓練するに当って、誤った体験とはどういうものかということを知らなくてはならない、という祖師の教えにかかわっている(主観的空想の体験でなく、気の空間に達するように、瞑想における誤った道に注意させることにある)。

ただし前章では、既に呼吸法の重要性について説明したので、この章ではさらに、修行する者が光の回転に当って、誤って脇道に入りこむ危険を説いているのである。したがって祖師は、人びとに対して、「このような心の状態はみずから身をもって経験することによってのみ認識できるものである」と説かれたのである。〔五―1〕

というのは、呼吸法の訓練によって静かな状態に達しても、神と気が調和して結晶し、神が気穴に入るということ(二―12、五―3)を知らなければ、頑固な空虚さ〔頑空〕に落ちこむか、そうでなければ、悪魔の境涯〔魔境〕に入りこんでしまう。祖師が「岩の前に枯木が立っているような無心の状態で打坐できるようになるまでには、まだ多くの混乱や失敗の可能性がある」と言われたのはこの意味である。〔五―1〕。

瞼を閉じて長い間坐っていると、さまざまな光の輝きや鮮かな色彩が現われてきたり、菩薩や神々、聖者などが近づいてきたり、その他いろいろな幻視像を見たりすることがある。このような状態はすべて、安住すべき境地ではなくて、われわれを惑わす魔境に他ならないのである。

また、光の回転によって静かな状態になっても、全身をめぐる気と息が一つにとけ合わなければ、腎臓の領域の水は上へ昇ることができず、下の領域の元の気は冷たくて、その息は沈んで濁っている。これが「大地の明るいなごやかな気は少く、頑固な空想の世界に落ちこむ」といわれる状態である。

あるいはまた、長い間坐っていると、さまざまの雑念がわき起ってきて、止めようとしてもとまらないことがある。逆に、雑念がわき出るままにそれに従ってゆく方が楽で、気分がよいように感じられる。そういうときは、打坐をつづけるべきではない。打坐をつづけ、足をかえしたり火を長くして身体に与えても〔反足長火与身〕（六八）、何の役にも立たない。そういうときは、瞑想するのを中止して、しばらくそこらを歩き廻る方がよい。そして、しばらくして気がおちつき、心がそれにともなうようになってから、もう一度打坐するようにするのである。

静かに打坐しているときには、一般にいえば、その状態について自覚をもち、認識をもっている必要がある。もし丹田（下腹部）で気と息〔呼吸〕が一つにとけ合い、その部分があたたかくなって、真の光に属するもの〔真陽之機〕がおぼろげに動き出したというような一種の直観的な感じが経験されるようになれば、それこそ、みえざる空間〔みえざる身体組織〕が体得されたしるしなのである。この真の空間が体得されるようになったら、形にとらわれた欲望の世界やくらい悪魔の世界におちこむ危険は逃れたと言ってよい。

第六章　回光徴験（光の回転における確証の体験）

1　呂祖師曰く、徴験〔証験〕(六九)も亦多し。小根小器を以て承当すべからず。必ず衆生を度し尽さんと思へ。軽心慢心を以て承当すべからず。必ず須らく、事を請じて斯く語るべし。

呂祖師は言われる。〔悟りのしるしとなる〕確証の体験も、いろいろとある。人は、小さな能力や小さな人物の境地にとどまって満足しているようではいけない。すべての生命あるものを救済するのだという決意にまで、自分を高く持していなくてはならない。軽薄な心や自己満足の心に止まっていてはならない。必ず、実行によって〔この教えの〕言葉を実証できるように努力しなくてはならない。

2　静中に緜緜として間無く、神情、悦豫なること、酔へるが如く浴するが如し。此れ体に遍ねく陽和なりと為す。金華乍ち吐ぶるなり。

静けさの中で、とぎれることもなくつながった感じで、心の動きと気分が昂揚して、酔ったような、湯を浴びたような、喜びあふれる感じになることがある。これは、陽の気が〔春の大地のように〕全身をめぐって調和しているしるしである。このとき、「黄金の華はたちまち蕾が芽生える」のである。

3　既にして万籟、倶に寂として、皓月天に中し、大地は倶に是れ光明の境界なりと覚ゆ。此れ、心の体、開明すと為す。金華正に放くなり。

やがて一切の音が消えて静寂になり、白く輝く月が中天にかかり、この大地は〔すみ切った空の月とともに〕明るい光にみちみちた世界のように感じられてくる。そのときは、心の本体がはっきりと明らかになってきたしるしである。これは「黄金の華がたちまちひらく」という体験である。

4　既にして、遍体充実し、風霜を畏れず。人、之に当りて興味索然たるべきも、我、之に遇へば精神更に旺なり。黄金は屋を起し、白玉は台を為る。世間の腐朽する物も、我れ、真炁を以て之を呵し、生を立つ。紅血は乳となり、七尺の肉団、金宝に非ざるは無し。此れ則ち、金華大いに凝れるなり。

やがて〔さらに修行をつんでゆけば〕全身が力にみちあふれたようになり、冷たい風や霜にあたっても平気だというような感じになる。他の人たちなら何の興味も覚えないような事柄に出会っても、自分にはますます精神力が充実してくるのが感じられる。それはあたかも、黄金で家を建て、白い宝石で土台をつくるようなものである。この世の腐り果てたようなものであっても、真の気のエネルギーをそれに吹きかけて、ただちに生き生きとよみがえらせることができる。赤い血は甘美な乳に変り、七尺の肉のかたまりである自分の身体は、ほんものの黄金の宝になってしまう。このような体験が、「黄金の華の大いなる結晶」のしるしなのである。

5　第一段は是れ、応に観経(七〇)に云ふ「日は大水に落ちて、行樹、象に法どる」なるべし。「日落つ」とは、混沌従り基を立つるなり。無極なり。上善は水の若く、清くして瑕無し。此れ即ち太極の主宰なり。出震の帝なり。「震」は木と為す。故に行樹を以て象どる。七重の行樹は七竅の光明なり。西北は「乾」の方なり。一位を移せば「坎」と為る。「日、大水に落つ」とは、「乾」と「坎」の象なり。「坎」は「子」の方と為す。冬至、雷は地中に在り。隠隠として隆隆たり。「震」に至れば、陽は方に地上に出づ。行樹の象なり。余は類推すべし。

確証の体験の第一段階は、観無量寿経の瞑想法に「太陽は大いなる水に沈み、立ち並んだ木々が存在する現象として形をとってくる」とのべられている体験であろう。「太陽が沈む」というのは、混沌（現象があらわれる以前の世界、つまり叡智界）の中に基礎が打ちこまれたことである。それが「無極」（対立する両極をこえた状態）である。最高善の状態は、水のように清らかで汚れがない。これがすなわち、「太極」（大いなる極）の主宰者である。「震」〔東方〕から帝（神）が出現することである。*〔原注次頁〕「震」のシンボルは木である。したがって、「立ち並んだ木々」のイメージが生れてくるのである。七重の並木は、身体の七つの穴（あるいは心臓の七つの穴）が、光り輝くことを意味する。西北の方位は〔易の卦でいえば〕「乾」（創造するもの）に当る。そこから一つだけ場所を右廻りに移せば、「坎」〔北方・深い淵〕になる。つまり、「太陽が大いなる水に沈む」というのは、「乾」と「坎」（創造するものと深い淵のごときもの）の姿を示している。「坎」は、方位としては「子」〔北、鼠、季節としては冬、時間としては深夜、午前零時〕に当る。すなわち、冬至の季節には雷は地中に深く隠されている。それは全く隠れていながら、しかも力づよい。やがて「震」にまで至ると、陽の気がふたたび地上に現われてくる。これが「立ち並ぶ木々」のイメージで象徴される体験である。その他のシンボルは、同様にして類推できよう。

＊易経の説卦伝（卦についての章）を参照せよ。「震」は雷、春、東、木のしるしである。「乾」（創造するもの、天）はこの分類法では西北に、また「坎」（深淵）は北に位置している。

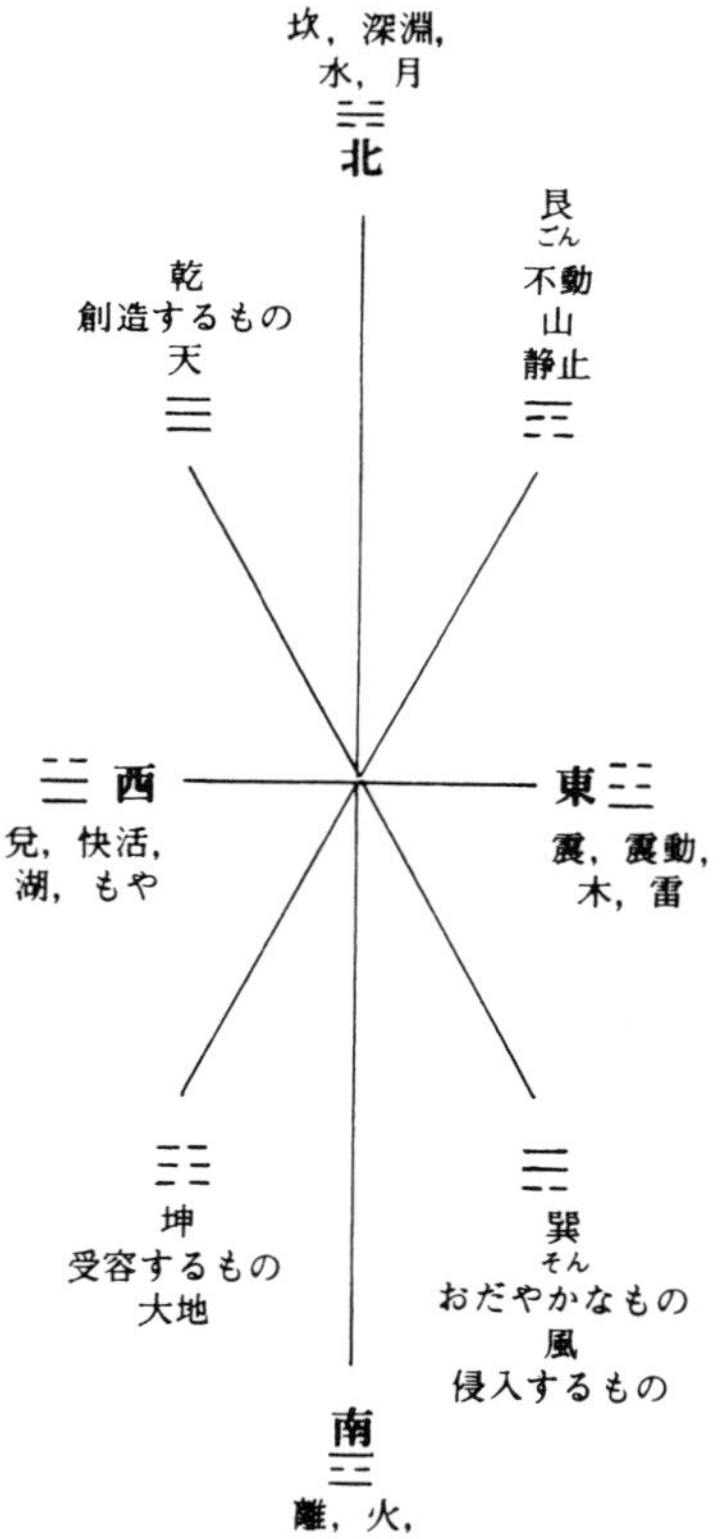

坎，深淵，
水，月
☵
北

艮（ごん）
不動
山
静止
☶

乾
創造するもの
天
☰

☱ 西
兌，快活，
湖，もや

東 ☳
震，震動，
木，雷

☷
坤
受容するもの
大地

☴
巽（そん）
おだやかなもの
風
侵入するもの

南
☲
離，火，
光，太陽，
あたたかさ

6　第二段は即ち、此に基を肇（はじ）む。大地は氷と為り、琉璃（るり）の空地なり。光明は漸漸に凝る。所以に蓬台〔蓮台〕有りて、之に継ぎて仏有るなり。金性、即ち現はる。仏に非ずして何ぞや。仏とは大覚の金仙（七）なり。此れ、大段の徴験のみ。

第二段階は、この体験の上に基礎を築くことを意味する。大地は透き通った氷のようになり、輝く瑠璃の宝玉の地になる。光の輝きは次第に結晶する。こうして高い壇（蓮華の台座）が生じ、さらにその上に、時とともに仏の姿が現われる。黄金の本性が現われるとき、それは仏に他ならないのである。なぜなら仏とは、大いなる悟りを得た、黄金のように輝く聖者であるからである。これは大いなる確証の体験である。

7　現在の徴験、考ふべきもの三つ有り。一は則ち、坐し去るに、神人、谷中なり。（七二）人の説話するを聞くに、里許（ばか）りを隔つ如くして、一一に明了なり。而して、声は入りて皆、谷中に響の答ふるが如し。未だ嘗て聞かざるにあらずして、我則ち、未だ嘗て一聞せず。此れ、神、谷中に在りと為す。時に随ひて、以て自（みずか）ら験すべし。

ところで、瞑想に際してとりあげるべき確証の体験が三つある。その第一は、瞑想に入ったときに神人が谷間にいるという体験である。このときは、人びとが話しあっている声をきくのに、数百歩も遠く離れたところで話しているように感じられるにもかかわらず、一人一人の話すことがはっきり聞きとれるのである。そしてその声はすべて、谷間でこだまが反響するような感じできこえる。その声は、以前に聞いたことがないわけではないようでいて、自分は一度も聞いたことがないと感じられる。（七三）これが、神々が谷中にいる、といわれる体験である。

8　一は則ち、静中にして、目光騰騰（とうとう）として、満前、皆白く、雲中に在るが如し。眼を開きて身を覓（もと）むるに、従ひ覓めて視る無し。此れ、「虚室、白を生ず」（七四）と為す。内外、通じて明らかなり。吉祥は止止たり。

第二の確証の体験は、次のようなものである。瞑想して静かな状態でいるとき、眼のあたりに光がもえ上るように感じられ、眼の前にあるものがすべて白く輝き、雲の中にでもいるように感じられる。眼をひらいて自分の身体がどこにあるか探し求めても、もはやどこにも見出せない。このような状態を、荘子は「空虚な部屋が明るく輝く」というのである。そのときは、内も外も、すべて同じように明るい。これは非常によいしるしである。

9　一は則ち、静中にして、肉身は絪縕として、緜の如く玉の如し。坐中、不住に留るが若くして、騰騰として上に浮く。此れ、「神、頂天に帰す」と為す。之を久しくして、上昇すること、以て立どころに待つべし。

第三の確証の体験は、次のようなものである。瞑想して静かな状態でいるとき、肉体は立ちのぼる根元の気につつまれて、つながった綿か輝く宝玉のように感じられてくる。じっと坐っていられないようになり、上の方に引き上げられるように感じる。これは「精神が天に帰り、その頂上に至る」といわれる体験である。このような体験を長くつづけてゆけば、上昇の体験は実際に確証できる。

（注釈）この説明は、光の回転によって静けさが極まり、神火が凝集して、みえざる気の身体〔炁竅〕に入った状態をのべている。気の身体の中では、真の気のエネルギーが熱をうけて蒸発し、自然に、天上の坩堝〔乾鼎〕へと上り、集まってゆく。このときは、霊薬〔丹〕が完成したとはいえないにしても、陽の霊妙なはたらき〔陽神〕が上昇したことを意味している。

10　此の三者は皆、現在に験すべき者なり。然れども亦、是れ、説きて尽きざるは、人の根器に随ひて、各々、現はるること殊勝なればなり。止観の中に云ふ所の「善根発現す」とは、是なるが如し。此の事、人の水を飲みて冷暖自ら知るが如し。須らく自ら已に信じ、過ぐるを得て、方に真なるべし。

以上のべた三つの経験は、この現世において確証され得るものである。しかし、これだけで説明しつくせたというわけではない。その人間の素質や能力のちがいによって、各人それぞれにちがった形で、いろんな現象が経験されるからである。摩訶止観の中に、「前世の善い行為の果報があらわれる」と説いているのは、この点に関係があるようである。このような体験は、ちょうど人が水をのんで、温かいか冷たいかを自分で知るような性質のものである。したがって人は、こういう経験については〔知識として知っただけでは無意味であって〕自分で信じ、確かめてみなくてはならない。そのときはじめて、それは本ものの経験になるであろう。

11　先天の一炁は、即ち現前の証験の中に在り。自ら一炁を討めて、若し得れば、丹も亦、立どころに成る。此の一粒は、真の黍珠なり。一粒復た一粒、微よりして著に至る。時に時の先天有り。一粒、是れなり。統体の先天有り。一粒乃至無量、是れなり。一粒に一粒の力量有り。此れ、自己の胆大なるを第一義と為すを要す。

天地創造以前の一なる気は、確証となる現在の体験の中に、おのずと現われてくる。この一なる気を探究して、もしそれを得ることができれば、生命の仙薬も必ず完成される。それは、完成の真の種子となる黄色い真珠の一粒である。(三—2) 修行を重ねてゆけば、一粒また一粒ごとに、かすかな光からはっきりした光に変ってゆく。時間の中には、時間に先立つ〔永遠な〕ものがある。それが、この一粒なのである。さらに一切をつつむ創造以前のものがある。一粒一粒が集められ無数になったものがそれである。一粒には一粒だけの力がそなわっている。これは、自己の精神力を大きく発達させることが最も重要な問題である、ということを意味する。

(注釈) この章では、祖師は、光の回転の訓練の効果について指示されている。

修行の努力を長くつづけてゆけば、その効果はおのずからあらわれる。光の回転の体験というものは、人が水をのんで、それが冷たいか温かいかを身体で知るようなものである。しかし、そこには、勤勉に努力したか怠けたかによって、いろいろ異なった意味が含まれているということを、知らなくてはならない。

始めに祖師が心配しておられるのは、修行がだんだん深まってきたとき、自分自身の経験について疑いを生じたり、その経験が真実のものなのか偽りなのかということが、わからないままでいることである。そのため、祖師は特にはっきりと、確証となる体験について明らかにし、道を求める者がそれについて考えるように指示される。祖師が最も心配されているのは、修行する者がまちがって脇道に入りこんでしまい、正しい道には確実な証拠があるということがわからない、ということである。

この点について考えるに、ある者はただじっと自分の枯れた本性を守っているだけで、生命の空間〔命竅〕には気を動かす微妙な作用があるということを知らない。そこで祖師はさらに教えて、大いなる道を求めて努力する場合は、浅い体験の領域から次第に深い体験の領域へと進んで、順次に確証の体験を得てゆくということを、一つ一つ示される。煩悩の流出がなくなるとき、慈悲の光がやってくるのである。

確証の体験にもいろいろあるが、最も主な場合は、静かに瞑想しているときに、呼吸の気が糸のようにかすかに、間断なくつらなり、身体は酔ったような、あるいは湯を浴びたような、よい気分になる経験である。このような状態に至れば、全身をめぐる気は陽となり、調和する。こうして神火は腎臓の水の領域に入る。神火と腎水とが一つに凝集した状態を長くつづけると、みえざる身体の中の水中に火がもえ上り、真の生命を得る機縁〔命機〕がおのずと動き始める。祖師が「黄金の華はたちまち蕾が芽生える」と言われた体験はこれである。これは、儒家が「本性を実現し、真の生命に至る」〔尽性至命〕とよんでいる境地である。

陰の気が静けさの極点まで達すると、必ず陽の気が動き始める。したがって、「冬至になれば、雷は地中にひそむ」と言われるのである。これがすなわち、「一陽来復」の状態である。

また、瞑想を長くつづけると、妄念は次第に消えてゆく。神気が気穴に集まり、気のエネルギーは結晶し、その霊妙なはたらきは固定する。これが「神気が谷中に入る」といわれる状態である。谷中とはみえざる気の空間〔炁竅〕のことである。

光の回転の努力がこの段階まで達すると、丹田のあたたかな気が一つにとけ合い、その気は下方の源泉〔下元〕から次第に上昇し、全身をつつむようになる。したがって、「肉身からつながった綿か宝玉のように元気が立ちのぼる」と言われるのである。

このとき、身心は快適となり、なごやかで、真の種子が生れようとしている。いわゆる「一粒の黄色い真珠」が発現してくるのである。

しかし、このような素晴らしい境地は、呼吸法の訓練と黄色い真珠を得る努力をつづけなくては至り得ない。一般的にいえば、その要点は、瞼を閉じ内面をみつめるときに、身心を投げすてるように努めることである。身体も心も忘れ去り、意識が外に向わなくなるとき、真の気はおのずとそこにとどまる。気がとどまれば、神（霊妙なエネルギー）もとどまる。神が気穴にとどまれば、気は自由に伸長し、身体は安らかでなごやかになり、真の種子がおのずと産み出されるのである。こうして長い生命〔長生〕は、自然に、容易に、獲得される。みえざる気の空間〔炁竅〕は、心臓の下方三寸六分のところにある。

第七章　回光活法（光の回転を活用する方法）

1　呂祖曰く、回光は循循然として行ひ去れ。正業を廃棄するを要せず。古人云く、「事、来らば、応に過ぐるを要す。物、来らば、識りて破るを要す」と。子、正念を以て事を治むれば、即ち光は物の為に転ぜず、光は即ち自ら回る。此の時は、時に無相の回光なり。尚、之を行ふべし。而して、況んや真正の著相の回光、有らんや。

呂祖師は言われる。光の回転の訓練は、順序を追って正しく行いつづけなくてはならない。その際、日常の仕事をやめる必要はない。古人はこう言っている。「事がやってくれば、引受けなくてはならない。物がやってくれば、それを根底に至るまで認識しなくてはならない」と。もしそなたが、正しい思いに従って（日常生活において）事を処理してゆけば、光は外的事物によって動かされることなく、それ自身に固有の法則に従って回転するようになる。これは、時として起る無相の光の回転ともいうべきものである。このような形で光の回転を行うことも可能なのである（言いかえれば、特別に瞑想の訓練をせずとも、日常の仕事を正しく処置してゆくことの中で、光の回転を行なうこともできる）。まして、既にはっきりと形をとった本当の光の回転（瞑想）を行なう場合はいうまでもないことである。

2　日用の間、能く刻刻に事に随ひて返照し、一毫も人我の相に着せず。(一五)便ち是れ、随地の回光なり。此れ、第一の妙用なり。

日常生活の中で、そのときそのときに起ってくる状況に対して、他者と自分の区別について何もとらわれることなく、光が反射するように〔自然に〕事を処理してゆくならば、それは、世界に従って生じる光の回転なのである。これが〔光の回転を活用する〕最初の秘訣である。

3　清き晨(あした)、能く諸縁を遣尽(けんじん)して、静坐すること一二時、最も妙なり。凡そ、事に応じ物に接するは、只だ返照の法を用ふ。便ち、一刻の間断も無し。此の如く之を行ふこと、三月両月なれば、天上の諸真、必ず来りて印証す。

朝早く、一切の世間とのかかわりを除き払って、一時間か二時間くらい瞑想することができれば、これは最もすぐれたやり方である。さらに、状況に対処し事物に応接するに当っては、全く客観的な光の反射のようなやり方で〔自己の主観的思念をまじえないで〕行なうようにする。このような努力を中断することなくつづけることができるならば、二、三カ月の後には必ず、天上から真人たちがやってきて、われらの努力に確証を与えてくれるであろう。

（注訳）前章では、修行の努力が次第に結実し、幸福なよい状態に入ってゆくことについて説明している。この章では、弟子が毎日少しずつでも努力して進歩し、生命の仙薬を早く獲得するように教えている。

しかしこのとき、祖師が逆に、日常の職業活動を放棄してはいけないと説かれるのは、どういうわけであろうか。読者はここできっと、祖師は弟子たちが仙薬を早く獲得することを望んでいないのだ、と疑うかもしれない。

識者は、これに対して答える。「そうではない。祖師は、弟子たちがまだ世間の業(カルマ)〔俗愿〕を果していないことを心配して、このように言われているのである」と。

さて、修行の努力が実を結んで深い境地に入ったならば、心は鏡のような水面に似た状態になる。物がやってくれば、それはそのままに物の姿を映し出す。物が去ってゆくと、精神〔神〕と気はおのずから再び一つになり、外的事物によって乱されることはない。祖師が「他人と自分の区別について、何ひとつ想念をまじえてはならない」と言われるのは、このことなのである。〔七―2〕

弟子がもし真の意志力〔真意〕を気穴に集中することができれば、光の回転を特に行わなくても、光はおのずから回転する。光が回転すれば、仙薬は自然に生み出される。その際、世俗的な仕事を一緒に行っても、何ら妨げになることはない。

けれども、瞑想の修行を始めたばかりで、精神〔神〕と気とがまだ散乱しているような段階では、やや事情が異なる。この場合には、世俗の仕事から離れることができず、静かな場所をみつけて全力をつくして修行の努力をつみ、世俗の務めからくるわずらいをさけることができなければ、彼は、朝のうちは勤勉に努力しても、夕方にはつかれて怠けてしまうことになるであろう。このようなやり方では、いつになったら深い秘密の境地にまで達することができるかわからない。

したがって次のように言われる。最初、修行を始めるに当っては、家での仕事はすべて放棄しなくてはならない。もしそれができない場合には、原則にてらして事を処理してくれる人にそれを任せ、自分は修行に専念できるようにしなくてはならない。もし修行の努力がつもって、奥深い確証の体験が得られるようになったならば、再びそれとともに日常の仕事を行い、(カルマを果すために)世間的な要求をみたすようにしても、べつにさしさわりはない。これが、光の回転を活用する方法〔回光活法〕とよばれるものである。

その昔、紫陽真人(七六)がこう言われたことがある。「修行するときには、世俗に交われば、しばらくその光を和らげる。そのとき、円は円であり、四角は四角である。彼はかくされた微妙なものをあらわすけれども、世間の人びとを自分に従わせるのでなく、逆に世間の人びとに従ってゆく。そして、故意に測ることなく、他の人びとに教えてゆく。表面だけをみても、誰も、その人の真の行為とかくれた能力を見通すことはできない。」このように説かれたのは、光の回転を活用する方法とは、光を和らげて世俗に交わって生きる、という意味をもっているからである。

第八章　逍遙訣（たましいの遊ぶ秘訣）

1

呂祖師曰く。
玉清(七七)は逍遙訣を留め下せり
四字は神を凝らせ、炁(き)穴に入る
六月、俄(にはか)に白雪の飛ぶを看る。
三更に又、日輪の赫(かが)やくを見る
水中に吹起し、巽(そん)風を藉(か)る
天上に遊帰し、坤(こん)徳を食(くら)ふ
更に一句有り、玄中の玄

無何有郷は是れ真宅なり

呂祖師は言われる。

玉清〔天心〕は、たましいの遊ぶ秘訣をこの世に留めおかれた

四字〔無為而為〕の教えとは、精神のはたらきを結晶させて、気の空間〔気の身体の穴〕に入ること

である

暑い六月に、突然、白い雪が舞うのを見る

深夜〔午前零時〕に、また太陽の輪が明るく輝くのを見る

水中に吹く風は、初夏の微風によって起り

たましいは天上に遊び、母なる大地の力を食べる

そして、深い秘密の中でも最も深い真理を示す一句がある

どこにもない場所こそ、真の家なのである

2　律詩一首、玄奥已に尽せり。大道の要は、「無為而為」（無為にして為す）の四字に外ならず。惟れ無為なるが故に、方所形象に滞らず。惟れ無為にして為すが故に、頑空死虚に堕ちず。この八行詩は、深い秘密を明らかにしている。偉大なる道を求めるに当って最も重要なことは、「行為することなく行為する」という教えにある。それは「行為しない」のであるから、外物の方角や場所、あるいは形やイメージなどに巻きこまれるのを防ぐことができる。またそれは「行為することなく行為する」のであるから、頑固な空や死せる虚しさの境地におちこむことはない。

瞑想　第四段階
諸条件の中心（縁中）

3　作用は一なる中に外ならず。而して枢機は全く二目に在り。二目とは斗柄(とへい)なり。造化を幹旋し、陰陽を転運す。其の大薬は則ち、始終、一水の中の金なり。即ち、水郷の鉛のみ。

たましいの作用は、一なる中心のはたらきのあらわれに他ならない。そしてその作用がひき起される旋回点は両眼にある。両眼とは、北斗七星の柄の部分〔天の北極〕のようなものであって、天地の運行をつかさどり、陰と陽の力を回転させる中心極である。大いなる仙薬の素材は、常に、一つの水の中の黄金、つまり水の領域の鉛に他ならない。（一―4）

4　前(さき)に回光を言ふは、乃ち初機を指点す。外に従ひて、以て内を制す。即ち、輔(たす)けて以て主を得るなり。此れ中下の士の為にして、下二関を修めて、以て上一関を透(とほ)る。(一九)今、頭緒〔頭路〕(一六)漸(やうや)く明らかに、機括は漸く熟す。天は道を愛(をし)まず、直ちに無上の宗旨を泄(も)らす。諸子、之を秘せ、之を秘せ。之を勉めよ、之を勉めよ。

これまで光の回転について説明してきたのは、悟りを開く最初の手がかりを指示し、それによって外から内へと〔心を〕制御するためである。これは、外から手助けをして〔心を〕支配するようにさせることである。このようなやり方は、初歩の段階にある弟子たちのために説かれたものであって、彼らは、身体下部の二つの関門を通る修行を終ってから、上方の最後の関門を通過するのである。今や、進んでゆく道は次第に明らかになり、悟りの機縁は次第に熟してきた。「天」は道を明らかにすることを惜しまず、直ちに最高の秘訣をもらしてくれるのである。そなたたちは、この秘訣をよく心に刻みつけ、努力を怠らぬようにせよ。

5　夫れ、回光とは其れ総名のみ。工夫進むこと一層なれば、則ち光華盛んなること一番にして、回光〔回法〕更に妙なること一番なり。前には、外に由りて内を制す。今は則ち、中に居て外を御す。前には即ち、主を輔相す。今は則ち主の宣猷を奉ず。面目、一大顚倒せり。
ところで、光の回転というのは一般的な用語にすぎない。修行の努力をつめばつむほど、光る華はより輝かしくひらき、光の回転（真理の回転）はさらに決定的となる。これまでわれわれは、外なるものを通じて内なるものを制御してきたのであるが、今や、中心に止まって外を支配する。これまでの努力は、主人の支配を助けるためであったが、今や、主人の命令と計画をひろめるのである。全局面はこうして全く逆になったのである。

6　法子、静に入らんと欲せば、先づ身心を調摂し、自在に安和にして、万縁を放下し、一絲も掛けず、天心は正しく中に位す。然る後、両目簾を垂るること、聖旨を奉じて以て大臣を召すが如し。孰か、敢て遵はざらん。次に二目を以て、内に坎宮を照す。光華到る所、真陽即ち出でて、以て之に応ず。
もしそなたたち真理の子が静かな境地に入ろうと欲するならば、まずその身心のはたらきを調節し支配して、安らかで調和のとれた状態におき、一切のかかわりを投げすて、ほんの少しのことも心にかけず、天上の心を正しく中心に位置せしめるようにしなくてはならない。それから両方の瞼を下げるが、それはちょうど皇帝陛下の意に従って大臣を召し出すようなものである。どうして、これに従わない者があり得ようか。次にはさらに、両眼が内なる「坎」の宮殿（深淵、水の領域、腎臓、女性原理）を照らし出すようにする。光の輝きが達するところはどこでも、真の明るい極光〔真陽〕が現われてこれに応じる。

7　「離」は外陽にして内陰なり。「乾」の体なり。一陰、内に入りて主と為り、物に随ひて心を生じ、順出して流転するなり。今、回光内を照せば、物に随ひて生ぜず。陰気は即ち住りて、光華注ぎ照らす。則ち純陽なり。同類は必ず親しむ。故に、坎陽は上騰すれば坎陽に非ざるなり。仍ち是れ、乾陽の乾陽に応ずるのみ。

「離」の卦（火、暖かいもの、男性原理）は、外側は陽で、内側は陰の状態である。それは「乾」（創造するもの、天）の身体なのである。しかし、一つの陰の気がその中に入りこんできて主人になってしまうと、心（意識）の動きは外物に従って生じるようになり、〔たましいのエネルギーは〕次第に外へ流出して、輪廻の流れに入りこんでしまうのである。ところが、回転する光が内側を照らすようになると、それは外物に従って生じることはないから、陰の気は動かなくなり、それを集中された光の花が照らし出すようになる。これが、純粋になった陽（極光）である（二―9）。同類のものは必ず求め合う。したがって、「坎陽」（深淵の火）は、上昇するときには、もはや「坎陽」ではない。それは、「乾陽」（上方の創造する光）が「乾陽」に出会うことに他ならない。

8　二物一たび遇へば、便ち紐結して散ぜず。絪縕として活動し、倏ち来り倏ち去り、倏ち浮び倏ち沈む。自己は元宮の中にして、恍たること太虚の無量なるが若し。偏身、軽妙にして騰らんと欲す。所謂、雲千山に満つるなり。

この二つのものが出会うと、それは固く結ばれて分れなくなる。根元の気が立ちのぼって生き生きと活動し、来たかと思えば去り、浮び上るかと思えば沈んでゆくというような状態になる。そのとき自分は、元宮（坎宮、下の水の領域）にいながら、うっとりとして、大いなる空虚が無限にひろがっているのを感じている。全身は軽やかになり、今にも上方へ浮び上ろうとする。これが「雲が山々にみなぎる」といわれる状態である。

9　次は則ち、来往すること蹤無く、浮沈すること弁ふる無し。脈は住り、気は停る。此れ則ち、真の交媾なり。所謂、月満水を涵すなり。

その次には、〔自分が〕何らの跡も残さずやってきたり去って行ったりするかと思えば、浮き上ったり沈んだりしても何ら気づかない。脈搏はゆるやかになり、呼吸もほとんどしなくなってしまう。これこそ真の（陽と陰、男性原理と女性原理の）交わりの状態である。これが「月は無数の水面に映っている」といわれる状態である。

10　其の冥冥の中を俟ちて、忽然として、天心一たび動く。これ則ち一陽来復する活子時（一）なり。

その暗黒の深みのただ中に、突如として、天上の心が活動を始める。これこそ「一つの陽がふたたび戻る」といわれる「生命の午前零時」の卦なのである。

（注釈）　これは智慧と生命が発現する時である。このときに、それをそのまま現われさせることなく、順序を逆にする。これを「油を添えて生命をつなぐ」という。仏となり祖となるかどうかは、この修行にかかっている。

11　然り而うして、此の中の消息は細説を要す。

ただし、このような状態の意味についてはくわしい説明が必要である〔以下にそれを説明しよう〕。

（注釈）祖師から祖師へと口伝で伝えられるのでなくては、これをすべて理解することは困難である。

12　凡そ人、一視一聴するに、耳目は物を逐ひて動く。物去れば則ち已む。此の動静、全く是れ民庶にして、天君反りて之が役に随ふ。是れ常に鬼と居るなり。

一般に、人があるものを見たり聞いたりするとき、目と耳はその対象を追いかけて動く。その対象が去ってしまえば、その活動も止む。こういう運動と静止は、すべて元来は庶民に属するものであって、かれらを支配すべき天上の君主が逆にかれらに使われ、従っている状態になっているのである。こういう運動と静止のくりかえしは、鬼〔陰の霊〕とともに住んでいると言われる状態である
（第二章の注釈、第三段参照）。

13　今は則ち、一動一静は皆、人と与に居す。天君乃ち真人なり。彼れ動けば即ち之と倶にして動く。動くは即ち天根なり。静なれば則ち之と倶にして静なり。静とは則ち月窟なり。静動は無端なること、亦、之と与に静動は無端なりと為す。休息し上下するは亦、之と与に休息し、

上下と為す。所謂、天根と月窟の間に来往するなり。

今や〔修行の努力が実を結ぶと〕心は、動くときも静止するときも、すべて鬼でなく人間とともにいる。つまり、天上の君主あるいは真人とともにいるのである。彼が動けば、それとともに動く。運動するのは天上の根拠である。静止しているときは、彼とともに静止している。この静止状態は、月の洞窟といわれる。呼吸の運動と静止がたえずくりかえされるときは、やはり彼とともに運動と静止がくりかえされるのである。休んだり、上ったり下ったりするときも、やはり彼とともに休んだり、上ったり下ったりする。これが「天の根拠と月の洞窟の間を行ったり来たりする」といわれる状態である。(三)

14　天心鎮静なるに、動きて其の時に違ふは、則ち之を失ふ、嫩し。天心已に動きて後に、動きて以て之に応ずるは、則ち之を失ふ、老なり。

天上の心がじっと静まっているのに、自分の心がそれに合わずに動くときは、真人を見失う誤りにおちいる。真人の成長がまだ若いからである。天上の心が既に動いた後に、自分の心が後からそれに従ってゆくときは、やはり真人を見失う誤りにおちいっている。真人が老化し、硬直しているからである。

15　天心一たび動けば、即ち真意を以て乾宮に上昇す。而して、神光、頂を観る。導引と為す。此れ、動きて時に応ずるものなり。

天上の心が動き始めるとき、自分の心は真実の情をこめて、上方の創造するものの宮殿へと上昇しなくてはならない。そして、精神の光は頂上〔乾宮〕を見る。これが先導するものである。このような状態は、心の動きが正しく時に合していることである。

16 天心〔天君〕(一三)は即ち乾頂に昇り、游揚(一四)として自得す。忽ちにして寂を欲すれば、急に真意を以て黄庭に引入る。而して、目光は中黄の神室を観る。

天上の心は創造するものの頂上〔乾宮〕へと昇り、全き自由の中で悠々とみち足りている。しかし、それが突然静寂に入ろうとするときは、真実の意欲を「中央の黄色い宮廷」に導き入れなくてはならない。そして、両眼の光は「中心の黄色」の精神の部屋を見るのである。

(注訳) 読者は、本書に合本した慧命経の中の瞑想法の図(法輪六候図、本書二八四頁)を参照し、この点についてよく理解すべきである。この図には、子(ね)の時(午前零時。尾骶骨の位置を指す)から息を吸いこむとともに、陽の火を逆方向に(上へ向って)天上の坩堝まで上昇させ、午(うま)の時(正午。頭頂)からは、息を吐き出すとともに追いて、天地の動きの神密な符合〔陰符〕が順を追って丹田(下腹部)まで降る方法が示されている。丹田とは黄庭のことである。思うにこれは、仏教で説いている永遠の「転法輪」という瞑想法に当る。道教では、すぐれた人間でなくては伝えるべきでないとされている精を練って気に返す秘密の瞑想法〔小周天〕である。これをよく理解すれば、不死の身体を産んで完成することができよう。

17 既にして寂ならんと欲すれば、一念も生ぜず。内を視る者は、忽ち其の視るを忘る。爾(こ)の時、身心は便ち当(まさ)に一場に大放し、万縁は迹(あと)を泯(ほろ)ぼすべし。即ち、我れの神室鼎爐、亦何所(いづく)に在るやを知らず。己が身を覓めんと欲するも、了として得べからず。此れ、天、地中に入ると為す。衆妙、根に帰するの時なり。（八五）即ち此れ、便ち是れ、凝神、気穴に入るなり。

こうして、天上の心が静寂になろうとするときは、ただ一つの思念すらも起らない。内を見つめている者は、たちまち、見ているということさえ忘れ去る。このとき、身心は完全に放たれてしまい、一切のかかわりは跡かたもなく消滅するであろう。自分の精神の部屋と坩堝とは、どこにあるかもわからない。自分の身体がどこにあるか探し求めても、どこにも見つけることができない。このような状態を、天が大地の中に入る、というのである。これは、老子のいう、すべての霊妙なものが根拠に帰るときである。正にこれこそ、「結晶した霊妙なはたらきが、みえざる気の空間〔みえざる身体の穴〕に入る」といわれる状態である。

18　夫れ一たび光を回らすや、始めにして散ずる者、斂まらんと欲す。六用行かず。此れ、本源を涵養すと為す。油を添へて命に接するなり。（八六）

一たび光の回転を始めると、最初散乱していたもの〔身体の気のエネルギー〕は集中しようとする。六つの感覚器官は、もはやはたらかない。これが「自己の本来の根源を養い育てる」ということである。それは、油を加えて生命につなぐことである。

19　既にして斂まれば、自然に優游して、繊毫の力も費さず。此れ、神を祖竅に安んずと為す。先天を翕聚するなり。

やがて気が集中し動きがおさまってくれば、おのずから自由に遊ぶ状態になり、ほんの少しの努力も必要としなくなる。これが「精神を祖先の空間に休息させる」という状態である。それは、創造に先立つ気を収め、集めることである。それは、

20　既にして影響倶に滅し、寂然として大いに定まる。此れ、炁穴に蟄蔵すと為す。衆妙、根に帰るなり。

やがて陰影も響きもともに消え去り、深い静けさの中に、大いなる三昧の状態があらわれる。これは、先天の気がみえざる気の穴に集中し貯蔵されたということである。すべての霊妙なはたらきは根拠に帰るのである。

21　一節の中に三節を具有す。一節の中に九節を具有す。具に是れ、後日発揮す。

右にのべた文章の中には、三つのパラグラフ〔18、19、20〕が含まれており、〔さらにそれぞれのパラグラフが各三つの句から成るので〕右の文には九つの句が含まれている。これについては、後にあらためて説明しよう（後述33、34、35参照）。

22　今、一節の中を以て三節を具すとは、之を言ふに、其の涵養に当りて初め静なり。翕聚も亦、涵養と為す。蟄蔵も亦、涵養と為す。後に至りては、涵養は皆、蟄蔵なり。中の一層は類推すべし。

ここで、一つの文の中に三つの節が含まれているといったが、それは次のような意味である。〔18節では本源を涵養することをのべ、19節では先天の気を翕聚することをのべ、20節はそれを気穴に蟄蔵することをのべた。この三つの節は、実は同一の事態を指している〕。最初の18節でのべた静寂な境地は、心の本来の根源を養い育てることによって達せられる。次の19節の先天の気を収め集めることも、実は心の本源を養い育てることに帰する。最後の20節の、集めた気を気穴に貯蔵することも、やはり心の本源を養い育てることに帰する〔したがってこの三つの節は同じことを説いているのである〕。最後の20節から出発して逆に説明すれば、最初の18節でいう本源を涵養することは、実は気を気穴に集中し、貯蔵することに他ならない。中間の19節の説明も、これと同様である。

23　処を易（か）へずして処は分（わか）る。此れ無形の竅と為す。千処万処も一処なり。時を易へずして時は分る。此れ無候の時と為す。元会運世も一刻なり。

〔瞑想によって到達される境地では〕場所をかえなくても、場所はおのずと分かれる。なぜなら、その場所は形なき空間であり、そこでは一千の場所も一万の場所も、結局は一つの場所に他ならないからである。また時間をかえなくても、時間はおのずと分かれる。なぜなら、その時間は測ることのできない時間であり、そこでは宇宙が生れてから滅びるまでの時間も、世界の運行も、ただ一瞬に他ならないからである。

24　凡そ心は、静の極に非ずんば、則ち動く能はず。動の動は忘動〔妄動（もうどう）〕にして、本体の動に非ざるなり。故に曰く、物に感じて動くは性の欲なり、と。若し物に感ぜずして動くは、即ち天の動なり。是れ、物を以て動くは性の欲なり、と知る。若し物を以てせずして、自ら動くは、即ち天の動なり。天の動を以てせず、天の性に対すれば、性の句は落下し、個(こ)〔箇〕の欲の字を説く。欲は物有るに在るなり。此れ出位の思と為す。動にして動有り。

一般に心というものは、静けさの極点にまで達しないかぎり、〔本当は〕動くことのできないものなのである。外物の動きによって動かされる運動は、誤った動きであって、心の本体が動くことではない。したがって、外物に刺戟されて動くのは、本性の欲望による動きである、といわれるのである。もし外物に刺戟されることなしに運動が起るならば、それはすなわち天が動くことである。かくて、外物に刺戟されて動くのは本性の欲望によるものであり、もし外物に刺戟されることなく、それ自身で起る運動があれば、それは天の動きであることが知られる。心が天の動きに従わず、天の本性に対立している場合には、本性という概念は天上から落下して、あの欲望という言葉がそれに代っているのである〔つまり心の本性という言葉は、欲望の意味に下落してしまっているのである〕。欲望というものは、物が存在するところに見出される。これは、心の本来の位置を逸脱した考え方であって、〔外物を求めて〕動きながら運動を実現しようとしているのである。

25　一念起らずば則ち、正念(八八)乃ち生ず。此れ、真意と為す。寂然として大いなる定の中にして、天機忽ちに動く。無意の動〔意〕に非ずや。無為にして為すとは、即ち此の意なり。

何らの思念も起らないとき、正しい思念がそこに生まれる。これが真の意志(理念(イデー))である。深い静けさの大いなる三昧（サマーディ）のただ中に、天の活動のあらわれが突如として動き出すのである。これこそ、意図することなき動き〔意図〕ではないか。行為することなき行為とは、正しくこの意味に他ならない。

26　詩首の二句は、全く金華の作用を括す。

この章の初めにあげた詩の最初の二行（二一三頁参照）はすべて、黄金の華の活動について要約したものである。

27　次の二句は是れ、日月、体を互（こう）〔互〕[八九]す意なり。六月は即ち離火なり。「白雪飛ぶ」とは即ち、離の中の真陰、将（まさ）に坤に返らんとするなり。三更は即ち坎水なり。日輪は即ち坎中の一陽、将に赫然として乾に返らんとするなり。坎を取り、離を塡（うず）[九〇]むは即ち其の中に在り。

この詩の次の二行は、太陽と月が相互に浸透しあっていることを意味している。第一行「六月、俄（にはか）に白雪の飛ぶを看（み）る」の句の「六月」は、「離」の卦☲で示され、シンボルは火である。「白雪が飛ぶ」というのは、「**離**」の中にある純粋な陰の力が「坤」（受容するもの、大地）にかえろうとしている状態である。第二行「三更に又、日輪の赫やくを見る」という句の三更（午前零時、深夜）の卦は「**坎**」☵で、シンボルは水である。したがって、この場合の太陽というのは、「**坎**」の中に一つの陽の力があって、光り輝きながら、「乾」（創造するもの、天）にかえってゆこうとする状態をあらわしている。「**坎**を取り去って離におきかえる」という瞑想の過程は、ここに説明されている。

28　次の二句は、斗柄の作用と昇降の全機を説く。水中は坎に非ずや。目は巽風たり。目光は坎宮に照入し、太なる陽の精を摂召す、とは是なり。天上は即ち乾宮なり。「游帰して坤徳を食ふ」とは、即ち神、炁中に入り、天、地中に入りて、火を養ふなり。

次の二行は、北斗七星の柄（天の回転の中心）の作用と、上昇下降のすべての過程について説明している。第一行「水中に吹起し、巽風を藉る」という句の「水中」は、「坎」の卦で示されるものに他なるまい。「巽風」（東南の微風）は眼を象徴する。したがってこの句は、両眼の光が坎の宮殿（下の水の領域）を照らしてその中に入り、偉大な陽の精気を養育し、よび出すことを示している。第二行「天上に游帰して坤徳を食ふ」という句の「天上」とは、創造するものの宮殿である。そこへ帰って坤徳（母なる大地の力）を食べるというのは、精神のエネルギーが気の空間に入り、天が大地の中に入って、気を結晶させる火を養い育てる過程を示している。

29　末の二句は是れ、訣中の訣を指出す。訣中の訣は、始終、離れては得ず。所謂、心を洗ひ、慮を滌ぎ、沐浴を為すなり。

終りの二行は、最も深い秘密を指し示している。この最も深い秘密は、常に、欠いてはならないものである。これが、心を洗い、思念を清める沐浴（洗い浴びること）[九二]といわれるものである。

30　聖学は「知止」を以て始め[九三]とし、「止至善」を以て終りとす。無極に始まりて、無極に帰す。仏は「無住にして心を生ず」を以て、一大蔵教の旨と為す。吾が道は「致虚」の二字を以て、性命の全功を完くす。

儒教の聖人の学は、「止まるを知る」ことをその教えの始めとし、「最高善の許に止まる」ことを教えの終りとする。その教えは、両極対立の彼岸から始まり、ふたたび両極対立の彼岸へと帰ってゆく。仏陀は、「無常なものが心（意識）を生み出す」という教えをその偉大な三蔵の教えの根本原則とされた。そしてわれわれ道教の場合は「空虚を実現する」という教えの中に、本性と生命を完成するためのすべての仕事が含まれている。

31　之を総ぶるに、三教は一句に過ぎず。死を出で生に入るの神丹と為す。

要約していえば、儒・仏・道の三教は、次の点で一致している。つまり、死から出て生へ入るための神秘な仙薬を見出す、という考え方は同じなのである。

32　神丹は何と為すや。曰く、一切処に無心なるのみ。吾が道の最も秘なる者は沐浴なり。此の一部の全功の如きは「心空」の二字に過ぎず。以て之を了とするに足る。今の一言に指破せるは、数十年の参訪を省卻せり。(三三)

神秘な仙薬とは一体何であろうか。答え――それは、いつどんなところでも無心の状態にある、ということに他ならない。わが道教の最も奥深い教えは「洗い浴びること」である。この書の中に説かれたすべてのはたらきは、「心が空になる」ということにつきている。これだけで、十分に説きつくしているといえよう。私がここに一言で示した教えに従えば、数十年の間、祖師たちの許を訪ねて弟子入りし、努力する手間がはぶけるであろう。

33　子輩、一節の中に三節を具するを明らめず。我れ、仏家の空仮中の三観を以て、喩と為さん。

私は先に、一つの文に三つのパラグラフが共に含まれているとのべたが（八―21、22）、そなたたちは、この意味がよくわからないようだから、以下に、仏教〔天台宗〕でいう空仮中の三つの縁起の見方を例にして説明しよう。

34　三観は空を先とす。一切の物は皆空なりと看る。次は仮なり。其の空を知ると雖も、然も万物は毀たず。仍りて空の中に於て一切事を建立す。既に万物は毀たず。而も又、万物に著せず。此れ、中観と為す。其の空観を修むる時に当りては、亦、万物の毀つべからざるを知りて、又、著せず。此れ、三観を兼ぬるなり。

天台宗でいう三観（三つの見方）は、まず空観から始まる。それは、一切の物は空 sūnyatá であるとみる。次の見方は仮観である。すべての物は空であると知っていても、それらは破壊（否定）されはしない。そこで、一切の事柄は空の中に打ち立てられる。しかし、このように一切の物を破壊しないとしても、それらに執着することはない。これが中観（中の見方、空観と仮観の統一）である。空観の修行をするときには、同時に、万物が破壊され得ないことを知りつつ、それに執着しないようにする。このようにして、三観は一つになるのである。

35　然れば畢竟して、空を看得するを以て得力と為す。故に、空観を修するに、則ち、空は固より空なり。仮も亦、空なり。中も亦、空なり。仮観を修するには、是れ、上の得力を用ふること居多なり。則ち、仮は固より仮なり。空も亦、仮なり。中も亦、仮なり。中道の時は亦、空の想を作す。然れども、名づけて空と為さずして、名づけて中と為す。亦、仮観を作すも、然も名づけて仮と為さずして、名づけて中と為す。中に至りては則ち、言ふを必せず。

しかしながら結局のところは、空を経験し体得することによって、力が獲得されるのである。そこで、空観の修行をするときは、空はいうまでもなく空であるが、仮観によってとらえられたものも実は空であり、中観によってとらえられたものも実は空である。次に仮観の修行をするときは、右にのべた力の獲得が大いに必要である。このときは、仮はいうまでもなく仮であるが、空観によってとらえられたものも実は仮であり、中観によってとらえられたものも実は仮である。これと同様に、中観の修行をするときは、やはり一切は空であると考えるのであるが、それを空とはよばないで中とよぶのである。また仮観を修行する場合であっても、それを仮とよばないで、中とよぶのである。中そのものについては、べつに説明する必要はないであろう。

36　吾れ、有る時は単に離を言ひ、有る時は兼ねて坎を説くと雖も、究竟して曾て一句を移動せず。開口に提して云ふ、枢機は全て二目にあり、と。所謂枢機とは用なり。用は即ち造化を幹旋す。造化を言ふは此に止まるに非ざるなり。六根七竅は悉く是れ光明蔵なり。豈に二目に取りて、他は概して問はざらんや。坎陽を用ふるは、仍りて離光を用ひて照摂す。此に即して便ち明らかなり。

また上述の説明で、私はあるときは単に「離」（火のシンボル、男性原理）についてだけのべ、あるときはそれとともに「坎」（水のシンボル、女性原理）についてものべた。しかし結局のところ、私が言っているのは同じことなのである。たとえばこの章の初めに、私は「たましいの作用がひき起される旋回点はすべて両眼にある」と説明した（八―3）。ここでいう旋回点とは、活動（はたらき）を意味している。その活動は、宇宙全体の創造と運行にかかわっている。しかし、宇宙の創造と運行が語られる場所は、何も両眼だけに限定されるわけではない。身体の六つの感覚器官と七つの穴は、すべて光明を内に蔵したものである。両眼だけをとりあげて、他のものは論じる価値がないという意味ではない。坎陽（水の領域に生じる光）について説いた場合も、「離」（火の領域）の光を用いて、他の場合はこれに含ませたのである（八―7）。このような例からみても、私の説明した趣旨は明らかであろう。

37　朱子雲陽師、諱（いみな）は元育、北宋の法派なり。嘗て云ふ、「瞎子（かっ）は道を修むるを好まず。聾子（ろう）は妨げず」と。吾が言と暗合す。特に其の主輔の軽重を表はすのみ。

北宋の道士朱雲陽という人は、実名を元育といった。彼はあるとき、こんなことを言った。「盲人は道の修行をすることを好まないが、聾者（つんぼ）は邪魔をしない。」この言葉は、私ののべたことと一致している。この言葉は、主人が重要なのであって仕える者は重要でない、という意味に他ならない。

38　日月は原（もと）、是れ一物なり。其の日中の暗処は、是れ真月の精なり。月窟は、月に在らずして日に在り。所謂、月の窟なり。然らずんば、自（おのずか）ら月を言へば足らん。月中の白処、是れ真日の光なり。日光、返りて月中に在り。所謂、天の根なり。然らずんば自ら、天を言へば足らん。
太陽と月（陽と陰）は、元来、一つのものである。太陽（陽）の中にある暗い場所（陰）は、真の月（純陰）の精である。したがって月の洞窟は、月にあるわけではなく、実は太陽の中にあるのである。先にのべた「月の洞窟」（八—13）というのは、このことである。そうでなければ、月についてのべるだけで十分であろう。また、月（純陰）の中の白い場所（陽）は、真の太陽（純陽）の光である。太陽の光は、逆に月の中に見出されるのである。これは「天の根拠」とよばれるものである。そうでなければ、天についてのべるだけで十分であろう。

39　一日一月、分ち開けば、是の半個に止まる。合し来りて、方（まさ）に一個の全体を成す。一夫一婦の如し。独居すれば室家を成さず。夫有り婦有りて、方に一家を算得して完全なり。
太陽と月とを別々に分けて考えると、それらはいずれも半分にすぎない。この両者が一つになって、はじめて一つの不可分な全体になるのである。それは夫と妻の関係のようなものであって、別々に別れて住んでいたのでは家族を構成することはできない。夫と妻が一つになって、はじめて完全に一つの家族がつくられたといいえるのである。

40　然り而して、物は道を喩（たと）へ難し。夫婦は分開して、両人たるを失はず。日月は、分開すれば全体を成さず。

けれども、比喩によって「道」を説明するのはむつかしい。夫と妻は別れても、二人のちがった人間であり得る。しかし、太陽と月（陽と陰）を分けてしまえば、それらは全体を構成することはできないのである。

41　此を知るは則ち耳目、猶、是のごときなり。吾れ謂ふ、瞎子は已に耳無く、聾子は已に目無し。此の如く看来りて、甚一物を説く。其両目を説く。甚六根を説く。六根は一根なり。甚七竅を説く。七竅は一竅なり。

このような関係は、耳や目についても同様である。私は、盲者には耳がなく、聾者には目がない、と言おう。このように考えた場合、一物とは一体何であるか。両眼とは一体何であるか。六つの感覚器官とは一体何であるか。全体性の観点からいえば、六つの感覚器官はただ一つの感覚器官である。七つの身体の穴とは、一体何であるのか。七つの身体の穴は、ただ一つの穴である。

42　吾が言は只だ、其の相通の処を透露するのみ。所以に両有るを見ず。子輩は、専ら其の隔処に執す。所以に処換に随ひて眼睛を卻く。

私はただ、本質的なものとして明らかになっている事柄だけをのべたのである。したがって私は、二つに分離したものは見ないのである。そなたたちは、分離されたものにばかりこだわっているので、どこにおいても、肝心のものを見失ってしまうのである。

（注釈）この章の始めには、次のように言われていた。「玉清は、たましいの遊ぶ秘訣をこの世に留めおかれた。四字の教えとは、気の空間に入ることである。六月に突然、白い雪が舞うのを見る。深夜にまた太陽が明るく輝くのを見る。水中に吹く風は、初夏の微風によって起こる。たましいは天上に遊び、母なる大地の力を食べる。そして、深い秘密の中でも最も深い真理を示す一句がある。どこにもない場所こそ、真の家なのである。」〔以下では、この詩の意味について説明しよう。〕

思うに、「道」の深い不思議さは、無によって生れ、そこに原因があるのである。〔瞑想によって〕神（霊妙なエネルギー）と気が一つになり、これを長くつづけると、空虚の中に、一点の真の火が生れる。このとき、神が静かになればなるほど、火はますますさかんになる。火のさかんな様子は、六月の炎暑のようである。このさかんな火によって、坎（下方の腎臓の領域）の水に加熱すると、水蒸気の熱は極点まで達し、沸騰点をこえると、雪が舞うように立ちのぼるのである。これが「六月に突然、白い雪が舞うのを見る」といわれている状態である。〔第三行〕

しかし、水が火によって熱せられ、蒸発を始めると、真の気が動き始める。ただし、陰が全く静かになったときに、陽が動き始めるのであるから、それはちょうど真夜中の状態に似ている。そこで道教では、これを「生命の午前零時」〔活子時〕というのである。このとき、意志をもって気をとり入れ、これを〔吸気とともに〕逆方向に上昇させ、〔呼気とともに〕順方向に下降させる。このやり方は、太陽が上昇し回転する様子に似ている。そこで「深夜にまた太陽が明るく輝くのを見る」といわれるのである。〔第四行〕

思うに、回転の瞑想法は、呼吸法による息の運動をかりて生命の門の火を吹き動かすのである。それによって人は、真の気を集めて根源の場所へと帰るのである。したがって詩の中で、「水中に吹く風は初夏の微風によって起こる」といわれているのである。〔第五行〕

こうして、みえざる先天の一気は、既に後天の呼吸の運動の力を得ることができた。吸気は、薦骨〔脊柱下部〕から逆方向に上へ昇って、「乾」（創造するもの）の頂上〔頭頂部〕へと至り、その「乾」の宮殿から下へ二つの階を降って、順方向に下腹部（太陽神経叢）へと入って、〔道の胎児を〕温める。したが

って、「たましいは天上に遊び、母なる大地の力を食べる」といわれるのである。〔第六行〕
真の気が虚無の場所に帰るとき、この訓練を長くつづければ、気の実体はゆたかに充足し、身心は快適になる。しかしながら、法輪を転ずる〔瞑想の〕努力によらなければ、どうしてたましいの遊ぶ境地にまで達することができよう。

この訓練の要点は、神（霊妙なエネルギー）を集中して神火を返し照らすところにある。静けさが極点に達すると動きが芽生えてくるが、この動きは、空虚な気穴の内にある水中に火がもえ出すことによって起こる。祖師が言われた「深い秘密の中でも最も深い真理がある。どこにもない場所こそ、真の家なのである」という末尾二句の意味は、このことに他ならない。〔第七、八行〕

ところで、この書で説いた教えについては、弟子たちの努力が次第に進み、深い体験の境地に入ったとしても、もし加熱と融解の方法を知らなければ、黄金の仙薬を完成することは困難である。そこで祖師は、昔の仙人や仏陀が固く秘して伝えられなかった秘訣を明らかにされたのである。

修行者が、神を集中して気穴にとどめるとき、静がその極点まで達すると、暗黒の中に、無によって生ずるものがある。これが偉大な一者の黄金の華〔太乙金華〕の出現である。

このとき、意識の光〔識光〕と本性の光〔性光〕とが区別される〔第十章参照〕。そこで、「外物に刺戟されて動くのは、エネルギーの自然な流出であり、それは人間（子供）を生み出す」といわれる〔三―3注釈〕。これを意識の光というのである。これに対して修行者が、真の気が十分に充足したとき、そのエネルギーを自然のまま流出させることなく、それを逆方向にする場合、これを本性の光というのである。水車の回転の方法を用いて、これをたえず回転させるならば、真の気は一滴一滴根拠に帰り、やがて水車は動きをやめ、車輪は静止し、身体は清浄となり、気はさわやかになる。

ところで、一回の回転は「一周天」とよばれる。これは邱祖[六四]が「小周天」とよんでいるものに当る。もし気が十分に充足するのをまたずにそれを用いれば、エネルギーがまだ若すぎるので、仙薬は生れない。もし気が十分に充足しているのにそれを用いなければ、エネルギーが老化しすぎているため、やはり黄金の仙薬は完成しがたい。老化もせず若すぎもしないときに、配置してこれを摂取するようにすれば、それは時宜を得たものである。〔八—14〕

ところで、このちょうどよい時の状態は、仏陀が「色即是空」といわれた状態である。それはつまり、精（精水）を煉って気に化すという意味である。弟子がこの理を知らず、気を自然に外へ流出させる場合には、気は精に変ってしまう。これを「空即是色」というのである。

けれども、凡夫は肉体をもって性交を行なうので、最初は快楽を感じるが、後に苦しさを感じる。精〔精液〕が流出すると、身体はだるくなり、神は使い果される。これは仙人や仏陀のやり方とは異なる。仙人や仏陀は、神と気を交合せしめるので、最初は清浄であり、後にはさわやかである。精は気に化し、身体はすこやかで調和がとれている。この点に関して、彭祖(九五)は侍女を用いて養生したので八百八歳まで長生きしたというような話が世に伝えられているが、これは誤りである。実際には、彼は、神と気を鍛煉する方法を用いたのであるが、世人はそれを知らないのである。煉丹術の書物ではよく比喩が用いられる。それによると、「離」の火は花嫁にたとえられ、「坎」の水は嬰児（永遠の少年 puer aeternus）にたとえられる。このため、彭祖はその男の性を女の性を採ることによって補ったというような誤解が生れ、後世の人びとを誤らせる結果になったのである。

道教の伝統においては、「坎を取りて離を塡む」という方法が用いられる。しかし、真意〔真の思念、意図〕によらなくては、この「坎」〔水、女性原理〕と「離」〔火、男性原理〕の調和は実現しがたい。この場合、真意は土に属するとみなされる。土の色は黄である。このため、煉丹術の書物では、真意を黄芽〔黄色い芽〕にたとえる。「坎」と「離」が交わると、おのずと黄金の華が現われる。黄金の色は白である。このため、白い雪をシンボルとして用いるのである。ところが、世人は煉丹術におけるシンボルを知らないために、誤ってそれを、黄（芽）と白（雪）によって金属や石をつくり出す術であるかのように考えている。これは大変な誤りといわなくてはならない。

ある古代の賢者はこう言っている。「元来、この宝はどんな家にも見出されたものである。ただし愚者は、それを知ってはいたが、十分にそれを理解できなかったのである」と。これによってわかるように、古人は自分の身体の内にある精と気を採取して長生を得たのであって、薬物を服用して寿命をのばしたわけではないのである。世人は、根本をすてて枝葉を求めた（根を失って梢にしがみついている）のである。

煉丹術の古典には、次のようにものべてある。「もし正しい人（白魔術師）が誤った方法を用いたときには、誤った方法はすべて正しくはたらく」と。これは、精を煉って気に化する意味である。「もし誤った人が正しい方法を用いたとしても、正しい方法はすべて誤ったはたらきをする」と。これは、男女の性的結合によって男女を生み育てることを意味している。

思うに、愚者は肉体の至宝を果てなき快楽のために浪費し、精と気を保持することを知らない。それらが尽きると、身体は滅び去る。聖賢の説いた養生の法とは、快楽への欲望をすてて精を保持することに他ならない。精を蓄積し、気を集めれば、気は十分に充足して、創造力にみちた健康な身体がつくられる。聖賢と凡人と異なるのは、エネルギーの逆行のやり方を用いるか順行のやり方を用いるかの差によるのである。

本書の要点は、呂祖師がくりかえし証拠を引き、節を追って指示されているように、弟子たちが欲望にかられることなく、「油を添えて生命をつなぐ方法」を認識することにある。その方法の大事な点は、一般的にいえば、両眼の間にある。したがって祖師はいつも、「旋回点は全く両眼にある」と言われるのである。〔八―3〕

ところで、両眼とは北斗七星の柄〔天の北極〕のようなものである。なぜなら天は、北斗の柄の部分を中心にして回転するからである。人間はこれと同様にして、真意を自己の主宰者とする。したがって黄金の仙薬の完成は、全く真意を調和させることに依存している。この教えは本書の次章「百日立基」の中に説いてある。したがって弟子たちは、修行の努力において勤勉であるか怠惰であるか、体質が強いか弱いかを観察して、自分たちの目標を定めるべきである。

もし弟子が熱心に努力するとともに、つよい体質〔すぐれた素質〕をもっているなら、秘訣を学んで水車を回転させるときには、意志と気の運行が調和し、百日のうちに真理を体得し、仙薬を完成するであろう。しかし、素質が弱く努力が不十分なものは、百日以上たっても、大いなる薬はおそらく完成しないであろう。

仙薬が完成されると、神と気は清明となり、心は空となって本性が現われる。そして、意識の光は本性の光に変化するのである。本性の光が存続しつづければ、「坎」と「離」（水と火）はおのずから交わり、聖なる胎児が結実する。聖胎の完成は「大周天」の力によるものである。そこで後の章には、周天の方法について説いている〔第十二章〕。本書はここで完結する。

養生の方法について論ずるに当っては、鼻端をはっきりと注視することを入門の教えとしている。これが、先にのべた「出発点となる方法」〔下手之法〕である〔第二章末の注釈を参照〕。この章でのべたのは〔集中するはたらきの方法〕〔転手之法〕である。「仕事を完成する方法」〔了手之法〕と「仕事から解放される方法」〔撒手之法〕については、すべて本書に合本した『続命方』（慧命経）の中にくわしく説明してある。

本書には、くわしい注釈をつけた。凡庸な者が無用な説明をすることは望ましくはない。願わくは、「道」を求める人びとはお互いによく研究してほしい。単に崇高な「道」の奥義をよく認識するばかりでなく、また長生の目的をも実現するように努めるべきである。私は師の教えを受け伝えたとはいえ、まだ「道」のほんとうの味わいを体得したとはいえない。このため、誤った注釈を加え、豚か猪のような誤りを犯したのではないかと恐れている。

私はさらに、徳のある君子が卑しい私の犯した誤りを正してくれるように希望したい。この書を一度よんだ人は、長生の方法を理解するであろう。その人は祖師がすべての衆生を救おうとされた親切な心の恩恵を受けていると言えるであろう。湛然慧真子、謹しんで記す。

第九章　百日立基（百日の基礎工事）

1　呂祖曰く、心印経（九六）に云ふ、「風を廻らし、混合すること、百日にして、功と霊あり」と。之を総ぶるに、基を立つること百日にして、方に真光有り。子輩は是の目光を尚ぶが如し。神火に非ざる也。性光に非ざるなり。慧智の炬燭に非ざる也。之を回らすこと百日にして、則ち精炁自足し、真陽自ら生ず。水中、自ら真火有り。此を以て行を持すれば、自然に交媾し、自然に胎を結ぶ。吾れ方に不識不知の天に在りて、嬰児自ら成れり。若し意見を略作すれば、便ち是れ外道なり。

呂祖師は言われる。心印経にはこうのべてある。「風（すなわち気息）を廻転させ、（気と神を）混合すれば、百日で仕事が終り、効果がみられる」と。一般的にいえば、百日の間基礎をつくれば、やがて真実の光が生れてくる。そなたたちはこの両眼の光を尊重しているようであるが、それはまだ精神の火ではない。本性の火ではない。また智慧の明るいたいまつでもない。これからさらに百日の間、この真実の光を回転させれば、純粋な気がおのずとみちてきて、真の光の原理〔真陽〕がおのずから生れるに至る。この光の原理を保持しつつ訓練をつづけてゆけば、おのずから男性原理と女性原理の結合が起り、おのずと胎児を生み出すに至るのである。われらは、識別することも認知することもできない天上にいながら、おのずからにして道の幼児を完成したのである。このことについて勝手に個人的な意見をのべるならば、誤った道に入りこむことになる。

2　百日基を立つとは、百日に非ざるなり。一日基を立つとは、一日に非ざるなり。一息基を立つとは、呼吸の謂に非ざるなり。息とは自心なり。自心は息と為る。元神なり。元炁〔気〕なり。元精なり。升降と離合は悉く心に従って起る。有無と虚実は、咸、念の中に在り。一息は一生に持す。何ぞ百日に止らん。然れども、百日も亦、一息なり。

百日の基礎工事というのは、文字通りの百日を言うわけではない。一日の基礎工事というのも、文字通りの一日を言うのではない。一息の基礎工事というのは、呼吸する時間のことを言っているのではない。「息」というのは、〔この文字が示しているように〕自心〔自分の心、心自り来るもの〕のことである〔四―1〕。自分の心〔心より来るもの〕が息である。それはまた根源的精神であり、根源的エネルギー〔気〕であり、根源的な種子である。それらが昇ったり降ったりするのも、合一したり分離したりするのも、すべては心の状態に従って起るのである。存在と無も、空虚と充実も、それらはすべて瞬間的な思念の中にある。一呼吸は、一生の間持続するものである。修行を百日に限定して考えるべき理由は何もない。しかも、百日もまた一呼吸にすぎない、とも言えるのである。

3　百日とは只だ力を得るに在り。昼間に力を得て、夜中に受用し、夜中に力を得て、昼間に受用す。

「百日」という日数をかかげたのは、単に、一定の能力を獲得することを目標にしているために、そう言ったまでのことである。昼の間に修行によって得られた力は、夜の間に享受され、これに対して夜の間に得られた力は、昼の間に享受される。

4　百日基を立つとは玉旨のみ。上真の言語、人身と応ぜざるは無し。真師の言語、学人と応ぜざるは無し。此は是れ、玄中の玄にして、不可解なる者なり。見性すれば乃ち知る。所以に学人は、必ず真師の授記を求めよ。性の発出に任せて、一一に皆、験す。

百日の基礎工事というのは、皇帝の命令のようなものである。〔従わなくてはならない。〕天上の真人たちの言葉は、すべて人びとの要求するところに合しているものであり、真の祖師たちの言葉はすべて、道を求める者の要求するところに合しているのである。この教えは深遠なものの中でも最も深遠なものであって、人間の理解を越えたものである。もし人が自分自身の本性を見きわめることができたなら、そのとき、彼はこの教えを理解できるであろう。したがって道を求める者は、必ず、真の師匠の認知を求めなくてはならない。そうすれば、本性が流出するのに従って、人は一つ一つの細部について経験することができる。

第十章　性光識光（本性の光と意識の光）

1　呂祖曰く、回光の法は、原、行往坐臥に通ず。只だ、自ら機竅を得るを要す。吾れ前に開示して云へり、「虚室、白を生ず」と。光は白に非ずや。

呂祖師は言われる。光の回転の方法は、元来、歩いているときでも立止っているときでも、坐っているときでも横になっているときでも、〔つまり、いつどこでも〕行うことのできるものである。大事なことはただ、自分自身で〔悟りの〕機縁となるみえない空間〔身体〕を感得することである。私は先に、〔瞑想すれば〕「空虚な部屋の中に白く輝くものが生れる」（六―8）と教えた。この光は白くないであろうか〔白い筈である〕。

2　但し一説有り。初め、未だ光を見ざる時、此れ効験と為す。若し見れば、光と為す。而して、意有りて之に着せば、即ち意識に落つ。性光に非ざるなり。子は、他に有光無光を管せざれ。只、無念にして念を生ずるを要す。

このようなことを言うのは、次のような考え方があるからである。瞑想する者がまだ光を見ることができないときには、光を体験することは瞑想が深まった証拠だと言ってよい。しかし一たん光を見た場合には、それは単に光にすぎない。ところが、思念が起ってその光にとらわれてしまうと、この体験は意識のレベルにまで落ちてしまい、光は本性の光ではなくなってしまうのである。そなたは、その光が存在の光なのか非存在の光なのか〔本物かどうか〕といったことに拘泥してはならない。大事なことは、何も考えない状態で、思念を生ぜしめるということである。

3　何をか無念と為す。千休千処に得るなり。何をか生念（念を生ず）と為す。一念は一生に持す。此の念は乃ち正念なり。平日の念と同じからず。

この場合、「何も考えない」というのは、どういう状態なのか。そういう状態は、いつでも、どこでも、われわれが休むときには見出されるものである。では「思念を生ぜしめる」というのは、どういうことであろうか。それは、一つの思念が生涯持続する、ということを意味する。このような思念は正しい思念である。それは、日常生活におけるさまざまな散乱した思念とは全くちがうのである。

4　今、心を念と為す。念とは現在の心なり。此の心は即ち光なり、即ち薬なり。

ところで、心は思念の全体であるといえる。思念というのは、今ここに存在している心に他ならない。この心が〔見方によっては〕そのまま光であり、また生命の仙薬なのである。

5　凡そ人、物を視るに、眼に任せて一照し去り、分別に及ばず。此れ、性光と為す。鏡の無心にして照らすが如きなり。水の無心にして鑑ずる如きなり。少刻にして、即ち識光と為る。光に識有れば、其の分別するを以てなり。鏡に影有れば已に鏡無し。水に象有れば已に水無し。

尚、何の光ぞや。

人が何かをながめているとき、視線の向かうままにその対象を照らし出し、何も考えない状態でいるとする。このような状態〔すなわち、主客未分の直接経験においてあらわれるもの〕が本性の光なのである。それはちょうど、鏡が、分別する心なしに、その表面にものをうつすようなものである。また、水が、分別する心なしに、水面にものの姿を宿すようなものである。けれども次の瞬間には、この本性の光は意識の光になってしまう。心が識別作用をはたらかせるからである。鏡に影があるときは、そこには実は、鏡は無いのである。水面にものの姿がうつっているときには、そこには実は、水はないのである〔そこにあるのは、うつされた姿である〕。したがって、光の体験に分別する意識がともなってくれば、それはもはや、ほんとうの光ではない。

6　子輩よ。初めは則ち性光なり。転念は則ち識なり。識起りて、光は杳として覓むべからず。光無きに非ざるなり。光は已に識と為れり。黄帝曰く、声動きて声を生ぜずして響を生ず、と。即ち此の義なり。

そなたたちはよく聞け。経験の初めには本性の光があるのだ。しかし、思念をはたらかせれば、それは意識になってしまうのである。いったん意識がはたらけば、〔本性の〕光は弱くなり、見出すことができなくなる。しかしこのことは、光が存在しないということではなく、光はもはや意識になってしまった、ということを意味する。黄帝が「声を発したが、声は生れないで〔無意味な〕音響が生れてしまった」と言っておられるのは、このような意味である。

7　楞厳推勘入門に曰く、「塵に在らず、識に在らず、惟だ根を選ぶ」と。此れ則ち、何の意ぞや。塵とは是れ外物なり。所謂、器界なり。吾と、了として相渉らず。之を逐へば則ち、物を認めて己と為す。

楞厳経の入門書には、こうのべている。「対象の中にでもなく、また意識〔主観〕の中にでもなく、ただそれらを生み出す根拠を見ぬくべきである。」この教えは一体、どういうことを意味しているのか。「対象」〔塵〕というのは外界の事物のことである。仏教でいう「器界」〔環境世界をそこに含まれたもの〕である。それは元来、自己に関係あるもの〔わがもの〕ではない。しかし人は、この外物を追求するとき、それをわがものとみなすようになる。

8　物には必ず還あり。戸牖を通じ還る。明は日月に還る。他を借りて自と為すも、終に吾が有に非ず。汝ならずして還る者に至りては、汝に非ずして誰ぞ。明は日月に還るとは、日月の明の還る無きを見るなり。天に日月無きの時有るも、人の日月の性を見る無きは、有らざる無し。若し然らば則ち、日月を分別するは、還りて与に吾が有と為すべきや。明暗に因りて分別するを知らざるは、当に明暗両に忘るるの時、分別何くにか在る。故に亦、還有り。此れ、内塵と為すなり。惟だ、見性すれば還無し。見を見るの時、見は是の見に非ず。則ち、見性も亦、

還るなり。還るとは、其の識念流転の見性に還るなり。即ち、「阿難よ、汝を流転せしむるは、
心目、咎と為るなり」と。

ものには必ず「かえる」という作用〔反転作用、主客の動的相関性〕がともなっている。入口や窓から入ってきたものは、必ず外へかえってゆく。明るい輝きは、〔その根源を求めてゆけば〕太陽と月にかえる。だからわれわれが、外のものをわがものと考えてみても、それらは結局わがものではないのである。ところが〔われの意識の立場からいえば〕汝のものでなくかえってゆくものも、汝のものでないものはない。しかし、明るい輝きが太陽と月にかえるということは、本来は、太陽と月の明るい輝きはかえるものではないということなのである〔つまり、「かえる」という反転作用は人間の意識の産物である〕。空に太陽も月も存在しないようなときがあるとしても、太陽と月の性質を知らないような人間は存在しない。もしそうだとすれば、われわれが太陽と月をそれとして識別する場合、われわれは果してそれらを共に、わがものとみなすことができるのか、どうか。対象を識別する作用は明るさと暗さの区別に依存するということがわかっていない場合、それは明るさも暗さも忘れてしまっているのであるから、識別する作用もどこにもないわけである。したがってこの場合には、〔外界の対象との関係ではなくて〕別種の「かえる」という作用があることになる。この作用は、心における内的対象との関係なのである。[六] 人間の本性をはっきり見ることができれば、もはや「かえる」作用もなくなる。対象を見ている状態をさらに見る場合、この「見る」は対象を見ることではない。しかも〔瞑想において〕本性を見るという場合にも、なお内的意味において「かえる」という動的相関性はともなっている。ただし、ここで「かえる」というのは、分別する意識の思念が流れ

てゆく中に見出される本性を知るために「かえる」ことなのである。〔首楞厳経に〕「アーナンダよ、そなたを生死輪廻の世界に流転させるのは、心の眼〔意識作用〕にその原因があるのだ」と説かれているのはこのことである。

9　初め還に入りて見を弁ずる時、上の七者は皆、明らかに其の一一に還有り。故に、見性に留まるには、以て阿難の柱杖と為す。究竟して見性すれば既に八識を帯す。真の不還にはあらず。最後に此を併せて亦破る。則ち方に真の見性と為る。真の不還なり。

最初に「かえる」作用をとらえて、「見る」という意識のはたらきを分析する場合、右にのべた七つの項目〔外物、来り去るもの、太陽と月、自己が外から借りたもの、外物との間に「かえる」作用がそれ以上起らない自己自身、内的対象、本性を見ること〕は、なおその一つ一つに「かえる」作用〔つまり主客の動的相関性〕をともなっている。したがってそれらは、人間の本性を求めてゆくに当って、アーナンダが生死輪廻の流れをこえるための支えの杖としたような役を果すのである。本性を究めつくそうとして努力してゆけば、その過程には既に、八つの識別作用〔唯識論でいう眼、耳識、鼻識、舌識、身識、意識、伝送識あるいはマナ識、アーラヤ識〕が含まれている。これらはまだ、「かえる」作用が本当になくなったものとは言えない。この八つの識別作用の深層をも突破したところに、真に本性を見るという境地に至る。これこそ、真の「かえる」ことなき状態である。

10　子輩よ。回光とは正に、其の最初の不還の光を回らすなり。故に、一毫の識念の用も着せず。汝をして流転せしむるは、惟だこの六根なり。汝をして菩提を成さしむるも亦、惟だこの六根なり。而して、塵と識とは皆用ひず。根を用ふるに非ざればなり。用ふるは其の根中の性のみ。

そなたたちはよく聞くがよい。光の回転というのは、正しくこの一切のものの始まりである「かえることなき光」を回転させることなのである。したがってそこには、意識の識別作用や私念のはたらきは、一筋の毛ほども付着してはいない。〔首楞厳経に説かれているように〕汝を生死輪廻の世界にみちびくものは、これら六つの感覚器官である。同様に、汝を悟りの世界にみちびくものも、この六つの感覚器官に他ならないのである。悟りを求めるときには、対象も意識も不要になる。なぜなら〔瞑想においては〕感覚器官そのものを用いるわけではないからである。用いるのはただ、感覚器官の中に含まれた本性の光なのである。

11　今、識に堕ちずして光を回らすは、則ち根中の元性を用ふるなり。識に落ちて光を回らすは、則ち根中の識性を用ふるなり。毫釐の弁、此に在るなり。

意識のはたらきにとらわれないでする光の回転は、感覚器官の中に含まれた根元的な本性を用いているのである。これに対して、意識にとらわれて行なう光の回転は、感覚器官の中の識別作用を用いているのである。この両者の間には全く微妙なちがいがある。

12　心を用ふれば即ち識光と為る。放下すれば乃ち性光と為る。毫釐と千里と、弁ぜざるべからず。

心をはたらかせて光を回転させれば、光は意識の光になってしまう。心のはたらきを捨て去ってしまえば、光は本性の光になるのである。このちがいは、ほんのわずかの微妙なちがいであるが、実は大変なちがいなのである。このちがいをよく知らなくてはならない。

13　識、断たざれば、則ち神生ぜず。心、空ならざれば、則ち丹結ばず。

意識のはたらきが切断されないかぎり、精神の霊妙なはたらきは生れない。心がすべてなくなってしまわなければ、生命の仙薬は結晶しない。

14　心、浄なれば則ち丹なり。心空なれば即ち薬なり。一物も着せず。是れ、心浄と名づく。一物も留めず。是れ、心空と名づく。空見を空と為す。空も猶未だ空ならず。空にして其の空を忘る。斯れ、真空と名づく。

心が清浄であることは、そのまま生命の仙薬なのである。われという心が何もないことは、そのまま生命の仙薬なのである。そこに何ものも付着していないということが、心の清浄とよばれる。そこに何ものもとどまっているものがないということが、心の空なることとよばれる。空を見るということは、空であることである。しかし〔見ることがあるかぎり〕それはまだ空であるとは言えない。空の状態にありながら、その空そのものをも忘れ去っている。これこそ真の空とよばれるのである。

第十一章　坎離交姤[九九]（女性原理と男性原理の結合）

1　呂祖曰く、凡そ精神を漏泄し、動きて物に交はるものは、皆離なり。凡そ神識を収転して、静にして涵に中るものは皆坎なり。七竅の外に走るは離と為す。七竅の内に返るは坎と為す。一陰は、色を逐ひ声に随ふを主とす。一陽は、聞に返り、見に収むを主とす。

呂祖師は言われる。一般的にいえば、霊妙な種子のはたらきを心から流出させ、動いて外界の事物と接触するものは、すべて男性原理〔離〕のはたらきである。これに対して逆に、霊妙なはたらきと意識を外から反転させて内に収め、静かにして心を養育するものは、すべて女性原理〔坎〕のはたらきである。人体の七つの穴を通じて外へ流出してゆくものは、男性原理のはたらきである。これに対して七つの穴の内へとかえすものは、女性原理のはたらきなのである。それぞれの陰のはたらきは主として、色彩をもつものを追いかけ、音声を発するものに従って動くものである。これに対してそれぞれの陽のはたらきは、主として、音声を聞けば自己の内へとかえり、色彩を見れば反転して内へと集まってくるのである。[一〇〇]

2　坎離は即ち陰陽なり。陰陽とは即ち性命なり。性命とは即ち身心なり。身心とは即ち神炁なり。一たび自ら息を歛(おさ)むれば、精神は境に縁じて流転を為さず。即ち是れ真交なり。而して、沈黙して趺坐する時、又、論無きなり。

女性原理と男性原理の関係は、陰〔闇〕と陽〔光〕の関係である。陰と陽の関係は、生命〔命〕と本性〔性〕の関係である。生命と本性の関係はまた、身体と心の関係でもある。この身心の本質が霊妙な気なのである。したがって息を自己の内へもたらしそれを支配できるならば、身心のエッセンスの霊妙なはたらきは、もはや環境的条件に従っていつまでも流れるようなことはない。これが男性的原理と女性的原理〔坎と離、陰と陽、水と火、等々〕の真の結合なのである。この結合は、沈黙して打坐し瞑想するときに生じることは言うまでもない。

第十二章　周　天（天をめぐらす）

1　呂祖曰く、周天(一〇一)は気を以て主と作(な)すに非ず。心を以て到るを妙訣と為す。若し、畢竟して周天とは如何ぞや。是れ、助長するなり。無心にして守り、無意にして行ふ。

呂祖師は言われた。小周天の瞑想法は、気そのものを主たる要因とするわけではない。そうではなく、心の内において気を現実のものとすることが大切なのである。もし「小周天とは一体何であるのか」と問われるならば、それは補助し促進することであると答えよう。それは、心を空にして心を見守り、するという意図なくして修行することである。

2　仰ぎて天を観れば、三百六十五度にして刻々に変遷す。而して斗柄は、終古不動なり。吾が心も猶、是の如きなり。心は即ち璇璣なり。炁は即ち衆星なり。吾が身の炁、四肢百体に原これ貫通す。十分に力を着くるを要せず。此に於て識神を鍛錬し、妄見を断除して、然る後、薬生ず。薬は有形の物に非ず。乃ち性光なり。而して即ち先天の真炁なり。然れども、必ず大定の後において方に見はる。並びに採法無し。採を言ふは大いに謬れり。

天空を仰いでみれば、それは三百六十五度にわたってたえず動いているが、北極星は昔から動いてはいない。われわれの心も、これと同じようなものである。心は中心の北極星のようなものであり、気とはそれをめぐる星々のようなものである。われわれの身体の内に潜在する気のエネルギーは、元来、身体のあらゆる部分にしみ通っているのであるが、必ずしも十分にその力を現わしているわけではない。そこで意識的精神を訓練して、誤った思いを断ち切れば、そこに生命の仙薬が生じてくるのである。仙薬とは形あるものではない。それは本性の光である。そしてまた、宇宙創造に先立って存在した真のエネルギーである。しかしそれは、偉大なる瞑想の三昧境の後から必ずあらわれてくる。このようにして仙薬を採集する方法は、他にはない。そういう方法〔たとえば物質的薬剤を用いて永遠の生命を得ようとするような方法〕を論じるのは、大きな誤りである。

3　之を見ること既に久しくして、心地、光明なり。自然に心空にして漏尽き、塵海を解脱す。

若し今日龍虎あるも、明日は水火なり。終に妄想となる。

瞑想によって本性の光を長くみつめてゆくならば、心の大地は光り輝くようになる。心はおのずと空しくなり、煩悩は消滅し、迷い苦しみの大海からぬけ出るのである。今かりに龍や虎のようなすばらしいものがあったとしても、それはいつの日か水や火になってしまう。心がとらわれているものは、こうしてすべて幻のようなものになるのである。

4　吾れ昔、火龍真人(一〇三)に受くる口訣は是の如し。丹書に説く所、更に何如(いか)なるやを知らざるなり。
私が昔、火龍真人から口伝で教えていただいた秘密はこのようなものである。私は、世間に行われている仙薬の処方書にどういうことが書かれているのか、全く知らない。

5　一日に一つの周天有り。一刻に一つの周天ある。坎離交わる処、便ち是れ一周なり。我の交は即ち天の回転なり。未だ能く、下、休歇(かつ)に当らず。所以に、交有るの時、即ち不交有るの時あり。
一日に一回、天はめぐる〔この大宇宙の回転と同様に、小宇宙である人間にも天の回転がある〕。一つの瞬間にも、一つの天の回転がある。女性原理と男性原理が結びつくところには、一つの天の回転が見出されるのである。自己の内で行われる両原理の結合は、そのまま大宇宙における回転なのである。けれども、大宇宙における天の回転は決して止むことはない〔しかし自己の内における天の回転は止むことがある」。したがって、大宇宙において二つの原理の結合が生じているにもかかわらず、小宇宙であるわれわれの内では結合が生じていない場合があるわけである。

〔注釈〕 一般に人間は、生れてからこの方、欲望にとらわれ動かされているので、毎日、心臓の火は上へ昇ってもえ、腎臓の水は下に降って消耗している。昼の間は静かさと心の養育がなされないので、神と気は結びつきにくい。だから、夜眠っているときに、ようやく陰と陽が結びつくことができるのである。しかし、瞑想して静かに神と気を結びつけ、それが極点にまで達したときには、一つのほんとうの陽の力がふたたび生れる。これが、自然に生じる生命あふれる子(ね)の時〔活子時、午前零時〕(一〇三)なのである。このときには、呼吸の調節法を用いて、神と気をその本来の根拠にかえしているのである。これがつまり「小周天」の瞑想法である。これ以外の方法として回光の方法を用いる場合には、「神」のはたらきをみえざる空間の身体〔気竅〕に集中する。この訓練を長くつづければ、真の霊気がおのずから生じる。これは「黄金の華がたちまちひらく」と言われているものである。この方法は加熱と溶解によっている。これは、小周天の静かな効果と基本的には同じものと言うべきである。

6 然れども、天の廻旋するや、未だ嘗(かつ)て少しも息(や)まず。果して能く陰陽交泰し、大地は陽和なり。我の中宮は正位にして、万物一時に暢遂(ちょうすい)たり。即ち丹経の沐浴(もくよく)の法なり。大周天(一〇四)に非ずして何ぞや。

しかしながら、〔人間が周天をしなくても〕大宇宙の回転は一刻もやむことはない。したがって、陰と陽はお互いに滲透しあって、大地はたのしく平和となる。〔人が小周天の瞑想を行えば〕自己の内なる中心の宮殿(中黄)は正しく位置し、すべての存在は、ただちにのびのびと調和がとれた状態になる。これが生命の仙薬の経典にのべられている「洗い清めて浴びる方法」である。したがってこの方法は、大宇宙をめぐらすことに他ならないではないか。

7　此の火候に中りては、実に実に大小不同有り。究竟して、大小別つべき無し。工夫、自然に到り得れば、坎離の何物たるや、天地の何等たるや、孰か交と為すや、孰か一周両周と為すやを知らず。何処にか、大小の別を覓むべきや。

瞑想の訓練期間には、まことに多様な体験の差別が得られる。しかし結局のところ、それらの経験をあれやこれやと区別する必要はないのである。修行がスムースに行えるようになれば、女性原理と男性原理とは何であるかとか、大宇宙とはどういうものかとか、二つの原理の結合とは何かとか、周天を一回行なったか二回行なったか、といったことはどうでもよくなる。そういう区別を考えてみても、どんな意味もないであろう。

8　之を総ぶるに、一身の旋運、極大は亦小なるを見得すると雖も、若し一たび廻旋すれば、天地万物、之と与に廻旋す。即ち方寸の処に在り、また極大と為す。

要約して言えば、全身の気をめぐらせるとき、一切の区別は消えて、極大は極小でもあることが体験される。が、ともかく、一たび小周天の瞑想をおこなえば、天地のすべての存在はそれとともに回転するのである〔大周天と小周天、大宇宙と小宇宙の一致〕。この体験は、一寸四方の場所〔両眼の間〕で生起する。したがってこの場所は、最も大いなる場所でもあるのである。

9　金丹の火候、要は自然なるや不自然なるやに帰す。天地は自ら天地に還り、万物は各、万物に帰す。之を強ひて合せしめんと欲すとも、終に合する能はず。即ち天の時亢旱にして、陰陽和せざるが如し。乾坤は未だかつて、一日も周らざるにあらず。然れども終に多少の不自然なる処有るを見得するなり。

黄金の仙薬を育てる訓練期間の問題は、要するに、自然な心で瞑想ができるか、不自然な心におちいるかの区別にある。天地はあるがままに天地として存在し、すべての存在はあるがままにすべての存在としてある。これを無理に自己の存在と一体にしようとしても、結局のところ一体にすることはできない。〔不自然な心におちいることは〕天候が不順で旱魃におそわれて陰陽の調和が破れたのと同じことである。天と地は決して一日も回転を止めたことはないのだが、〔訓練期間には〕いくらかの不自然な心が経験されることはさけられない。

10　我れ能く陰陽を転運し、自然に調適すれば、一時に雲蒸し雨降る。草木は酣適し山河は流暢たり。縦ひ乖戻すること有りとも、亦、覚すれば頓に釈く。此れ即ち大周天なり。

瞑想において陰陽を動かし、自然に調和し適合するようになれば、突然〔ひでりのときに〕雲がわき上り雨が降り、草木はよみがえって茂り、山河はのびやかになる。〔訓練期間には〕かりにうまくゆかないときがあっても、本性が目覚めてくればそれはやがて消滅するものなのである。そのとき、大宇宙の回転〔との一体化〕が起るのである。

11　問ふ。活子時は甚だ妙なり。必ず正子時を認定するは、相に着するに似たり。相に着せず、明らかに正子時を指さざる時、何に従ひて活子時を識らんや。

質問――「生命の午前零時」（陽の気の動き始めるとき）という教えはたいへん深遠です。しかし、もしこれを文字通りに午前零時のことと考えねばならないとすれば、外見にとらわれるように思われます。外見にとらわれずに、正確に午前零時に当らない場合には、どのようにして「生命の午前零時」を知ればよいのでしょうか。

12　即ち、活子時を識得すれば、確然として又、正子時有り。是れ二にして是れ一なり。正に非ず、活に非ず。総て、人、真を看得するを要す。一たび真なれば、則ち正ならざる無く、活ならざる無し。不真を見得すれば、何者か正と為し、何物か活と為さんや。

答え――「生命の午前零時」をはっきりと自覚すれば、そのときそこにこそ、正しい午前零時（陽の気の動き始めるとき）がある。両者は二つであるとともに一つなのである。それらは〔それだけでは〕「正しい」とも「生命ある」とも言えない。一般的にいえば、真理を自覚的に体験することが必要なのである。もし真理が自覚されるならば、いつどこでも、正しくないものはなく、また生命無きものもないのである。逆に、もし真理でないものを体験したとすれば、「正しい」ものや「生命ある」ものは、何ものも見出されることはない。

13a　即ち活子時の如きは、是れ、人の時時に見得するの所なり。畢竟して正子時に到れば志気清明にして、活子時は愈々覚めて発現す。人、未だ活なるものを明了に識得せずとも、只、正なる時候に向ひて験取せよ。

したがって「生命の午前零時」というのは、人がその時その時に自覚するものに他ならない。結局のところ、「正しい午前零時」に到達すれば、心の気は純粋で明るくなり、「生命の午前零時」はますます明らかに現われてくるのである。人は、「生命ある」ものをまだ明らかに認知できなくても、それを正しいときに体験できるように努力すべきである。

（注釈）ただし、人間の身体における「生命の午前零時」というものは、静が極点にまで達したときに現われてくるものである。それは、夜の「正しい〔文字通りの〕午前零時」にだけ現われてくるものではない。

13b 則ち、正なるものは現前し、活なるものは神妙ならざるは無し。

こうして、正しいものが現われ、生命あるものはすべて、おどろくべき微妙なはたらきを示すのである。

第十三章　勧世歌（民をはげます歌）

1 呂祖曰く、吾れ世を度するに、丹中の熱に因る。婆心并びに饒舌を惜しまず。世尊も亦、大因縁の為に、生死の真に惜しむべきを直指す。老君も也、患ふるは吾身に有り、谷神の人の識らざるを伝え示す。吾れ今、略説し、真路を尋ぬ。

呂祖師は言われる。私は、世の中の人びとを救うために、生命の仙薬に加熱する方法を教え、老婆のように親切で、くわしい説明をあえてしてきた。釈尊もまた、この世に仏として出現された大いなる理由によって、人間の生死輪廻〔をこえた真理〕について、真に尊ぶべきことを明らかに示されたのである。老子もやはり、おのれの身体のありようについて心配され、世間の人びとが知らない「谷神」（六—7参照）についての教えを伝えられたのである。私はここで、その教えを要約し、ほんとうの道を探究しよう。

2　黄中の通理は大易に載す。(一〇五)正位にして体に居るは、是れ玄関なり。子午の中間に、定息を堪す。光、祖竅を回れば、万神安し。薬産は川原の一炁出づ。(一〇六)変化に透模して金光有り。一輪の紅日、嘗て赫赫たり。世人、坎離の精を錯認す。心と腎と間隔を成すを搬運するも、如何にして人の道、天心に合せんや。

天、若し符すれば、道は自ら合す。万縁を放下して毫も起らず。此は是れ、先天の真の無極なり。太虚は穆穆として、朕兆は捐たり。性命の関頭に、意識を忘る。意識忘れて後、本真を見る。水清くして、珠は現はる、玄は測り難し。無始の煩悩、一旦、空なれば、玉京は九龍の冊に降下す。雲漢を歩みて天関に登り、雷霆を掌し、霹靂を駆す。

凝神と定息は是れ初機なり。密地に退蔵するは、常寂と為す。

「黄色の中心」をつらぬいている原理は、偉大な『易経』に語られている。正しい姿勢をとって身体〔本体〕の中にいることは、神秘の関門の前に立つことを意味している。〔瞑想を始めたら〕深夜〔午前零時〕と真昼〔正午〕の間、呼吸を調えて堪えねばならない。瞑想して、光が先天的空間〔みえざる身体〕をめぐるようになれば、すべての霊妙なはたらきは調和する。生命の仙薬の誕生は川の水源〔水の領域、下腹部〕から起り、一つの気が立ちのぼる。さまざまの変化や変形のまっただ中を通って、黄金の光が経験される。そのときから、真紅の太陽が明るく輝き始める。しかしこのとき、人びとはよく、女性原理と男性原理の種子を誤解することがある。心臓〔中丹田、意識の座〕と腎臓〔下丹田の水の領域〕のエネルギーがまだ離れているのに、これをいかに結合しようと努力しても、人間の内なる「道」は天上の心と結びつくことはできない。〔したがって、さらに修行をつまなくてはならない。〕

天が人間の中なる「道」と合致する段階まで至れば、人間の中なる「道」と天なる「道」は一致する。そのときは、自己をとりまく一切のものは放下されてしまい、少しも妨げとはならない。これこそ、天地に先立ってある真の究極的な、何もない極である。大いなる空虚は静かで美しく、一切の兆候は捨て去られて何もない。永遠な本性と生命の入口に立って、心はすべてを忘れ去ってしまう。われを忘れ果てた後に、本来的な真理がみえてくる。水が清くなって、宝玉が現われてくる。その深遠さは、人間の理解を超えたものである。始めもなくつづく煩悩の妨害が消え去れば、宝玉の都は七つの龍〔人体の九つの穴か。口、両眼、両耳、両鼻孔、肛門、尿道〕の防壁をこえて下ってくる。そのときたましいは雲の上を歩き、天上の関門〔上関か〕[107]に登って雷鳴と電光を手中に握り、落雷と雷電を自在に駆使するに至るのである。

霊妙なはたらきを結晶させ、呼吸をぴたりと静めてしまうことが、悟りの最初の機縁になるのである。たましいの深い秘密の大地に退いて隠れ住むとき、そこには永遠の静けさがある。

3　吾れ、昔、張珍奴(一〇八)の二詞を度す。皆、大道有り。子後と午前とは時に非ざるなり。坎離のみ。定息は、息息として根に帰る。中黄なり。坐するは、心不動なり。夾脊(けふせき)は背上の輪子に非ず。(一〇九)乃ち、玉京に直透する大路なり。雙関とは、此の処、言ひ難きもの有り。「地雷、震動して、山頭に雨降る」とは、真気の生ずるなり。「黄芽、土を出づ」とは、薬生ずるなり。小小二段、已(すで)に修行の大路を尽す。此を明らむれば、人言に惑はざるべし。

私は昔、張珍奴のつくった二つの言葉について弟子に説いたことがある。どちらの言葉にも、大いなる「道」が見出される。午前零時以後の時と正午以前の時は、ほんとうは時間ではない。それは女性原理と男性原理の動きに他ならないのである。〔瞑想は朝がよい、という意味か。〕呼吸を静かにすれば、一呼吸ごとに、たましいはその根拠に帰ってゆく。その根拠の「場所」こそ、中心の黄色なのである。打坐するとは、心が動かないということである。瞑想法でいう「夾脊」は、背中の上にある小さい輪ではない。それは宝玉の都に直ちに至る大いなる道である。二つの関門については、その場所を示すことは困難である。「大地の底から雷が震動し、山頂に雨が降る」という句は、真のエネルギーが発生したことを意味している。「黄色い芽が土の上に現われる」という句は、生命の仙薬が生れたことを意味している。わずかな教えではあるが、この二つの句に修行の大道は言いつくされている。これをはっきりと体得できれば、どんな言葉にも迷わされることはあるまい。

4　昔、夫子、顔子と太山の頂に登り、呉門の白馬を望む。顔子見て、疋練と為す。夫子、急に其の目を掩ひて、其の太用の眼力を恐る。神光は走り落つ。回光、勉めざるべけん哉。

昔、孔子は、弟子の顔回とともに泰山の頂上に登って、呉門という場所にいる白い馬を遠望したことがある。そのとき顔回は馬を見て、光り輝く絹だと思った。しかし孔子は、急に眼を蔽って、眼の力が過度に緊張するのを心配した、という。霊妙な光は、急速に消え失せる。光の回転に努力しなくてはならないのはこのためである。

5　回光は、純心に行ひ去るに在り。只、真息凝りて中宮を照らすを将つ。之を久しくして自然に、霊に通じ、変に達するなり。総じて是れ、心静にして炁定まるを基と為す。心忘れ、炁凝るを効と為す。心空なるを丹成ると為す。心炁渾一するを温養と為す。心を明らかにし、性を見るを了道と為す。

光の回転の訓練は、純粋な心で徹底して行いつづけるべきである。そしてただ、真の呼吸のエネルギーが結晶して中心の宮殿を照らし出すのを待てばよいのである。この訓練を長くつづけてゆけば、おのずから、霊妙なはたらきがわかり、どんな場合にも自由自在になれるのである。一般的に示せば、心の静けさと気息が集中するところに瞑想法の根本原則がある。わが心を忘れ、気のエネルギーが結晶するところに、瞑想の効果があらわれてくる。心が全くの空になるとき、瞑想によって仙薬が完成したと言える。心と気のエネルギーが渾然として一体になることが、〔道の胎児を〕温め養育することである。そして、心の本質を明らかにし、本性を実現することが、「道」の完成なのである。

6　子輩、各〻(おのおの)宜しく力行し去るを勉むべし。錯過の光陰は惜しむべきなり。一日行はざれば、一日即ち鬼なり。一息此を行なへば、一息に真仙なり。之を勉めよ、之を勉めよ。

そなたたちは、それぞれに、徹底的に努力しつづけるように心がけよ。あやまった状態で時を送ることは残念なことである。一日修行を怠ければ、一日はデモンになる。一呼吸でも修行をすれば、その一呼吸に真の仙人となる。努力せよ。努力せよ。

注　文末の（M）は目幸黙遷氏の注釈によったことを示す。

一（訳注）「天心」は元来は、(a)人格化された天の心、あるいは天の意志、(b)空の中心、天頂を意味する。瞑想法上の用語としては、瞑想において体験される「道(タオ)」をあらわす。それは大宇宙の中心であるとともに、小宇宙としての人間の存在の中心を意味する。（M）

二（訳注）太上老君。老子の尊称。

三（訳注）東華帝君。全真教の五祖の最初におかれる伝説的人物。王という姓が知られるのみで、時代はわからない。崑崙山に住んだという。全真教では、その教えは東華帝君から鐘離権をへて、呂巌に伝わったとする。

四（訳注）某は自称。わたくし。道蔵輯要本では「巌」。（以下では巌と略記。）

五（訳注）明代から、宋の張紫陽の金丹道の教えが全真教の南宗とみなされるようになり、旧来の全真教の流れを北宗とよぶようになった。

六（訳注）〔 〕内は輯要本。許祖というのは、東晋時代の許遜のこと。底本に収められた「太乙金華源流」という短文には、「源は是れ上清派なり。茅君を以て第一代と為す。茅君、十伝して其の真を浸失す。晋初、蘭公、之を斗中孝悌王に得て、諶母に伝ふ。諶母、許祖に伝へ、許祖、十大弟子に伝ふ。再び七代、玉真中黄両先生、之を継ぐ。継ぎて又、伝を失ふ。康熙戊申に至り、呂祖宗旨を伝授し、太乙金華と改名す」（下略）とある。文中にみえる上清派は、両晋（二六五―四二〇）のころ、江蘇省の茅山を中心に起った教団である。また元明代に起った浄明道という教団では、許遜を教祖とし、『太上霊宝浄明宗教録』によると、孝悌王―蘭期―諶嬰―許遜―（20代）―劉玉真という系譜を伝えている。（窪徳忠『道教史』山川出版社、三五一頁以下）。右の短文は、この伝承によっているらしい。なお底本には、「許旌陽真君原序」という序文が収められている（許遜は、湖北省旌陽県の知事だったので、許旌陽とよばれる）。許遜の信仰は、宋の何進公によって始められ、元の劉玉真によって確立されたものである。

これらの伝承を綜合すると、本書の教えは、上清派・全真教・浄明道という、系統の異なる三つの教団の流れと関係をもっていることになる。

七（訳注）「水郷の鉛」という言葉は、陰の原理の純粋な状態を指す。瞑想ではふつう、打坐して心が静かになった状態をいう。瞑想における錬丹は、純陰から純陽への転換を意味する。（M）ユングはこの句を、いろんな卑金属から共通（一味）の貴金属（仙薬としての金丹）が抽出される、という意味に解している。本書一〇四頁、注三一参照。

八（原注）この注釈はおそらく、十七ないし十八世紀にさかのぼるものであろう。（以下訳注）第八章末尾の注釈（二三九頁）によると、注釈は底本の編者慧真子が記したものと思われる。とすれば、十九世紀末である。底本では、注釈の部分は細字二行の割注の形で記されている。本書では、訓読文はあげず、現代語訳のみを記す。ただし（　）で主な原語を示した。

九 （訳注）「プラーナ」prāna はヴィルヘルムの挿入。これはインドのヨーガで用いる言葉で、中国でいう「気」に近い概念である。ヨーガでは呼吸法をプラーナ・ヤーマというが、これは「プラーナの制御」という意味である。

一〇 （訳注）「回光」はさしあたり、「瞑想法」の意味に解しておけばよい。この言葉には、瞑想にともなう光の幻覚体験が前提されている。また、慧命経（本書二七七頁以下）に「転法輪」または「小周天」という瞑想法のことが記されているが、これは尾骶骨から脊柱（督脈）に沿って気（集中した思念）を上昇させ、正中線（任脈）に沿って下腹部に降し、身体の前後を循環させる方法である。回光という用語には、こういう瞑想上の技法も念頭におかれているのであろう。またこの小周天のような気の流し方は、漢方医学でいう気の自然な流れ方を逆行させるものである。回光を「逆法」とよんでいるのはこのためと思われる。

一一 （訳注）黄帝内経。漢代初めごろ作られたと思われる古代の医書。現存のものは後代の手が加わっているが、「素問」「霊枢」の二篇によって原形がうかがえる。

一二 （訳注）上清黄庭内景経などによれば、「寸田尺宅」は三丹田、すなわち上丹田（両眼の間）、中丹田（心臓）、下丹田（下腹部）を指す。（M）この三丹田は、瞑想のとき思念を集中する場所として重視される。ただしこの文では、寸田尺宅を上丹田と解している。

一三 （訳注）「黄庭」の「黄」は、東を朱、西を白、南を青、北を黒で示すのに対し、中心を示す色。また「庭」は方位の中心を味する。（M）

一四 （訳注）「玄関」は「道」の入口。（M）

一五 （訳注）「竅」は穴。ヴィルヘルムは「空間」Raum とか「胚胞」Keimblase と訳している。感覚をこえたみえざる空間における身体ともいうべきもの。「胚胞」という訳については、本書一〇三頁の訳注二七を参照。

一六　（訳注）法身 Dharma-kāya は仏の究極の身体。本書一〇七頁、訳注四九を参照。

一七　（訳注）道教の世界観では、天界を九層（九霄）に分け、地下界も九層（九泉）に分ける。（M）

一八　（訳注）高上玉皇心印経という道教の経典。（M）

一九　（原注）楞厳経は仏教の Suramgama-sutra である。（以下訳注）正確には首楞厳経。

二〇　（訳注）「沉」は「沈」の別字。底本はすべて「沉」を用いているが、本訳書では、以下「沈」にあらためた。

二一　（訳注）「返照」は、沈む太陽が東の方へ向って放つ光をいう。（M）

二二　（訳注）「天機」は、天あるいは道の神秘なはたらきを示す。擬人化すれば上帝の意志。（M）

二三　（原注）天上、大地、地獄。（以下訳注）「三界」という言葉はふつう、仏教用語で欲界 kāma-dhātu 色界 rūpa-dhātu 無色界 arūpa-dhātu を指す。ヴィルヘルムは西洋流に解したのであろう。

二四　（訳注）中国の古い考え方では、心臓は意識の座とみなされた。

二五　（訳注）「真意」は、欲望の気にまどわされず、天心のあらわれとして、静かな状態にある高いレベルの意識。（M）

二六　（訳注）原文は「以意生身」。このような表現は楞伽経 Laṅkāvatara-sutra の漢訳などにみられる。（M）このあたりの文には、唯識論が影響していると思われる（楞伽経は唯識論の経典）。

二七　（訳注）輪廻説が念頭におかれている。（M）

二八　（訳注）九は極限数を示すので、九天九地は「天地の果て」というくらいの意味であろう。（M）

二九　（訳注）宋の儒者張載（1020—1077）などがよく用いた言葉。形なき気の本来の体を示す。（M）

三〇　（原注）光はここでは世界の原理、つまり積極性の極を意味するものであって、輝く光をいうのではない。

三一　（原注）ここには〔以下に〕再生の四つの段階が示されている。水と精神（聖霊）による再生は、滅ぶべき肉体の中に霊的身体が生れることである。ここにはパウロとヨハネの思想に似た点がある。

三二 (原注) 善人は、死に際して、暗い衝動の中を動いているが、彼がその中につつまれている五重の現存する精霊は、五官の領域に限定されており、したがってまだ現世にとらわれている。再生は、第六の精神の領域へとはたらきかける。(以下訳注) ヴィルヘルムのこの注は何かの誤解であろう。彼は「六通之金仙」を「六重の現存する精霊」sechsfach gegenwärtigen goldenen Genius と訳して、右の注を付している。しかし、この六通は明らかに仏教でいう六神通(天眼通、天耳通、他心通、宿命通、如意通または神足通、漏尽通の六つの超能力)を指している。

三三 (原注) 老子の弟子。(以下訳注) 関尹は関所の役人の長。尹喜という名であったという。老子は、函谷関で彼の為に道徳経を書いて西に去ったといわれている。

三四 (訳注) 〔 〕は輯要本。ヴィルヘルムは Samenperle (種子の真珠) と訳す。

三五 (訳注) ここの原文の「神識」は「元神の識」なのか「識神」なのか、よくわからない。ここでは一応、ヴィルヘルムに従って精神的意識 das geistige Bewußtsein と訳した。目幸氏に従えば、「元神は陽の光に従い、識神は外界に流出する」と訳される。

三六 (原注) たましいの二つの極は、ここでは、ロゴス(心臓、意識)とエロス(腎臓、性)であって、前者は火の卦(離)に属し、後者は水の卦(坎)に属するものとして対比される。「自然的な」人間は、この二つの力を外に向ってはたらかせる(知性と生殖)。そのため、二つの力は「流出」し、消耗する。これに対して達人は、二つの力を内へ向け、両者を結合する。それによって両者はお互いに結実し、たましいの血気さかんな、したがって強力な精神の生を生み出すのである。

三七 (訳注) 上丹田(両眼の間)を「祖土」とも「先天の竅」ともいう(太一—6参照)。

三八 (訳注) 道教における九泉(九層の地下界、訳注一七)か、あるいは仏教における十界(地獄・蛾鬼・畜生・修羅・人間・天・声聞・縁覚・菩薩・如来)のうち、如来を除く九界と思われる。(M)

三九 (原注) ここで「個体化」Individuation と訳した 団 Ho という字は、「囲み」の中にある「力」のしるしで書かれている。したがってそれは、モナド（個体）に刻印されたエンテレキー〔質料が形相を得て現実化したエネルギーの完成態〕の形を示している。それは力の統一が解き放たれたことであり、肉体化に至る発芽力をともなった力の統一を内に包んだものである。その過程は、一つの声と結びついたものとしてあらわされる。経験的にいえば、それは受胎と一致している。そのとき以降、誕生によって個体が光〔この世〕にもたらされるまで、たえざる「発展」と「展開」が行われる。その後、その発展は自動的に進行し、力が汲みつくされて、死に至るのである。（以下訳注）団は力を出すときのかけ声をあらわす言葉。

四〇（原注）仏教の Suramgama-sutra（首楞厳経）

四一（原注）道教の経典。（以下訳注）陰符とは、神聖な天機の解放と時機の解放とがひそかに符合するという意味。（M）

四二（原注）後代の道教の著作。神秘的君主黄帝に由来するという。（以下訳注）後代は誤り。古代の書。

四三（訳注）仏教でいう大千世界。

四四（訳注）「冷暖自知」は仏教、特に禅で用いる語。（M）悟りの体験は、冷たさや暖かさをみずから体験してはじめてその意味がわかるように、各人が自分で経験する外はないという意味。

四五（訳注）仏教用語。悟りにおいて、存在をそのあるがままにとらえたときの世界の姿。大宇宙と小宇宙、物的宇宙と心的宇宙の一致における直接経験を示す。（M）

四六（訳注）儒教の理気説（朱子、陽明など）の用語。智恵の完成を意味する（M）。陽明は致良知という。

四七（訳注）〔 〕内は輯要本。強調する意味。

四八（訳注）禅の用語。月を指す指を、月そのものとまちがえてはならない。（M）

四九（訳注）垂簾は瞼をとじること。

五〇（原注）止観（固定させる瞑想）は、仏教の天台宗の瞑想法である。この方法は、呼吸法の訓練によって感情を静めることと瞑想（観想）とをかわるがわる行う。その方性の二、三を紹介する。「諸縁」

というのは状況とか「環境」のことで、これが「原因」(因)とともに作用して、妄想の循環を生じる。これに対して「縁中」(諸縁の中心)には、文字通り「諸現象の流れの中にある静止した極」がある。(以下訳注)止観は、天台宗の開祖智顗(538—597)の『摩訶止観』の修行法を指す。

五一 (訳注)「縁中」という語は「縁起中道」から来たものと思われる。(M)

五二 (訳注)この二句は、達磨と慧可の問答から引用したもの。(M)

五三 (訳注)このような方法は、天台小止観(初学坐禅止観要門)にのべられている。(M)

五四 (訳注)以下に「昏沈」と「散乱」についてのくわしい説明があるが、この二つの言葉は、唯識論でいう心所(心理作用)の百法の中、随煩悩の項に出てくるものである。成唯識論の説明では「惛沈」は「心をして境に於て無堪忍ならしむるを性と為し、能く軽安・毘鉢舎那(びばしゃな)を障(さ)ふるを業と為す」という。心が瞑想の状況に堪え切れず、静かな境地に入るのを妨げる作用である。また「散乱」は「諸所の縁に於て心を流蕩ならしむるを性と為し、能く正定を障(さ)へ悪慧が所依たるを業と為す」という。外物に向って心が動き、正しい瞑想を妨げる作用である。

五五 (原注)呼吸を示す漢字(息)は、「自」(……より、自分)という字と「心」(心臓、意識)という字から成り立っている。したがって「息」は、「心から来る」「心の中に起源をもつ」とも解釈できる。しかしまた、「心がそれ自身において」ある状態、平静さ、をもあらわしている。

五六 (訳注)〔 〕は輯要本。

五七 (訳注)「放下」は禅の用語をとり入れたもの。(M)

五八 (原注)金丹道の秘密の書物。(英訳、ヘルムート・ヴィルヘルム注)丹書の伝説的伝統は非常に古くまでさかのぼる。現存の道教経典に、この題名の書物があるわけではない。Richard Wilhelm, Das Buch der Sitte, Jena, 1930, p. 302.〔礼記の独訳〕を参照。

五九 (訳注)〔 〕は輯要本。

六〇 (訳注)〔 〕は輯要本。

六一 （原注） 日本語でいう Zen〔禅〕に当る。

六二 （訳注） おそらく仏教語の借用と思われる。仏教では、「無記」は善悪のいずれでもない状態を意味するが、ここでは「認識しない」という意味で使っている。禅では、ぼんやりと坐っている状態は危険でよくないものとする。（M）

六三 （訳注） 「蘊」Skandha は仏教でいう五蘊、つまり色受想行識の作用。これは、経験における人間と世界の相関関係のあり方と解釈されよう。

六四 （訳注） 「五陰」は「五蘊」のこと。これを魔にたとえて「五陰魔」と言ったもの。

六五 （訳注） 先に五—1で「枯木巌前」といったときは、枯木はよい意味で使われていたが、ここでは否定的意味で使われている。（M）

六六 （原注） 中国の民間信仰によれば、狐も丹を養うことができる。彼らはそれによって、人間に変化する能力を得る。彼らは、西洋の神話学でいう自然の精霊 Naturdämon に対応している。

六七 （原注） この章は明らかに仏教の影響を示している。ここにのべられている誘惑は、人間がそういう空想にさそわれ、それを現実のものとみなし、それにおぼれるようにさせるものである（メフィストがその悪魔によってファウストを眠らせる場面と比較せよ）。

六八 （訳注） この語の意味はよくわからない。このあたりのヴィルヘルムの訳は抄意訳。

六九 （訳注） 〔 〕は輯要本。この版では章の名も「回光証験」となっている。

七〇 （訳注） ヴィルヘルムは応観経 Ying Guan Ging としているが、これは観無量寿経（略称、観経）のことである。（M） 以下の瞑想法の内容は、観経の日想観・水想観・宝地観・宝樹観・真身観などを用いて、易のシンボルで解釈している。

七一 （訳注） 仏を大覚金仙とよぶのは、宋の宣和元年（1119）の廃仏のころの習慣（宋史、巻二二）。したがって本書の編集の年代は、一一一九年後まもなくと推定される。（M）

七二 （原注） 老子『道徳経』第六章、参照。

〔谷神は死せず、是を玄牝と謂ふ。玄牝の門、是を天地の根と謂ふ。綿綿として存するが若く、之を用ひて勤めず。〕

七三 (訳注) ヴィルヘルムは「人はその声をたえず聞くけれども、自分の声は決して聞かない」と訳す。この訳も可能と思う。

七四 (訳注)『荘子』人間世篇にみえる語。

七五 (訳注) ヴィルヘルムは「人我相」を他者と自己の区別と解し、目幸氏は、人間の「我」の姿と解している。いずれの訳も可能と思う。

七六 (訳注) 張紫陽 (984—1092)。全真教の南宗の開祖とされる道士。劉海蟾から金丹道を授かったという。著書に『悟真篇』がある。ここの説明は、老子でいう「和光同塵」の考え方である。

七七 (訳注) 玉清はおそらく「天心」を詩的に表現した語。(M)

七八 (訳注) 瞑想のための脊柱の三関とよばれるものに当る。下関は尾閭穴 (脊柱下端、尾骶骨部)、中関は脊髄中央部。宋の蕭道存の『還丹訣図』『修真太極混玄指玄図』に見える。(M)

なお目幸氏は、上関を眉間部かと推定されているが、エルウィン・ルッセルが北京の白雲観で発見した瞑想法の図解では、上関は後頭部になっている (cf. Erwin Rousselle, Spiritual Guidance in Contemporary Taoism, Spiritual Disciplines, Eranos Year Books 4, Princeton 1970)。この三関は、道教の瞑想法で、尾閭穴・夾脊・玉沈とよんでいるものに当る。漢方医学によると、夾脊は挾脊穴と言い、脊柱の両側を走る背腰部の膀胱経という経絡に当る (代田文誌『鍼灸治療基礎学』医道の日本社、三二五頁)。また玉沈は後頭部の経穴 (ツボ) の一つとされている。瞑想法の用語は、漢方医学における身体各部の名称ほど細かく分類されていないので、三関は脊柱にそった臀部・背腰部・後頭部と解すべきかと思われる。なお「中下の士」という語は、まだ修行をしたことのない人を指す。

七九 (訳注) 〔 〕は輯要本。

八〇 (訳注) 〔 〕は輯要本。

八一 （訳注）「一陽来復」は、「復」の卦☷☳で示す。（M）これは上が坤（地）、下が震（雷）で、「地雷復」ともよばれる。陰の気⚋におされて失われた陽⚊が五陰の下に生じている。大地の底に雷（陽の気）が潜んでいる状態（鈴木由次郎『易経』上、全釈漢文大系、集英社、三八五頁）。活子時は、卦を時間に配すると、午前零時（子の刻）になる。これは、陰が極点に達し、陽に転換する時であるから、新しい生命が兆す時と解して「活子時」とよぶ。

八二 （訳注）「天根」は純陰の中の純陽、「月窟」は陽の中の純陰を示す。陰は静止。陽は運動、創造、あるいは陰陽の調和で、人格化すると「天君」となる。これは大宇宙のシンボル。「真人」は、これと調和した小宇宙の状態にある人。（M）

八三 （訳注）〔 〕は輯要本。

八四 （訳注）「黄庭」「中黄」については注一三参照。『雲笈七籤』巻一の九によると、黄は中心色で、外的事物に関しては、天中（天の中心）人中（人間の中心）地中（地の中心）を意味し、内的事物に関しては脳中（脳の中心）心中（心臓の中心）脾中（脾臓の中心）を意味する。（M）

八五 （訳注）老子第十六章参照。（M）この章の根に帰る思想は、宋学の復性説に影響した（福永光司『老子』中国古典選、朝日新聞社、九三頁）。

八六 （訳注）仏教で、煩悩に乱されない正念を保持しつづけることを油の壺を持つことに喩える。（M）

八七 （訳注）〔 〕は輯要本。

八八 （訳注）〔 〕は輯要本。

八九 （訳注）〔 〕は輯要本。

九〇 （訳注）「坎を取り、離を塡む」という句は周濂渓の『太極図説』の解釈に重要な影響を与えている（島田虔次『朱子学と陽明学』岩波新書、三一頁以下）。

九一 （訳法）沐浴は呼吸法上の術語。くわしくは慧命経の項（本書二八六頁）参照。

九二 （訳注）「無住而生心」は、金剛般若経の「応無所住而生其心」（まさに、住する所無くして、其の心

を生すべし）という有名な言葉をちぢめたもの。（M）

九三（訳注）底本「郤」を輯要本によって「卻」とあらためる（「郤」は仰ぐ意味）。

九四（訳注）全真教の祖師邱長春。本書三〇二頁、慧命経の注七参照。

九五（訳注）『荘子』大宗師篇や前漢の劉向の『列仙伝』にみえる伝説的人物。殷末に八百歳であったと伝えられる。

九六（訳注）注一八参照。

九七（訳注）仏教用語。vyākarana 仏が人間に対して、将来仏性を得るであろうと認め予言をすること。

九八（訳注）ここでは、唯識論でいう、識における見分と相分（見るものと見られるもの）の関係などが考えられているように思われる。

九九（訳注）坎と離は八卦の中の二つ。本書一四〇頁のヴィルヘルムの解説参照。坎の卦☵は陰の中に陽がある形、離の卦☲は陽の中に陰がある形で、いずれも牝牡が交わる卦である。したがって坎は女性原理、離は男性原理を示すと解釈できる。乾坤坎離の四卦をふつう「牝牡四卦」という。（鈴木由次郎『周易参同契』明徳出版社、二〇頁、二六頁、参照）。

一〇〇（訳注）ここでは、男性原理（離）が外物にかかわる作用として否定的にとらえられているため「陰」とみなされ、女性原理（坎）は自己の内にかえる作用として肯定的にとらえられているため「陽」とみなされている。

一〇一（訳注）周天という瞑想法は、思念を集中して、呼吸とともに気の流れを尾骶骨の部位から脊柱（漢方医学でいう督脈）にそって上昇させ、頭頂から正中線（任脈）にそって下腹部へ下し、これをくりかえす（ふつう小周天という）。

一〇二（訳注）伝説によると、呂巌は四十九歳のとき、江西省の廬山で火龍真人から教えを受けたという。この道士は本名を鄭思遠と言い、葛洪の弟子であったと伝えられる。呂巌は彼から、内丹（瞑想）によって神気を練る方法を学んだという。

一〇三 （訳注） 子時つまり子の刻（午前零時）は、陰の気が極点に達する時刻であるから、これを過ぎると陽の気がふたたび動き始める。したがって子時は陽が生れる瞬間である。

一〇四 （訳注） 大周天という言葉は、両足まで気をめぐらす特殊な呼吸法を指す場合もあるが、ここでは大宇宙の回転を意味している。

一〇五 （訳注） 『易経』の「坤」の文言伝、参照（鈴木由次郎、注八一前掲書、一一二頁）。

一〇六 （訳注） 「薬産」とは、気が化して薬となった状態。「薬産神知」ともいう。このときは、暖かい気が気穴（丹田）に生れて自覚できる。くわしくは伊藤光遠『煉丹修養法』（実業之日本社）に訳されている柳華陽『金仙証論』第七章を参照。

一〇七 （訳注） 上関については注七八参照。後頭部。

一〇八 （訳注） いかなる人物か不明。

一〇九 （訳注） 「夾脊」については、注七八参照。次の「雙関」は、三関の中、夾脊を除いた下関と上関を指すと思われる。

慧命経

——意識と生命の書——

一　漏尽（エネルギーの流出を停止する）

漏尽金剛の体を成さんと欲せば
慧と命との根を烹蒸することを勤造よ
定んで照し、歓喜地を離るること莫れ
時に将に、真我、隠れて蔵居せんとす

もし汝が、無駄に流出し去ることのない、ダイヤモンドの如き身体を完成せんと欲するならば
意識と生命の根を加熱することに勤むべきである
汝は常に、近きにある喜びにあふれた大地を照らし輝かせよ
そこに、汝の真の自我が隠れ住むように、為すべきである（なるであろう）

道の最も微妙な秘密は、人間の本性〔性〕と生命〔命〕とにある。本性と生命を養って融合させるには、この両者を統一させるのが最も良い方法である。古代の聖者やすぐれた賢者たちは、本性と生命の統一について考えるに当って、外界の象徴的イメージを用いた。彼らはそれについて、譬

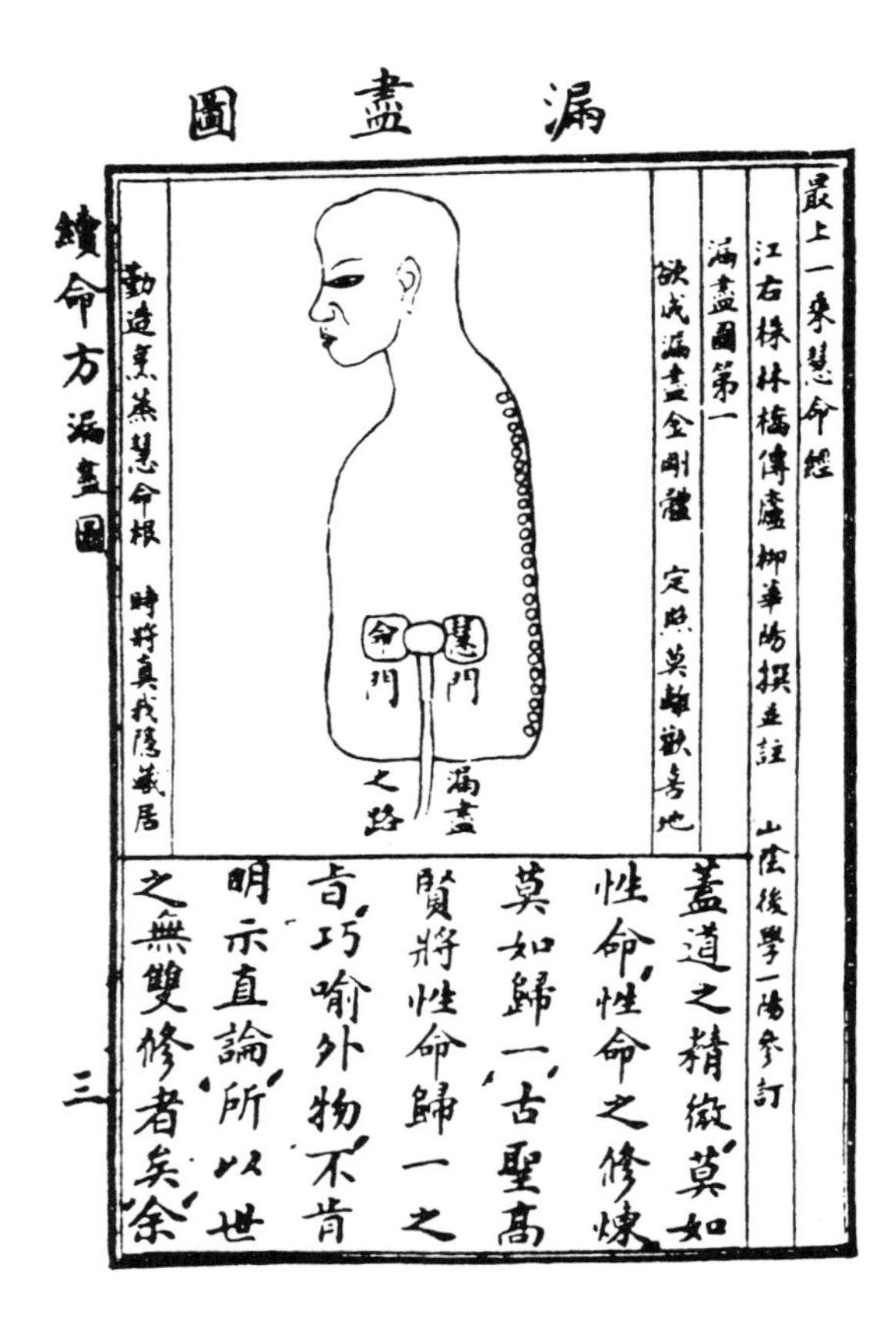

（ヴィルヘルムの注）この図には、人体の胴体部が示されている。その下半部の中央に胚胞が描かれている。胚胞は生命の門と意識の門をへだてている。両者の中間から、外の世界に向って導管が出ており、これを通って生気が流れ出ている。

喩を用いないで、明らかに説くことを欲しなかった。したがって、両者を同時に養うための秘法は、今では全く見失われている。私がここで一連の図によってこの秘法を示すのは、軽率に秘密をもらそうという意図からではない。むしろ私は、首楞厳経にのべられているエネルギー流出の停止〔漏尽〕についての教えと、華厳経の秘密の思想、及びその他の経典に散見する指示を一つにまとめて正しい図によって示そうとするのである。したがって人は、真の意識と生命とは胚胞〔竅〕(一)の外にはないことを知らなくてはならない。私がこの図を描いたのは、同じ修行にはげむ仲間たちが、この二つのもの〔慧と命〕を共に養うという神聖な作業について認識し、脇道に外れることなく、このようにして真の種子を育てることを知り、このようにして流出を停止させることを学び、このようにして「舎利」(二)を煉り上げ、このようにして大いなる「道」を完成するためなのである。

しかしながらこの胚胞は、見えざる洞穴である。それは形もなく、像ももたない。〔呼吸法によって〕生命の息〔炁〕が動き始めると、胞の中に胚ができる。息がやめば、それはふたたび消失するのである。胚胞は真理を蔵した場所であり、真の意識〔智慧〕と真の〔永遠なる〕生命とがつくり出される祭壇である。それは海底の龍宮とよばれ、雪山の果てとよばれ、西方とよばれ、根源の通路〔元関〕とよばれ、大いなる歓びの国〔極楽国〕とよばれ、果てなき国〔無極之郷〕とよばれる。これらさまざまの名は、すべてこの胚胞を意味しているのである。もし修行者が死を前にして、この胚胞を明らかにすることができなければ、彼は千回生れ変り万年生きたとしても、意識と生命の統一を見出すことはできないであろう。

この胚胞は偉大なるものである。このわれわれの身体が父母から生れる以前に、受胎のときに、まずこの種子が生れる。本性と生命はこの内にこそ住むのである。二つのものは融合して一つになっている。それは精錬炉の中の火花のように、分ちがたく混りあっている。それは原初の調和〔太和〕と神聖な法則〔天理〕が一つに結合したものである。それ故に、「宇宙の出現に先立つ状態において、つきることのない秘密なものが存在する」〔先天に無窮の消息あり〕と言われるのである。また、こうも言われる。「子が父母によって生れる以前にあって、生命の息吹は完成しており、胎児は完全である。」しかし、胎児が動き、胚胞が破れるときには、人は、高山の頂上に立って足元の大地を見失ったような〔おそるべき〕状態になる。一声の叫びとともに、人は大地に投げ出され、本性と生命〔心の本質と身体の本質〕は二つに分れるのである。このときから、本性は生命を見ることができなくなり、生命は本性を見ることができなくなるのである。そして、運命はその歩みを開始する。若さは成熟へと向い、成熟は老いに向い、そして老いは苦悩へと向うのである。

そこで如来[三]は、大いなる慈悲の心を発して、秘密に融解し煉り上げる方法を教えたのである。彼は、再び母胎の中に入って真の本性と真の生命を新しく創造するように教えたのである。彼は、人間の精神と気〔神炁〕とが胚胞の中に入り、結合して一つになり、真の果実を完成する過程を示したのである。あたかも、父の精子と母の気〔精炁〕[四]がこの胚胞の中に入って一つになり、胎児をはらむようなものである。原理は同じである。

胚胞の中には君主の火〔君火〕がある。胚胞の入口には大臣の火〔相火〕がある。全身には、民衆の火〔民火〕がある。君主の火があらわれてくると、それは大臣の火に受けつがれる。大臣の火が動き始めると、民衆の火がこれに従う。三つの火がこの順序であらわれることによって、人間が生れる。これに対して、三つの火を逆方向に還すときには、「道」が発達してくるのである。

このような理由によって、すべての賢者はこの胚胞においてエネルギーの流出を停めることから、彼らの作業を始めたのである。この修行法を守らずに他のやり方をしてみても、何の利益も得られない。したがって、どんな学派も宗派も、この胚胞の中に意識と生命の支配原理が存することを知らずに外に向ってそれを求めていかに努力してみても、何事も成し得ないのである。

二　六候（法との調和における回転の六期）(五)

仏祖源頭の路を分ち開けば
西方に極楽城、現出せん
法輪、吸ひて転じ、天駕に朝す
消息は呼び来り、地に往きて帰る
片時は六候を成し
一刻は〔仏祖〕源頭に会す
大道は中より出ず
元機、外に求むる莫れ

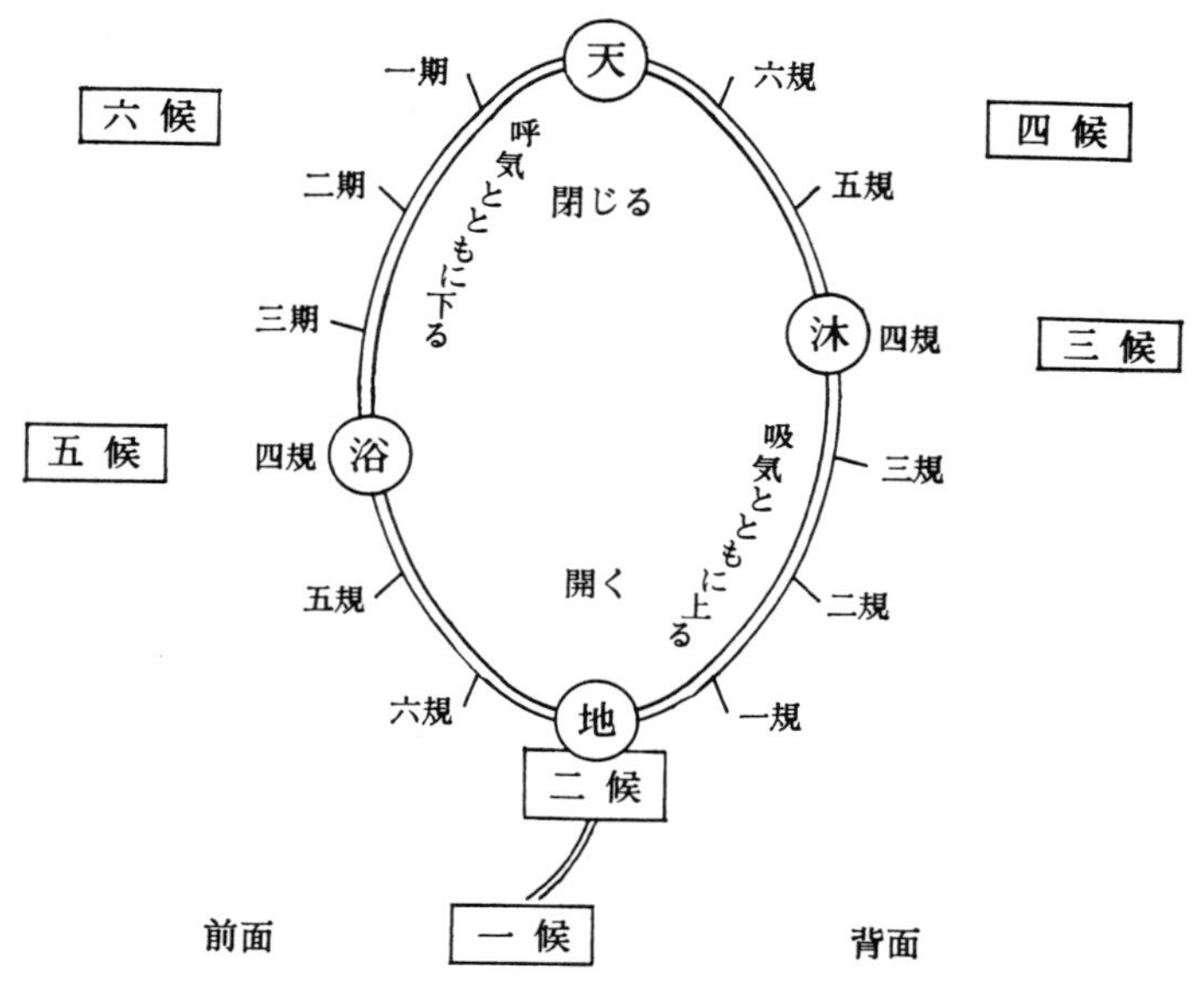

法輪六候図

もし人が仏陀の道の初まりを明らかにすれば、
西方の祝福された都が現われるであろう。
吸気において正しい回転が為された後に、天上への転回が生れる。
呼気が吐き出されるときに、力は大地へと向う。
一回の周行時間は六つの期間から成り、
二つの期間において人は釈迦牟尼を集め、
偉大なる道は中心から出現する。
根源の種子を外にもとめてはならない。
道（タオ）のおどろくべきはたらきを生み出すには、法に従った回転〔転法輪の瞑想法〕にまさるものはない。運動を正しいものにするのは、道路〔呼吸法の規則〕である。その速さをよく規制するのは、リズム〔規〕のやり方である。訓練の数をよく定めるのは、間隔〔候〕の方法である。

この図は完全な法則をそなえている。西方から来た仏陀〔達磨〕の真の姿は、この中に含まれている。その中に含まれている秘密とはたらきは、吐く息と吸う息を統制して、減少と増大の交替が〔気の流れの〕閉鎖と開放においてあらわされるようにするところにある。道から外れないようにするためには、真の思念集中が必要であり、また確乎たる領域の限定によって〔呼吸を〕始めるときと止めるときを正しくしなくてはならない。〔これらのやり方も、この図に示されている。〕

私は自分をすてて人に奉仕するために、この図を完全に描いた。それは天上の胚種を完全にあらわしているので、どんな素人や俗人でもそれに到達し、それを完成にもたらすことができるのである。しかし正しい徳性を欠いている人は、その中に何かを発見することはできても、天は彼に道（タオ）を授けないであろう。それはなぜであるか。正しい内面的徳性が道（タオ）に対する関係は、ちょうど鳥の一方の羽と他方の羽の関係のようなものである。一方が欠けていれば、他方も何の役にも立たない。したがって、忠と孝と仁と義と、五戒（六）を正しく守ることとが必要になる。そのときはじめて、人は何らかの成果に到達する希望をもつことができるであろう。

ところで、あらゆる精妙で秘密な教えは、この意識と生命の書〔慧命経〕の中に示されており、これを熟慮し吟味すれば、人はすべてのことを真理において達成できるのである。

（ヴィルヘルムの注）　この図は、呼吸運動の間に行なわれるエネルギー〔気〕の流れの循環を示したものである。ふつうの呼吸では、吸気は下腹部に沈められ、呼気はそこから上昇するわけであるが、この呼吸法の訓練では、次のような逆の運動を行なう。まず息を吸うときには下方のエネルギーの門をひらき、背面〔図では右側〕のエネルギーの道（脊髄の中にある）にそって、エネルギーを上昇させる。図には、この流れが上向するときの時間の間隔が示されている。息を吐くときには、上方のエネルギーの門を閉じ、エネルギーの流れを前面〔図では左側〕の線にそって下へ流れるようにする。時間の間隔は、同じように図に示されている。もうひとつ注意される点は、「沐」（洗う）と「浴」（あびる）とよばれる途中の駅が、この周行路の正確な中央には位置していないことである。「沐」の方は中央より少し高い位置にあり、「浴」の方は中央よりやや低い位置に描かれている。（以下訳注）これは、仏教では「転法輪」、道教では「小周天」とよばれている呼吸法である。「沐」と「浴」は途中で一時呼気または吸気の動きを停止させることを示している（次の小周天口訣を参照）。

邱祖小周天口訣（七）（小周天の瞑想についての邱祖の口伝）

静が極点に達すると動になり。一陽来復する。薬産は神知であって、（八）妙覚は霊妙な事柄に通じるようになる。かすかに陽が動き始めたときには、若芽のうちに採ってはならない。霊薬が堅い実になれば、十五（日？）光がみちるようになる。そのときが、急いで仙薬を完成させるべきときである。しかし、あやまって功をあせってはならない。どんなに長く訓練しても、あまり多くを望んでは完全な仙薬は得られない。気のエネルギーは外界に流出しようとするが、神〔霊妙なエネルギー〕はまた〔内なる〕根拠に帰ろうとするものである。〔瞑想によって〕神を根拠に帰せば、気もまた根拠に帰る。気が回転して尽きようにするときには、封〔封禄〕を採るために適切な時機を知ることが必要である。

子の時〔午前零時。ここでは脊柱下端部の象徴〕にまず〔下腹部に〕火を起すが、これをはっきりとまず確立しなくてはならない。火とはどういうことを言うのか。それは後頭部〔後天〕で〔気を〕呼吸することである。火を用いるには、どのようにすればよいのか。吸気とともに気を上にあげ、呼気とともに下へ降すのである。〔腹中の〕火を用いて気を昇降させる。その様子は無のようでもあり、有に似ているようでもある。火は鼎〔全身〕の中を循環させ、呼吸は真人〔祖師〕のやり方をまねする。

火を用いるには期間〔候〕の区別がある。息の出入を数え、これを刻漏〔時計〕とよんで、時間をはかるのである。

子の時〔尾骶骨に思念を集中するとき〕から巳の時〔午前十一時。頭頂部に近づく〕までを六陽〔六つの陽の流れの期間〕に分ける。九の数を用いるので、〔四をかけて〕上昇時は三十六呼吸である。気を集めつつ上へと昇り進む。午の時〔正午。頭頂部〕から亥の時〔午後十一時。下腹部〕までを六陰〔六つの陰の流れの期間〕に分ける。六の数を用いるので下降時は〔四をかけて〕二十四呼吸となる。このときは、気を下へ降しながら、その気の流れで洗い清め、それを浴びる〔沐浴〕ようにする。この様子を大周天〔大宇宙の回転〕にくらべると、大体、それを小さくしたものと思えばよい。周天〔宇宙の周囲〕は卯と酉の時の数〔沐浴期間〕を除くと三百度ある。卯と酉の名を一緒にすれば三百六十度である。これに五度を加える〔と周天になる〕。のこりの四分の一は余りをあらわしている。[九]

一度周天を行なったら、またもとの静の状態に帰る。気を沐浴することによって、神〔霊妙なエネルギー〕は気穴〔みえない空間の身体組織〕に結晶する。再び瞑想をくり返し、陽の気が生じる。この瞑想を長く訓練してゆけば、沈澱したエネルギーが結晶した気となり、風を巻くようにして、〔脊柱の督脈を〕まっすぐ上へと昇ってゆく。百日の訓練の功は霊妙であって、六般〔六つのめぐるもの〕は震動する。七日間、口伝で教えた秘法と大周天〔大宇宙の回転〕のはたらきが相伴って起るのである。道に迷う者にもう一度問う。

三　任脈と督脈〔作用と統制の二つの気の道〕

元関の消息の路、現出す
白脈、法輪に下るを忘るなかれ
常に、火もて長生の窟を養ふを教ふ
明珠不死の関を検点せよ

根源の通路の、吸う息と吐く息の道が現れる。
法に従った回転の下での白い道を忘れるな。

常に、永遠の生命の洞穴を、火によって養え。
ああ、光り輝く玉の不死の場所をしらべよ。

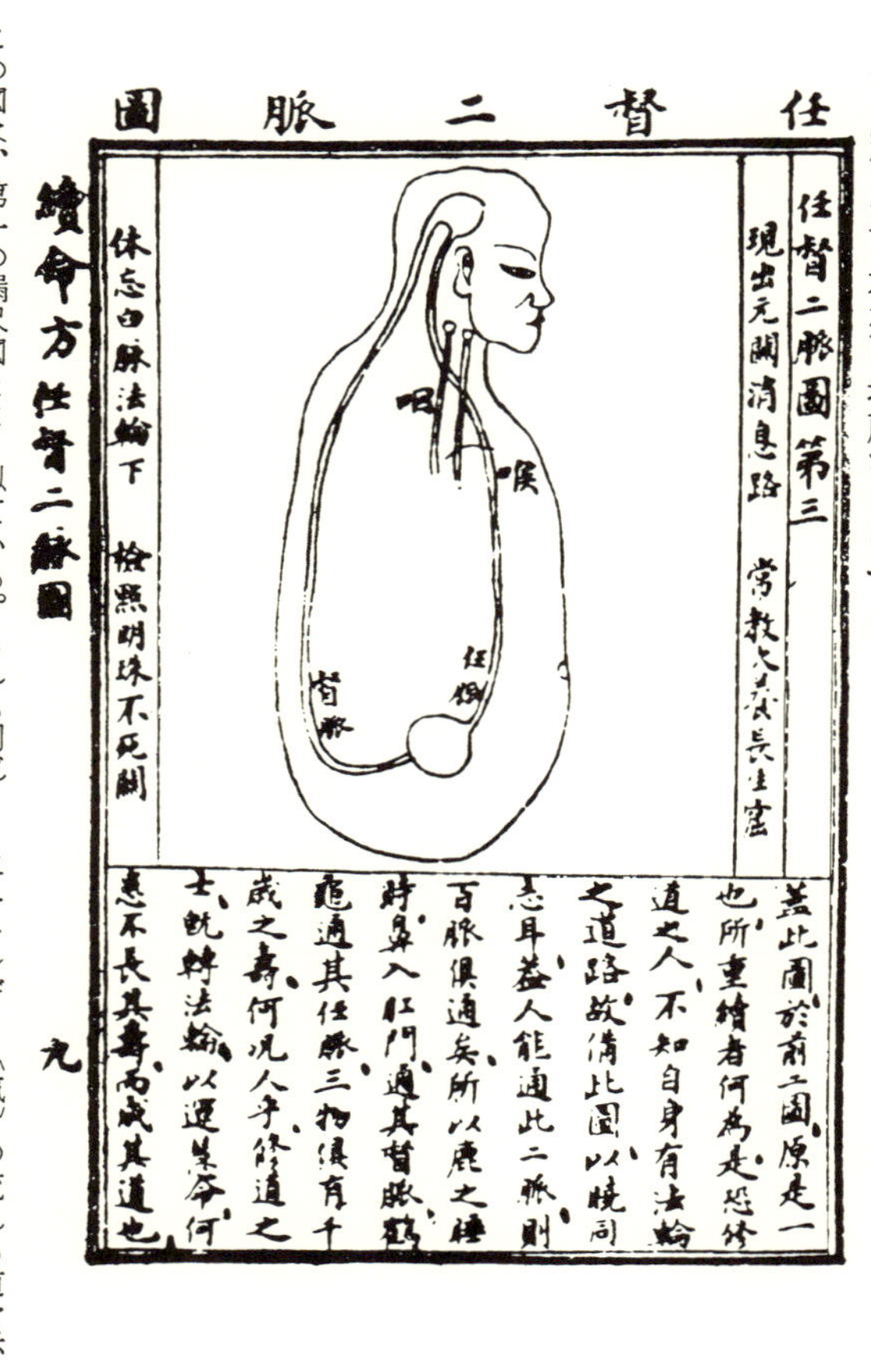

この図は、第一の漏尽図とよく似ている。これも同じようにエネルギー〔気〕の流れる道を示している。身体前面〔右側〕の道は下へ向い、(10)「作用の道」〔任脈〕とよばれ、背面〔左側〕の道は上方に向い、「統制の道」〔督脈〕とよばれている。

この図は本来、前の図と同じものである。私がこの図をあらためて示したのは、これによって、道(タオ)の養育に努力する人が、彼自身の身体の中に、法に従った回転〔法輪之道路〕があることを知るためである。したがって私は、この図によって、目的を同じくする仲間たちに説明しようとしたのである。もしこの二つの道(作用の道と統制の道)が一つに結びつけられれば、すべての気の道〔百脈〕も結びつけられるであろう。鹿は眠るときに、鼻を尾〔肛門〕にあてて、統制の道〔督脈〕を閉じる。鶴と亀は、その作用の道〔任脈〕を閉じる。これによって、この三つの動物は、よく千年も生きるのである。まして人間は、それ以上のことができる筈である。道(タオ)の養育に努める人は、意識と生命とを循環させるために法に従った〔気の〕回転〔転法輪〕を行うならば、命を長く保てないのではないかとか、道を完成できないのではないかといった心配をする必要は全くないのである。

四　道胎(道(タオ)の受胎)

法有り、功無くして、勤め、照し徹(とほ)せ
形を忘れ、裏(うち)を顧み、真霊を助けよ
十月にして道胎、火(も)え
一年にして沐浴、温(あつ)し

法則に従い、ただし無理な努力はせずに、勤勉にみずからを光でみたすようにせよ。
形態を忘れ去り、内面を直観し、真の精神力を助けよ。
十ヵ月すれば、道の母胎に火がつき
一年の後には、洗うことと浴びることは温かくなる。

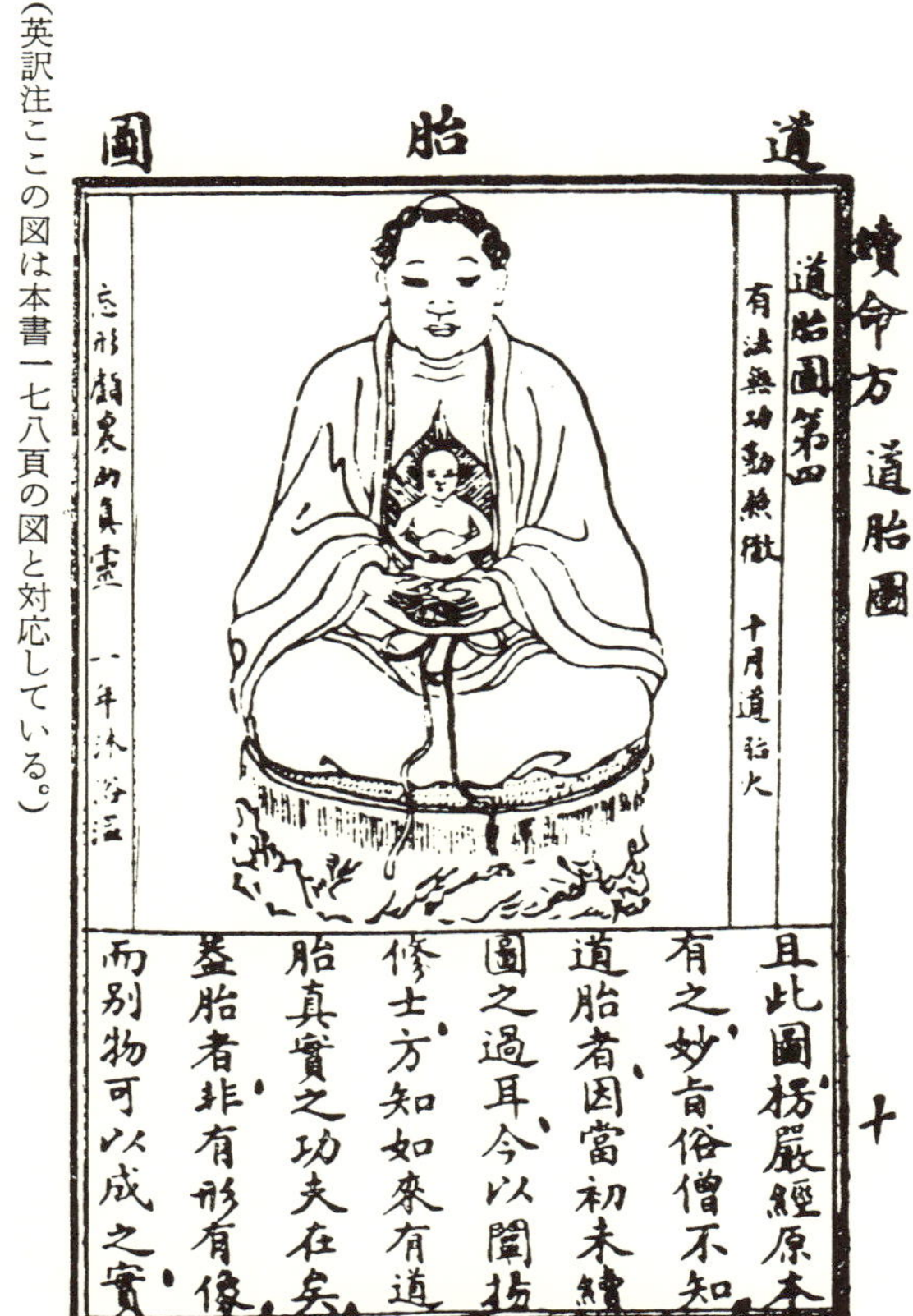

（英訳注ここの図は本書一七八頁の図と対応している。）

この図は楞厳経のもとの版にある。しかし、隠された意味を認識せず、道の受胎について知らない無知な僧たちは、そのために、この図を見すごしてしまうという誤りを犯したのであった。私は賢者たちの教えによって、如来（タターガタ）が、道の受胎における真実の仕事について知っておられることを発見したのである。この胎児は、形をもった目に見えるものではなく、何か他の存在によって完成させることはできない。それは実は、自我の精神的な呼吸のエネルギー〔我之神炁〕なのである。ますはじめに、精神〔神〕が呼吸の力〔炁〕の中に入らなくてはならない。そうすれば、呼吸の力が精神を包むようになる。精神〔神〕と呼吸の力〔気〕が固く結ばれれば、思考は静かに動かなくなる。これが受胎なのである。呼吸の力が凝結したときに、はじめて精神は活動的になる。したがって楞厳経には「母のように、目覚めと応答に注意せよ」〔親しく覚と応を奉ぜよ〕とのべられている。二つの力は互に養い合って強くなる。したがって、「日毎に成長する」〔日に益々増長す〕と言われているのである。気の力が十分に強くなり、胎児が丸く完全になれば、それは頭頂から外へ現われる。これがいわゆる「胎児として出現し、仏陀の息子としてみずからを産み出す完成した形態」〔形成して胎を出て、親ら仏子と為る者〕なのである。

詩に曰く

霊胎を養育するには温むるを要すと雖も
卯酉の月は徳の門を形どる
若し還りて火を加え、虧け損ずるを防がば
此の理、須らく達者の論に憑るべし

神聖な胎児を養い育てるには、〔瞑想によって〕これを温めることが必要である。
沐浴するときは、教えられた通りにすればよい。
さらに努力して胎児に熱を加え、それが損傷しないようにしてゆけば、
経験ある先達の教えている通りの理法がわかるであろう。

五　出胎（果実の誕生）

身外に身有り、仏相と名づく
念は霊にして念無し、即ち菩提なり
千葉の蓮花、炁に由りて化し
百光、景らかに輝くは、神、凝るを仮る

身体の外に、仏陀の像とよばれる身体がある。
力づよい思考であるとともに、思考がないのが仏の智慧である。
千の花弁をもつ蓮の花がひらけ、呼吸の力によって変ずる。
精神の凝結によって、百重にかさなった閃光が放射する。

出胎圖

續命方出胎圖

出胎圖第五

身外有身名佛相　千葉蓮花由炁化

念寂無念即菩提　百光景耀似神凝

楞嚴咒曰爾時世尊從肉髻中涌百寶光光中涌出千葉寶蓮有化如來坐寶花中頂放十道百寶光明皆徧示現大衆仰觀放光如來宣説神咒者即陽神之出現也

十二

（英訳注）　ここの図は、本書一九八頁の図と対応している。楞厳呪(じゅ)[二]には次のように説かれている。「そのとき世界の主〔世尊〕は、その頭髪の結び目〔肉髻(けい)〕の中から、百の貴い光を放射された。その光の中央に、千の花弁をもつ貴い蓮の花が光り輝いていた。そしてそこに、変容した〈如来〉Julai が、貴い花の中に坐っておられた。そして如来の頭頂からは、白い貴い十本の光線が発射され、どこからでも見ることができた。人びとは、放射される光を見上げた。〈如来〉はこう告げられた。『神聖な呪文（マントラ）は、光の精神の出現である。したがってその名を仏陀の息子とよぶ』〔神呪とは即ち陽神の出現なり。故に仏子と名づく〕。」

もし人が意識と生命についての教えを受け入れず、ただぼんやりとひとりで瞑想の形をくり返すだけでは、貴い蓮の花の中に坐って光を発し、その霊的身体〔法身〕において出現する「如来」を、どうして自分自身の身体から生み出すことができようか。多くの人たちは、光の精神〔陽神〕についての教えは大したものではない、と言う。しかし、世尊から与えられた教えが、つまらないというごとがあり得ようか。そこで私は、楞厳の深い秘密をもらし、後輩たちに教えておきたいと思ったのである。この道を受けいれる者は、直ちに暗い秘密〔玄妙〕にまで上昇し、もはや日常生活の塵の中に埋もれることはない。

詩に曰く

九年、無為に山中に坐す
忽爾（たちまち）に一朝、頂門破る
天門に跳出して、小しく神、通ず
却（かへ）りて天仙に遇ふに、皆、来り賀す

九年の間、何も為すことなく、山中で瞑想にふけった。
ある朝、突然に、頭頂の門がひらけた。

天に通ずる門から出てみると、いくらか、神秘の世界がわかってきた。

われに返って仙人たちに会うと、皆がよろこんでくれた。

六　化身（変容した身体の保持）

分念、形を成して、色相を窺ひ
共霊、迹を顕して、虚無に化す
有に出で、無に入りて、妙道を承く
分形、体を露はし、真源を共にす

個々の分離した想念が形態をとり、色と形が見えてくるようになる。

全体としての魂の力がその足跡を展開し、空虚の中へと変化する。

存在の中へと立ち出で、無の中へと立入って、人はおどろくべき道を完成する。

あらゆる分離した形態は、多くの身体として現われるが、一つの真実の源泉に結びつけられている。

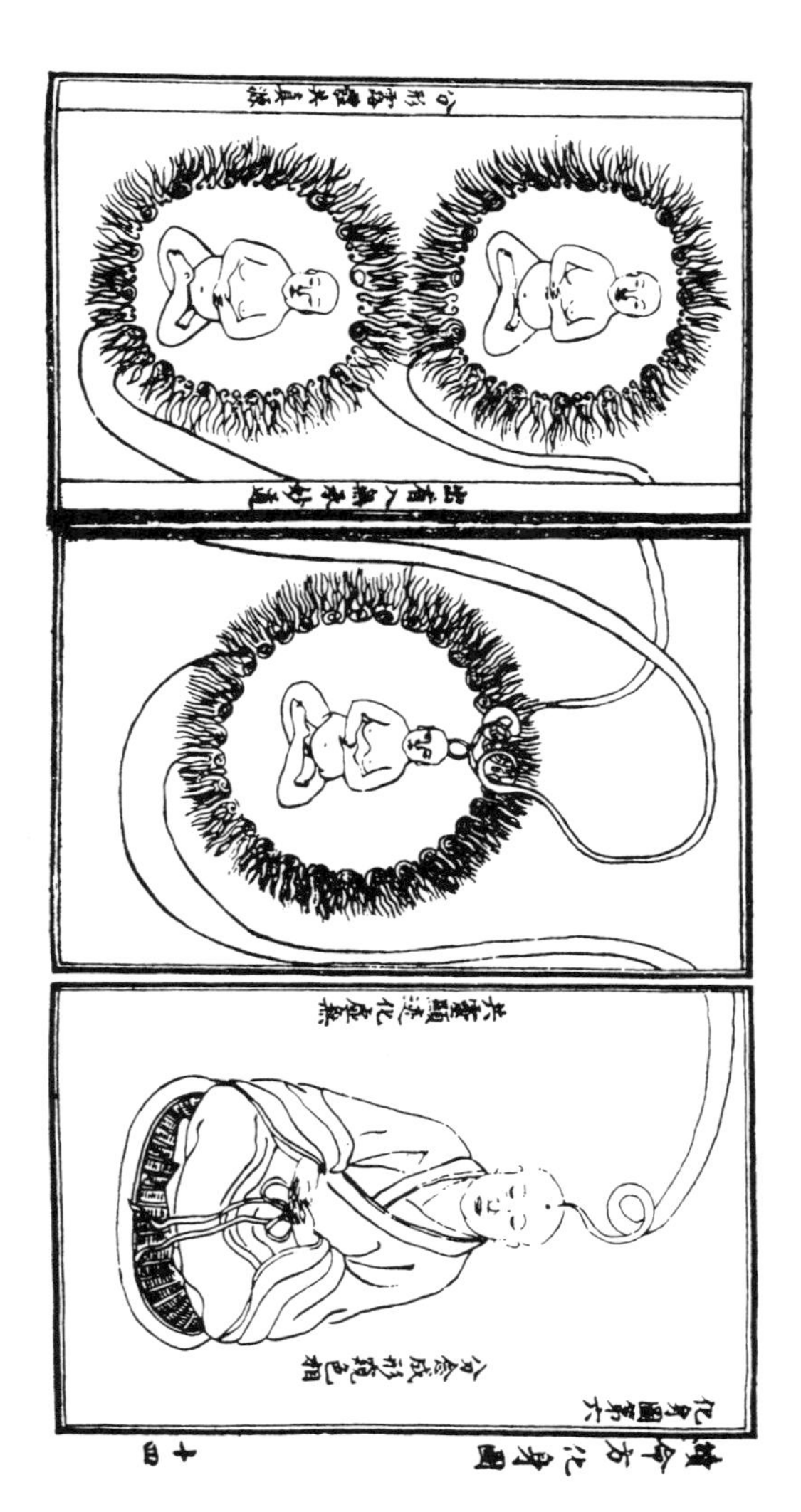

（英訳注　ここの図は、本書二一五頁の図と対応している。）

七　面壁（壁に向った顔）

神火、形と化して、空なる色相あり
性光、返照して、元真に復す
心印、空に懸りて、月影、浄し
筏舟、岸に到りて、日光、融る

精神の火によってつくられた形態は、空虚な色と形にすぎない。
本性の光は、根源的なるもの、真実なるものへと還帰しつつ輝く。
心の刻印は空間にただよい、曇りなく月光は輝く。
生命の小舟は岸に到着し、太陽の光は明るく照りわたる。

面壁圖

面壁圖第七

神火化形空色相　心印懸空月影淨

性光返照復元真　筏舟到岸日光融

（英訳注　ここの図に、本書一六一頁の図と対応している。）

八　虚空粉粋（空虚なる無限性）

生ぜず、滅せず
去ること無く、来ること無し
一片の光輝、法界を周り
雙に忘れて、寂たり浄たり、最も霊にして虚なり
虚空は天心の耀きに朗けく徹り
海水は澄みて、清き潭に月溶く、
雲、碧空に散じ、山色、浄らなり
慧は禅定に帰して、月輪、孤たり。

生れることもなく、滅びゆくこともない。
過ぎ去ることもなく、これから来ることもない。
一つの光の輝きが精神の世界をつつむ。
人は互いに忘れる、静かに、そして純粋に。力強く、そして虚しく。

空は天上の心の輝きに照らし出され、
海の水はなめらかに、その面に月を映す。
雲は青空へ消え、
山々は明るく輝く。
意識は観照の中に溶け去り、

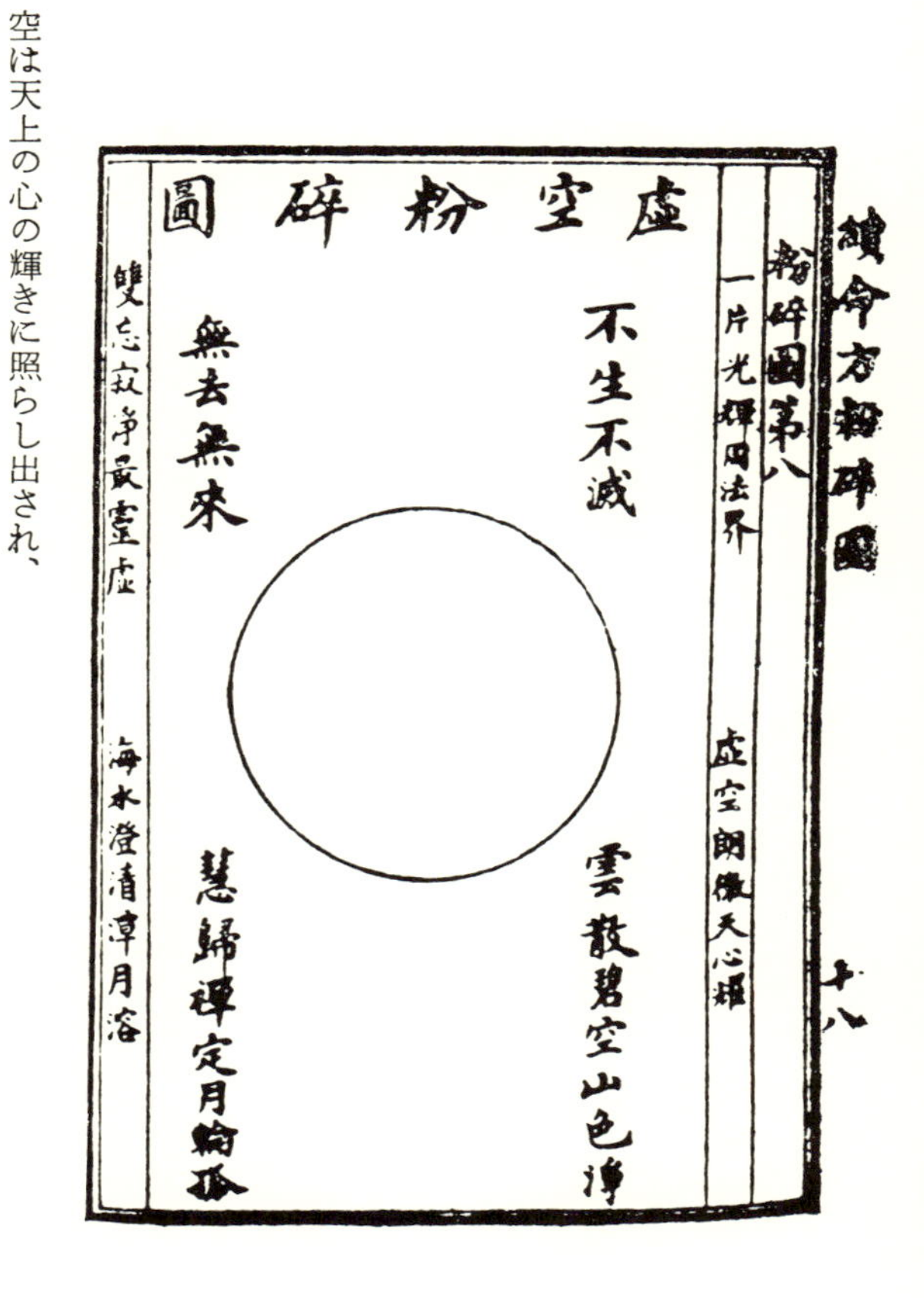

月輪はひとり安らっている。

注（訓読文は詩だけに限った。）

一（訳注）胚胞（竅）については本書一〇三頁ユングの注解の注二七参照。

二（原注）śarira（skt.）．確乎たる不滅の身体。（以下訳注）本書一〇二頁注一六参照。

三（原注）Tathāgata（skt.）．

四（原注）「精」は男性的要素、「炁」（気、たましい、呼吸のエネルギー）は女性で受容的な要素。

五（英訳、ヘルムート・ヴィルヘルムの注）この概念は仏教用語を借りたもの。この文脈ではふつう「法の車輪」と訳される。（以下訳注）原語は「転法輪」dharma-cakra-pravartana である。これは元来、仏の説法を形容する言葉であるが、ここでは次に説明されている瞑想法を指す。

六（原注）仏教の五つの掟。（1）殺さない（不殺生）、（2）盗まない（不偸盗）、（3）姦通しない（不邪淫）、（4）嘘を言わない（不妄語）、（5）酒をのまず、肉を食べない（不飲酒）。

七（訳注）ヴィルヘルムはこの文を訳していない。邱祖というのは、全真教中興の祖師、邱（丘）長春（1148―1227）のことである。彼はジンギスカンに道教の教えを説き、その信任を得て北京の長春宮で活躍した。有名な北京の白雲観は彼の教えをつぐ道観である。長春の系統は龍門派とよばれている（なお、この文の訓読のしかたについては、森三樹三郎氏の教示を得た）。

八（訳注）「薬産神知」については、本書二七五頁、訳注一〇六参照。

九（訳注）このパラグラフは周天を数で説明しているが、これは一種の比喩であって具体的な呼吸法の説明ではない。易では乾の用（はたらき）を九とし坤の用を六とする。これに「四揲」して、陽は三十六、陰二十四とする。また周天を三百六十で示すのは、

乾の用九×四策×六爻＝二百十六
坤の用六×四策×六爻＝百四十四 } 計三百六十

という計算法による。卯と酉の時というのは、上昇（吸気）と下降（呼気）の途中で呼吸の流れをとめること。六候図の沐と浴の位置を参照。くわしくは、柳華陽の金仙証論（伊藤光遠『煉丹修養法』実業之日本社、二五三頁以下）を参照。

一〇（訳注）任脈と督脈は、漢方医学でいう経絡の中心を成す二脈。任脈は前面、督脈は背面（脊柱）。右に言ったように、小周天では、督脈を通して気を上げ、任脈を通して下げる。

一一（英訳、ヘルムート・ヴィルヘルム注）Suramgama mantra 首楞厳経の呪文（マントラ）。

訳者解説――湯浅泰雄

本書は、深層心理学者C・G・ユングと中国学者リヒアルト・ヴィルヘルムの共著として広く世に知られるに至った『黄金の華の秘密――中国の生命の書――』Das Geheimnis der goldenen Blüte, ein chinesische Lebensbuch. の邦訳である。この書の初版は一九二九年、ちょうど今から半世紀前に刊行された。以来今日まで、この書は多くの版を重ね、英訳にはペーパー・バックの廉価版もある。東洋に関心をもつ欧米人の間では、本書は東洋の宗教や哲学を理解するための良き手引きとしてひろく知られている。しかしわが国では、これまで、この書についてはほとんど知られていない。ユング心理学に対する関心が近年まで比較的低かったことや、本書のような学際的視点に立つ研究が学界の習慣に合いかねたという事情もあろうが、わが国では一般の読書人はもとより、心理学者や中国学者の間でも、この書について知っている人は少ない。わずかにユング研究者の間でその名が知られていた程度であろう。訳者二人は、以前からこの書に注目し、多少の研究もしてきた者であるが、今回この訳書を公刊する機会を得たことを心からよろこんでいる。

われわれにとってこの書が興味深いのは、東洋の宗教思想を深層心理学の観点から理解するための視点ないし方法が示されているところにある。このような見方は従来の東洋研究にはあまりみられないものであるから、おそらく日本の読者や研究者にとっても多くの興味ある問題を提供するのではないかと思う。ただ、この書の内容には予備知識がないとわかりにくい点が少なくないので、読者の理解を助けるために少しくわしく解説をしておきたい。

1 ユングとヴィルヘルムの出会い

まず、本書を世に出す機縁になった二人の出会いについてのべておこう。ユングの生涯については、彼の自伝も邦訳されており、河合隼雄氏の手に成る伝記も出ているのでくわしい紹介はさける。(一)ユングは、一九一三年にフロイトと別れたあと、チューリヒ大学医学部私講師の職を辞任して、アカデミズムの世界からも離れた。チューリヒ大学を退いた理由の一つは、精神分析学に対するスイス医学界の風当りがつよくなったところにあるが、より大きな理由は、ユング自身がフロイトと訣別したことによって精神的に大きな打撃を受けたところにあった。一九〇七年に出会って以来、フロイトはユングに大きな期待をかけ、ユングを自分の後継者——フロイト自身の言葉を借りれば、分析国家の「皇太子」——にしようともくろんだのであるが、二人の考え方のちがいは、時とともにはっきりしてきた。それとともに、フロイト門下の内輪もめや反ユング感情の昂まりにまきこまれて、ユングはフロイトから離れざるを得なくなったのであった。自伝にみえる回想によると、ユングはこのころ一種の内面的危機におちいり、数年間は学問上の事柄からも全く離れてしまった。たびたび幻覚や悪夢におそわれ、みずから分裂病におちいったのではないかと疑ったことさえあったようである。ユングは、そういう苦しみの中から、後年の彼の理論の中核を成す元型や集合的無意識の考え方を摸索しつつあった。本書第二版の序文にも語られているように、彼は、自分の歩みつつある方向が従来のアカデミズムの心理学の限界をはるかに越えてしまったこと、また個人心理の実証的研究というわくに収まり切れない魂の広大な問題領域に入りこみつつあることを感じていた。しかし、自分が直面している問題はあくまで学問的に検討しなくてはならないと考えたユングは、このころから精神史の研究に着手し始める。

彼がまず研究を始めたのは、西洋古代のグノーシス主義の思想である。グノーシス主義を研究対象にえらんだのは、それが、自分の到達したような諸発見を人間経験の問題としてとりあげた歴史上唯一の類似例であると思われたからだ、と彼は言っている。このように、臨床的研究の客観性の根拠を精神史研究に求めるという彼の態度は、専門分科の守備範囲を固く守る現代の学界の習慣からみると、全く突拍子もないものに思われる。心理学者や医学者が宗教や哲学に関心をもつことは、個人的趣味としてなら許されるだろうが、宗教や哲学の問題が心理学者や医学者の真剣な学問的研究の課題になるといえば、経験的実証を重んじる科学者にあるまじき非科学的態度とみなされるのがおちであろう。また逆に哲学者や宗教家も、哲学や宗教の問題は心理学や医学の立場から研究されるべきだといえば、自分たちの守備範囲を犯されたように感ずることであろう。しかしユングにとって、そういうアカデミズムの専門分科の区別にとらわれるのは意味のないことであった。これはフロイトの場合も全く同じであって、フロイトは、精神分析学の方法が宗教学・神話学・人類学・教育・芸術・法律などといった人間精神にかかわるあらゆる学問分野に対して決定的な貢献をなし得るものと信じていた。[二] それはともかくユングの考えるところでは、深層心理学の本質は、宗教・哲学・歴史・文学などの人文諸科学と深い内的関連をもつ自然科学たるところにある。[三] 経験科学としては、それはさしあたり心理学や生理学・医学などの生命科学と深い関係に立っているが、さらには物理的科学の問題領域とさえ無関係ではない。[四] 深層心理学はいわば、人間性の内面的探究を基軸にして、人文科学と自然科学、あるいは宗教や哲学と経験科学の間に新しい結びつきを打ち立ててゆこうとする学際的性格をもった学問を志向するものである、ということもできよう。

ともかくユングは、精神史研究を通じて、彼が直面していた研究に関する学問上の客観性を得たいと望んだのであるが、グノーシス研究は期待したような成果をあげることができなかった。その最も大きい理由は、研究のための資料が限られていたところにある。グノーシス主義は古代キリスト教界から異端視され、絶滅された思想であるため、その思想内容を知り得る資料は非常に少なかった。(五)のみならず、グノーシス思想は古代人の哲学的思弁のわく組みの中でのべられているため、ユングが欲していたような元型的心理体験を記述した例はほんのわずかしか見出せなかった。また精神史的にみても、ローマ帝政期の異教的精神と現代ヨーロッパを結びつけるつながりは全くないように思われた。

このような窮地からユングを救い出したのが、リヒアルト・ヴィルヘルムとの出会いだったのである。ユングは、ヴィルヘルムと出会う以前から東洋思想に対して関心をもち、書物を頼りにしてヨーガや易を実践的に研究し始めていた。ヨーガについては、自分流の能動的想像 active imagination の方法を工夫して、瞑想を行なっていたようである。彼は自分の幻視した翼のある老人に賢者フィレモンという名をつけ、瞑想の中でこの老人と内的会話を試みたという。ユングは、自分が意識では全く考えてもいなかったことを彼がのべるのに気がついた。無意識、特に集合的無意識の意識に対する強力な自律性という考え方は、そういう彼自身の経験に裏づけられたものである(このころのユングの体験は『赤の書』と題するノートに残されている)。(六)いわゆるマンダラを描き始めたのもこのころである。また易については、レッグの『易経』の英訳などを頼りにして葦の束で筮竹をこしらえ、占いの実験を始めていた(ユングはまた何と〝非科学的〟な実験者であることか!)。彼は患者の診断に迷ったときなどに占いを試み、それが実際に的中することを確信するに至った、と言っている。(七)ともかくユングはこのようにして、ヴィルヘルムと出会うころ、盲目的な手さぐりの形で東洋思想の世界に近づきつつあったのである。

次に、リヒアルト・ヴィルヘルム Richard Wilhelm について紹介しよう。ヴィルヘルムは、一八七三年

（明治六年）五月十日に南ドイツのシュッツットガルトに生れた。ユングより二歳の年長である。(八) リヒアルトは一八九一年から九五年までテュービンゲン大学で神学を学び、九七年にプロテスタント教会の副牧師になった。一八九九年、ザロメ・ブルームハルトと婚約し、翌年結婚した。

一八九八年、ドイツは、清国から山東省膠州湾の租借権を得た。この帝政ドイツの中国進出政策が、はからずもヴィルヘルムを中国に結びつける機縁になる。翌一八九九年、二十六歳の青年ヴィルヘルムは、膠州湾に臨む青島（チンタオ）の町に設立された教会の主任司祭として赴任する。以後、前後二十五年にわたる彼の中国生活が始まるのである。この時代は世界列強の東アジア進出の時期に当っており、ヴィルヘルムが中国で暮していた間に、日清戦争、義和団事件（拳匪の乱）、日露戦争、辛亥革命、そして第一次世界大戦が起っている。しかしヴィルヘルムの若い魂をひきつけたのは、動乱と革命にゆれ動くアジアではなくて、古い東洋の精神世界であった。彼は、一九〇九年に設立された徳華専門学校 Deutsch-chinesische Hochschule の教壇に立って中国人子弟の教育に当るかたわら、熱心に論語、老子その他の古典の翻訳に没頭した。ユングの思い出によると、あるときヴィルヘルムはユングに向って、「自分は中国に居る間、ただ一人の中国人も洗礼しなかったが、そのことを大いに満足に思っているのです」と語ったという。彼が通常の宣教師タイプとちがって、深く中国文化に魅了されていたことがわかる。ヴィルヘルムは、近代中国の知識人が西洋文明の影響を受けて今や捨て去ろうとしていた儒教と道教の世界に沈潜して行ったのである。一九一一年、辛亥革命によって清朝は滅亡し、孫文が臨時大統領となったが、翌年、中華民国の発足とともに袁世凱が初代大統領となり、軍閥内戦の時代に突入する。このころヴィルヘルムは、一九一三年に、青島の儒教協会 die Konfuzius Gesellschaft を設立している。しかし、一九一四年、第一次世界大戦の勃発とともに膠州湾は日本軍に占領された。大戦終了後の一九二〇年、彼は二十二年にわたる中国での生活を終って敗戦の故国に帰る。この年、ヘルマン・カイゼルリング伯はダルムシュタットに「叡智の学校」を設立した。ユングと出会ったのは、この会合の席である。一九二三年には、ユングに招かれてチューリヒの心理学クラブで易について講義している。

同じ一九二二年、ヴィルヘルムは北京のドイツ公使館の学術顧問に任命され、再び中国に赴く。二度目の中国滞在は足かけ三年、一九二四年までである。この間、一九二三年には、北京大学の教授に迎えられている。このころ彼は、労乃宣（ラウ・ナイ・シュアン）という道士の弟子になって、易を学ぶ。くわしい注釈つきの『易経』I Ging, 2 Bände, 1924 の名訳は、この老師の協力を得て出版されたものである。「最後のページの翻訳がすんで、印刷屋の最初の校正刷が来たとき、老師労乃宣は死んだ。それはあたかも、彼が自分の仕事を仕上げ、古い死滅しつつあった中国の最後のメッセージをヨーロッパに伝え終ったかのようであった。ヴィルヘルムは、この比類なき賢人の大きな夢をかなえたのであった。[九]」一九二四年、任を終えて帰国したヴィルヘルムは、フランクフルト大学に設立された中国学講座の担当者となり、中国研究所 China Institut を設立、その所長に就任した。機関誌は『中国学芸雑誌』Chinesische Blätter für Wissenschaft und Kunst（のちに Sinica と改名）という。しかし、彼の故国での活動の時間は短く、六年後の一九三〇年三月一日、テュービンゲンで死去する。五十七歳であった。彼の業績は古典の翻訳が多いので、日本の中国学界ではあまり知られていないようであるが、彼はドイツの中国学の開創者ともいうべき人物であろう。[一〇]

ユングはヴィルヘルムとはじめて会ったとき、つよい印象を受けたようである。「私が会ったとき、ヴィルヘルムは書き方やしゃべり方と同様に、外面的な態度も完全に中国人のように見えた。東洋的なものの見方と古代中国文化が、頭の先から足の先までしみこんでいた」と、ユングは当時の思い出を語っている。易経の独訳が出たとき、ユングは早速それを入手し、ヴィルヘルムの解釈に満足を覚える。「われわれは、中国の哲学と宗教についてたくさん話しあった。中国人の心性についての豊富な知識の中から彼が私に語ったことは、ヨーロッパ人の無意識が私に提起していた最も困難な問題のいくつかを解明してくれた。他方、無意識に関する私の研究の結果について、私が言わねばならなかった事柄は、彼には何の驚きも引き起さなかった。というのは、彼が中国の哲学的伝統の占有物と考えていた事柄を、それらの中に認めたからである。」こうしてユングは、かつてグノーシス主義の研究に求めて得られなかった自己の学問的足場が、東洋思想の伝統の中に古くから伝えられていたことを感じるに至るのである。

一九二八年、ユングは、イメージが浮んでくるのに任せて一つのマンダラを描いていた。できあがった形を眺めながら彼は、どうしてこのマンダラはこうも中国風なのだろう、と自問した。表面的にはそうもみえなかったが、そのように感じられてしかたがなかった。(二)それから間もなく、ヴィルヘルムからユングの許へ『黄金の華の秘密』の独訳原稿が送られてきた。それには、ユングに対して心理学者として注解を書いてほしいという手紙がそえられていた。原稿をよんだユングは、深いおどろきにうたれる。マンダラのイメージについて彼が摸索しつつあった考え方に対して、そこに思いがけない確証が与えられていたからである。「これは私の孤独を破った最初の出来事だった」と彼はのべている。「『黄金の華の秘密』という本を読んだ後に、やっと錬金術の性質の上に光がさし始めた。……私は錬金術の原典をもっとくわしく知りたいという望みにかき立てられた。私はミュンヘンの本屋に、錬金術の本で手に入れることができるものは、皆知らせるように言った。(三)」ユングはこの深いおどろきを記念して、自分の描いた中国風のマンダラの下に「一九二八年、この黄金色の固く守られた城の絵を描いていたとき、フランクフルトのリヒアルト・ヴィルヘルムが、黄色い城、不死の身体の根源についての、一千年前の中国の本を送ってきてくれた」と書き記した。本書はこうして、翌一九二九年に出版されたのである。

以上のように、この書は、ユングが彼自身の理論的また思想的立場を確立する機縁を与えた書物である。この書によって彼はまた、ヨーロッパの精神史に対する彼の基本的見解を確立するに至る。古代ローマのグノーシス主義と近代ヨーロッパを結ぶ失われた環が中世錬金術の中にあることに、彼は気づいたのである。西洋精神史に関する彼の最初の著作『心理学と錬金術』（一九四四年）は、これが機縁になって生れたものである。この書の中で、彼はこう回顧している。「私はマンダラ象徴の生成過程とその像について、二十年来、私自身の経験から得たたくさんの材料に即して観察をつづけてきた。（はじめの）十四年間、私は、自分の観察について先入見を下さないために、それについて執筆も講演もしなかった。しかし、一九二九年（ママ）にリヒアルト・ヴィルヘルムが『黄金の華』のテキストを私にみせてくれたとき、私は研究結果の一部を公表する決心をしたのだった。[三]」このように、本書はユングの思想形成史にとって重要な意義をもつ書物であり、したがってまた、深層心理学の観点から東洋思想について考える場合、よい手がかりを与える書物でもある。

ヴィルヘルムが最後の病気にかかったのは、彼がユング家の客としてチューリヒに逗留していたときであった。ユングはヴィルヘルムの病気の中に、東洋と西洋の精神的葛藤を感じていた。「ここ（ヨーロッパ）では、何かが私を圧倒するのです。しかし、一体どうしたらいいのでしょう。」ヴィルヘルムは、さびしそうにこう語ったという。そして、ヴィルヘルムがテュービンゲンで死ぬ二、三週前のある夜、ユングは、寝入りばなに強いヴィジョンを見て目を覚ました。ベッドの脇に、濃い青い長衣を着て袖の中に腕を組んだ一人の中国人が立っていた。彼はユングに向って深くおじぎをした。「まるで私に伝えたいことがあるかのようであった。それが何の知らせか、私にはすぐわかった。その幻視像は異常なまでに鮮やかだった。その男の顔のしわの一本一本を見たばかりでなく、彼の長衣の織物の糸の一本一本までが見えた。」こうしてこの書は、二人の短い出会いを記念するとともに、東洋と西洋を結びつけようとしたヴィルヘルムの最後の仕事になったのであった。

2　太乙金華宗旨と呂祖師

次に、この書について解説しよう。書名の「黄金の華の秘密」は「太乙金華宗旨」の訳語である。「太乙(たいいつ)」は神名である。古くは「太一」「泰一」と記されている。史記封禅書によると、泰一・天一・地一は、古代における最高の三神である。漢の武帝は長安の郊外に泰一壇を造って三神を祭ったという。天一は陽神、地一は陰神であり、泰一は陰陽二神が分れてくる根源の神であるから、三神の中でも最も尊い。易経に「易に太極あり、是れ両儀を生ず」という有名な言葉があるが、泰一は太極の人格的表現であり、天一と地一は両儀（陰陽）の人格的表現と解される。(四) 道教の伝統では、この「泰一」を「太乙神」とか「皇上帝」などとよぶ。道教の基本理念である「道」Tao は、太乙神の哲学的表現ということができる。また「金華」は、瞑想の中からひらけてくる黄金の華を意味する。ユングはこれを、彼のいうマンダラ象徴と解する。

この書は、道教の伝統的用語でいえば、「内丹」の書物である。道教の実践的側面を示すのはいわゆる「錬丹」（丹すなわち薬をねってつくる術）であるが、これを大別すれば外丹と内丹に分れる。外丹は外的手段による錬丹を意味するから、針灸や和漢薬を含んだ漢方医学の源流とみてよいであろう。古い書物に辟穀(へきこく)とか服餌(ふくじ)などとあるのは、薬草の研究等にもとづいた治療法や健康法を指すものと思われる。不老不死の霊薬と称される「金丹」をつくる術なども外丹に含まれる。これに対比される内丹は瞑想法のことである。「胎息」とか「気息」とよばれている場合もある。この他に「導引」という、柔軟体操やマッサージの如きものもある（導引は「気をみちびく」という意味である。太極拳など、中国武術の古い起源はここにある）。

道教の伝統には、このように、現代的にいえば医学・体育学・深層心理学などに当る実践的経験的技術の体系が古くから存在していた。この点は仏教とも共通した点である。近代になると、道教のこういう実践的技術的側面は合理主義的科学観によってその価値を否定され、この種の研究はアカデミックな学問の世界から閉め出されてしまった。中国思想の研究といえば、文献学的な古典研究か、それを用いた思想史研究に限定されるようになったのである。けれども、道教にせよ、仏教にせよそれらが過去において中国人の生活と思想に巨大な影響を残してきたのは、文献学や哲学の研究によったものではなく、その実践的技術的側面を通じてであったということは、今更いうまでもないであろう。このような実際的側面を無視したのでは、中国思想や東洋思想の伝統を深く理解することもできないと思う。儒教の場合は、その実践面は主として知識人世界における政治と道徳の問題におかれていたから、その欠点もさほど目立たない。しかし道教や仏教のように民衆の実際生活に深くかかわった宗教の場合には、それらの思想内容を理解するという目的のためにも、この種の研究は重要な意味をもってくるであろう。学際的研究の必要性はここにある。

この書はさしあたり、精神史と心理学の両面から検討されるべきものと思われるので、まず前者からのべることにしよう。この書は、唐代の道教の祖師である呂厳の教えをまとめたものといわれている。本書の中では、彼は「呂祖師」とよばれている。ところが、この書は明末から清初のころに筆写され、清の乾隆年間に刊本になったものであって、呂厳が生存したといわれる唐代中期からはるかに時代が降る。この書の教えは最初口伝で伝えられたといわれており、このことは——実践的技法の指導に当って口伝が重要であることから考えれば——首肯できることである。しかしそれにしても、この書で説かれた教えの源流を宋代以前にまでさかのぼれるかどうかは、文献学的にみるかぎりむつかしいように思われる。ここに、この書をめぐる一つの問題がある。この点について訳者が知り得たことはわずかであるが、いろいろ調べているうちに多少わかってきた問題の一端についてのべておく。

ヴィルヘルムは、本書の解説の中で、呂厳は唐代の金丹教 Gin Dan Giau の祖師であり、彼の教団は一種の秘密結社の形をとっていたとのべている。しかし、「金丹教」という教団はこれまで知られていないようである。唐代の道教では「金丹道」がさかんに行われたが、これは例の不老不死の金丹をつくる術である。太乙金華宗旨では、こういう外丹的方法はつよく拒否しており、錬丹術に関する用語はすべて内丹的に、つまり心理学的意味に転釈されている。呂巌に関する伝承は種々の臆測を生み、ヴィルヘルムが紹介しているように、これを景教（唐代に栄えたネストリウス派のキリスト教）と同一視する佐伯好郎の説なども唱えられたほどである。

道教の歴史では、呂巌はふつう「呂洞賓」という名で知られている。彼は、道教の民衆信仰として有名な「八仙」（八人の不老不死の仙人）の一人である。今日でも、台湾の民衆や在外華僑の間では、廟の祭りや正月などには八仙慶寿の図をかけて祝う習慣があるようである。[15] また道観（道教の寺院）で発行されているおみくじの中には、「呂祖霊籤」とよばれるものがあって民衆の人気を集めている。彼はこのように古くから伝説の雲につつまれた存在なので、その実像は容易にとらえがたい。

まず、一般に伝えられている呂巌の伝記について紹介しておく。呂巌（正しくは呂嵓（がん）、また呂巖）は、唐の徳宗の貞元十四年（七九八）、河南省永楽県の呂宅に生れたという（生誕年次と生地は異説もある）。曾祖父呂延は河東節度使、祖父呂渭は礼部侍郎、父の呂譲は海州の刺史（県知事）であったという（この呂家の系譜そのものは唐書巻百六十にみえるが、巌の名はみえない。呂巌のくわしい伝記は、純陽呂祖集、鐘呂伝道集、入終南記、草堂自記など宋代以降の書に出てくるものである）。この種の伝説的人物にふさわしく、巌がまだ赤子のとき、有名な南岳禅の祖師馬祖道一が将来の大成を予言したという話が伝えられている。しかし、若いころの様子はあまり伝えられていない。四十六歳のとき、巌は父の命を受けて初めて長安におもむき、進士の試験を受けたが落第し、以後各地をめぐる。四十九歳のとき、江西省廬山で火龍神人（鄭思遠）に会い、内丹と神気を練る方法を初めて教わったと伝えられる。大中十一年（八五七）、六十歳のとき、羅浮山で軒轅集という道士から教えを受けた。ついで六十二歳のとき、彼は両親の願いによって三度長安におもむいたが、このとき、長安の酒場で一人の人物に会う。これが八仙の一人とされる有名な鐘離権である。鐘が黄粱を炊いている間、巌は深い眠りにさそわれた。夢の中で彼は試験に合格し、四十余年権勢をきわめた後、重罪を受けたところで目覚めた。そのとき鐘は、「黄粱猶ほ未だ熟さず、一夢、華胥に到る」と告げた。自分の夢を言いあてられた巌は、おどろいて教えを乞うたが、鐘は許さず去ったという（これは盧生の邯鄲の夢といわれる有名な伝説にもとづいた話であるが、この伝説の出典は唐の李泌の枕中記にある。枕中記によると、これは、唐の玄宗の開元十九年に、道士の「呂翁」という人物が邯鄲の村で盧生という青年に教えた話になっている。太平記巻二五では、この「呂翁」が「呂洞賓」になっている。呂巌にまつわる多くの伝説の中で、その起源を唐代までさかのぼり得るのはこの話だけである）。

長安で鐘離権と会った翌年、彼は試験に合格し、徳化県の知事になった。ある年、避暑のため廬山を訪れたとき、彼はふたたび鐘離権に会い、自己の悟りの近いのを知ったという。これ以後、彼は世をすてる。六十八歳、丹法を完成した巌は、武昌の黄龍山で臨済黄龍派の黄龍誨機に参じ、三教を統合した境地を知り得た。以後、七十三歳で没するまで五年間、彼は人びとをみちびいたといわれる。

ほぼ以上が、世に伝えられている彼の伝記である。しかし道教の精神世界というものはまことに不可解なもので、呂巌の伝記はこれで終らない。彼の布教と救済活動は、むしろその死後に活発となるのである。その一一については省略するが、彼は唐宋元明清の各時代を通じて、中国の各地に現われて人びとを教化したと伝えられている。著書も多く残されている。右に紹介した伝記も、多くは呂巌の著作によったものである。これはフーチー（扶乩、龍沙鸞筆）とよばれる一種の自動書記を用いたものらしい。文献学的にいえば後代の作だが、いわゆる「偽書」のカテゴリーにも入れにくい。偽書というのは後人が古人の在世中の作品として仮託したものであるが、呂巌の著作はすべてその死後の作であることが承認されている(『太乙金華宗旨』にも、呂巌自身の自序がのっている)。中国人にとって、仙人は肉体の生死存亡をこえた存在だったのである。呂仙出現の信仰が最もさかんだったのは元代で、元の成祖フビライは呂巌を純陽演正警化真君に任じ、元の武宗は孚佑帝君に任じた。元明時代の雑劇には、仙人呂洞賓がしばしば登場する。こうなってくると少々首をかしげたくなるが、中国の民衆信仰の内面的精神構造を知るという点からいえば、こういう信仰にも考慮を払っておく必要があろう。キリスト教的精神世界の伝統では、復活は人類の歴史上ただ一度だけ起った奇蹟であるが、伝統中国の精神世界では、いわば日常茶飯事のごとくくり返されてきたことなのである! 中国人の伝統的思考様式の根底に、西洋とも日本ともちがったこのような信仰の伝統が存在していたという事実は、中国文化の基盤を支えたエートスについて考える場合、念頭に置くべきことであろう。不老不死そのものは学問的研究の対象ではないとしても、そういう信仰を生み出した精神構造は、われわれにとって重要な研究対象であるからである。

　では近代的見地からみた場合、呂祖師に関する信仰は、いつごろから、どういう経過を経て生れてきたものであろうか。呂巌についてこれまで書かれた文章の中で最も信頼がおけるのは、幸田露伴の史伝『仙人呂洞賓』[一六]ではないかと思うが、露伴は、呂巌に関する伝承をくわしく検討した上で、信頼するに足る記録で呂巌(呂洞賓)の名が出てくる最も古い文献は、宋史巻四五七に収める陳摶の伝記であると言っている。原文は次の通りである。

　華陰隠士李琪自言、唐開元中郎官、已数百歳。人罕見者。関西逸人呂洞賓、有剣術、百余歳而童顔、歩履軽疾、頃刻数百里。世以為神仙。皆、数来摶斎中。人咸異之。(句読点は引用者。)

窪徳忠氏は、右の文をよりどころにして、呂洞賓は陳摶の友人であるから、宋初の人であろうと推定されている[一七](陳摶は、五代末から宋初の有名な道士である)。しかし、露伴のよみ方は少しちがっている。露伴は、この文で呂が既に「神仙」とみなされていることに注意し、「皆、数ゝ摶が斎中に来る。人みな之を異しむ」という一文は、ふつうの訪問とはちがうと解している（この文によると、陳摶の書斎を訪れたのは呂だけでなく、数百年前の李琪も現われている。窪氏は右の文の李琪の項は無視し、「皆、数来」の「皆」の字は省いてよんでいる）。つまり露伴の解釈によれば、これは一種の幻視体験における出現ということになる。露伴はまた、宋の太祖趙匡胤について、同じような報告があることに注意している。趙匡胤は、建隆元年（九六〇）、後周の恭帝の禅譲を受けて帝位に登るのであるが、この年、後苑に出現した呂洞賓と対話したというエピソードが伝えられている。その場に居合せた臣下たちは聞くことを得ず、匡胤が袍と玉帯を解いて捧げんとしたが、その姿はたちまち消えたという。太祖はそのときの呂の姿を太清楼に描かせ、これが呂洞賓の肖像の起りになったと伝えられている。こういう話は史家の立場からみれば無意味なものであろうが、宗教心理学的にみれば無意味なものではない。宗教史には、こういう幻視体験の事例は数多く伝えられている。パウロの回心の伝説などはその好例である。深層心理学の立場からいっても、こういう幻視体験は特に珍しいものではない。宗教史ないし精神史にとって重要なのは、——パウロの例からも明らかなように——こういう体験がその個人ないし集団に対してどういう意味をもち、時代の動きに対してどういう力を生み出していったかという点にある。それはともかく、これらの伝承は、五代から宋初にかけて、仙人としての呂洞賓に関する信仰ないし伝承が、既に存在していたことを示している。陳摶と趙匡胤は同時代人で、右に引いた宋史の陳摶伝によると、匡胤が仕えた後周の世宗は、かつて陳摶を宮廷に招いたことがあるし、匡胤の後に帝位をついだ宋の太宗も、陳摶を招いて教えをきいている。露伴はこの時代が王朝交代の混乱期に当っていたことや、陳摶の当時の名声についてのべたあと、「洞賓おのづからにして見はるるか、匡胤と摶と、洞賓をして世に見はれしめたるか」と書いている。

祖師としての呂洞賓の名を道教史上に定着させたのは、宋金代に起った全真教である。全真教の開祖王重陽（1112—1170）の回心の動機として、「甘河の遇仙」とよばれる有名な事件が伝えられている。四十八歳のとき、重陽は咸陽の近くの甘河鎮という場所で、全く同一人物とみえる二人連れの道士に出会い、その教えを受けてから、役人をやめて修行生活に入ったという。(二八) この伝承は、王重陽に関する伝記や全真教団の歴史の中でいろいろ変容されつつ伝えられているものであるが、王重陽が何らかの神秘体験を得て修行に身を投じたことはほぼ事実と認められる。このとき出現した二人は、鐘離権と呂洞賓であったという。全真教団ではのちに、この二人に東華帝君・劉海蟾・王重陽の三人を加えて「五祖」とする。東華帝君—鐘離権—呂洞賓—王重陽という信仰上の系譜はこうしてつくられる。全真教は重陽の死後、華北を中心に発展し、邱（丘）長春がジンギスカンを教化して以後、元朝の保護を受けて発展した。呂祖師の信仰もこれとともに確立したのである。

では、われわれのテキストである『太乙金華宗旨』は、どういう宗派の書物なのであろうか。ヴィルヘルムが用いた底本には、「太乙金華源流」という短文がのっており、また呂巌の自序の外に、孝悌王・許旌陽・張三丰・邱常春・譚長真・王天君の「原序」と題する六つの序文が収められている。(二九) まず右の「太乙金華源流」によると、この書の教えは元来「上清派」から発し、「茅君」を第一代とするが、その教えは一たん失われ、晋初に「蘭公」が「孝悌王」から教えを受けて復興し、「諶母」をへて「許祖」に伝えられたという。その後、七代をへて「玉真」と「中黄」の両先生が教えを継承したが再び失われ、清の康熙年間に至って呂祖師の指示によって教えの名を「太乙金華」とあらためた、と記している。この文にある上清派というのは、遠く西晋の時代（三世紀末）に江蘇省の茅山を中心にして起った教団である。この伝承は少々古すぎる感じで、道教教団の例によくみられるように、後世の付会と思われる。孝悌王—蘭公(三〇)—諶母—許祖…玉真という系譜は、宋末に起り元明にかけて栄えた浄明道という教団で行われていたものである。この系譜の中、「許祖」というのは東晋（四世紀末）の許遜（許旌陽）のことで、彼に対する信仰は既に唐代以前からあったという。許祖は浄明道によって復興され、重視された祖師であるが、本書の本文にも名前が出てくる。浄明道教団の実質上の開祖は元の劉玉真とされている。右の短文に「玉真」先生とあるのは彼のことと思われる。呂洞賓は、この浄明道教団でも祖師の一人として崇拝されている。

次に、右にあげた「原序」に出てくる六人のうち、孝悌王・許旌陽・張三丰は浄明道に関係が深い（最も新しい張は明代の人）。また譚長真は王重陽の弟子であり、邱常春は邱長春と関係があるように思われるので、この二人は全真教に関係の深い名である（王天君は不明）。以上のような点を綜合してみると、この書の教えは、全真教の影響を受けた浄明道関係の道士の間から起ったものではないかと思われる。

ただし、この書の教えの内容は、教団の公開の場で伝えられたものらしくない。右に紹介した「太乙金華源流」という短文にも、玉真先生以後、教えは絶えたとのべている。ヴィルヘルムは、本書の教えは秘密結社的組織の中に保存されていたものだろうと言っているが、その内容からみても、この推測は当っているように思われる。清代には、全真教も浄明道も沈滞し、既成の道教教団は（仏教教団とともに）往年の活力を失っていた。知識人の世界では、道教と仏教はもはや魅力のない民衆的俗信に堕したものであった。しかしこの時代には、それとともに、社会の表面から隠れた形で、小さいグループによる信仰上の結社組織が生れていたようである。露伴は、「清に至って民間呂仙を奉ずる者甚だ多し。諸地方に会盟結社あり。呂仙、屢〻降る」とのべている。底本にも、この種の神秘的集会らしい会合の記録が収められている。本書はおそらく、そういう秘教的グループの間で信奉されていたものではないかと思われる。

この教えの終りはどうなったのであろうか。歴史は何も語らない。ヴィルヘルムは、清朝の崩壊直前に、一万五千人の信徒が清朝政府の軍隊によって虐殺されたとのべている[三]。これが本書の教えを奉じていた結社のことなのかどうか、彼の言い方は曖昧であるが、いずれにせよこれは彼の中国滞在中の出来事であるから、彼自身の見聞にもとづく報告にちがいない。旧社会の体制が動揺し変革されてゆく近代化の過程では、民衆信仰に対する権力の弾圧はしばしば起りがちな現象である。それはまた、知識人の世界からも反動的迷信のたぐいとして抹殺される。本書の背後には、そういう歴史の陰に消えていったひそやかな信仰があるのかもしれない。

3　思想的内容と心理学的視点

次に本書の思想的内容をめぐる問題点について考えたい。先にのべたように本書は瞑想法の書であり、内丹を重視し、外丹は無視している。外丹の用語――たとえば、火、水、黄金、鉛、精水、胎児、交媾（性交）等等――はすべて内的瞑想体験の様相を示す象徴として用いられている。ここに、深層心理学が象徴表現を重視するのと似た点がある。歴史的にみれば、内丹重視の傾向はおそらく全真教の伝統から来たものではなかろうか。王重陽は長年の間修業にあけくれた人物である。窪徳忠氏によると、打坐の方法を積極的にとり入れた道教教団は全真教だけであるという[三]。

本書の場合、思想的にみて目につく第一の特色は、道教の他に易と仏教の影響がいちじるしい点である。これはヴィルヘルムも指摘していることであるが、仏教について補足しておくと、ヴィルヘルムは天台の止観の影響を指摘しているだけであるが、この他にも浄土教の瞑想法（観無量寿経の定善観）や唯識論の影響が認められる。これに対して、禅については片言隻句をとり入れているのみで、むしろ批判的姿勢をとっているところがみえる。中国仏教史では、唐代には天台・浄土・唯識の諸派もさかんであったが、宋代以後は禅が主流を占めてゆく。このように、この書が唐代仏教の影響を保存しているという点からみると、――先にのべた文献学的見地とはやや反するが――口伝の伝承を宋代以前にさかのぼらせたい気もする程である。それはともかく、この書に示された瞑想法と禅の瞑想法の大きなちがいは、禅がいわゆる「只管打坐」ないし「無念無想」の態度をとるのに対して、本書が瞑想の過程で生じてくる幻覚や症状に注意し、いわば〝現象学的体験記述〟ともいうべき態度をとっている点である。心理学的にいえば「能動的想像」active imagination のやり方をとるといってもいい。「加熱」とか「火と水」「金華」「光」といった象徴的表現は、そういう技法ないし瞑想体験の内容を示している。こういう体験記述的態度は唐代仏教の瞑想法の特徴であり、さらにさかのぼればインド的瞑想法(ヨーガ)の伝統に由来するものである。心理学的にみて興味があるのは、こういう瞑想法が、夢分析や自律訓練法のような現代の臨床的分析技法と似た特徴を示している点である。この点を手がかりにすれば、従来全く捨て去られていた道教のいわゆる「丹書」の意味と内容について、多くの新しい発見が可能になるであろうと思われる。たとえばユングが『心理学と錬金術』で試みたような研究が期待できるわけである。それによって、中国の精神史の底層にあった流れを再発見する端緒も得られるのではあるまいか。

思想的にみて注意されるもう一つの特色は、本書が三教一致的立場に立っている点である。直接には、これは全真教や浄明道の考え方を継承したものであると思われる。三教一致は中国思想史の底流としてたえず見られるものであるが、朱子に代表される宋学や禅の一部にはこういう折中的風潮を嫌う態度がみられる。士大夫的知性主義ないし道徳主義的潔癖ともいえようか。心理学的にみた場合、本書のような三教一致的傾向が生じてくる理由は、それが知的思弁よりも内面的体験内容そのものに重きをおくからだといえよう。瞑想における体験それ自体は、その内容をどのような概念的理論的わく組みによって解釈するかにかかわりなく、人間経験としての共通な特性を示してくるからである。精神史の知的表面流だけをみれば、儒教・道教・仏教はそれぞれ別個の流れを形成しているようにみえるが、実践的諸側面にともなう底辺の部分に注意してみると、共通した広い領域が見出される。そういう流動的底層から中国精神史を見直してみることも可能であろうと思う。

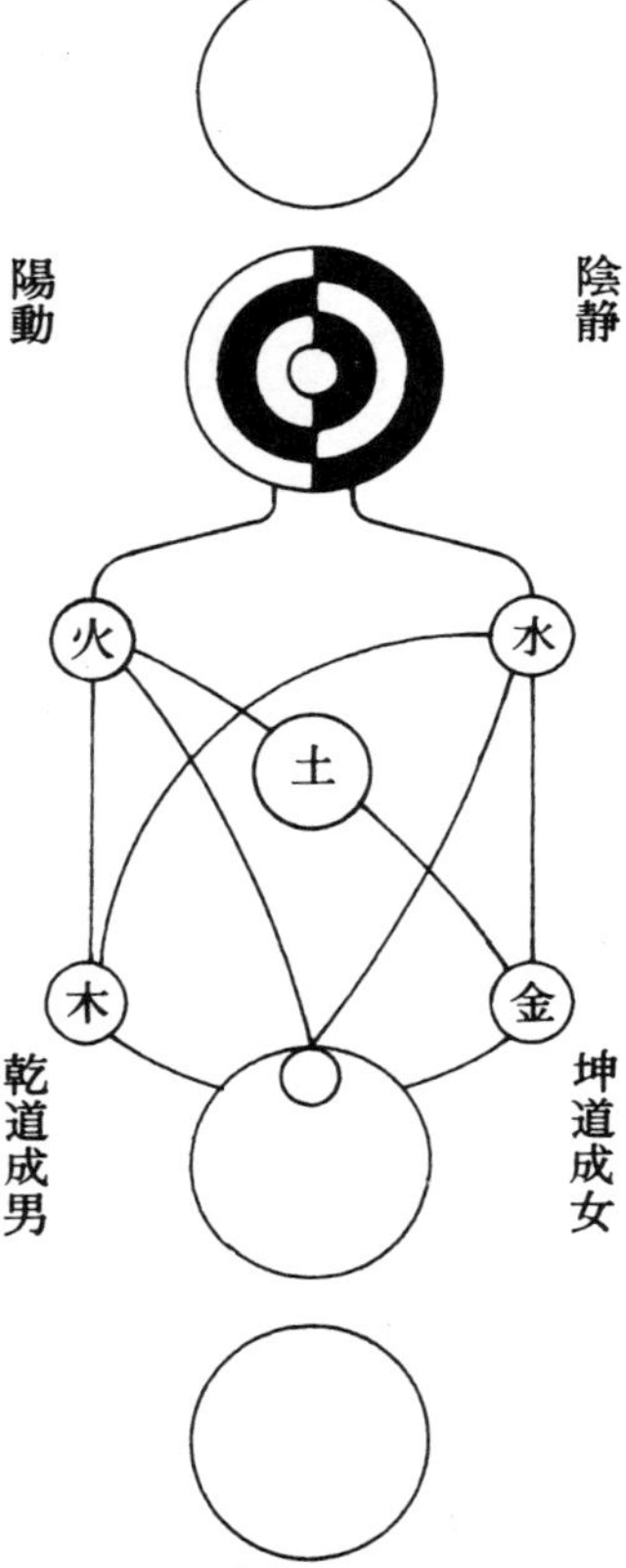

陰静

陽動

水　火

土

金　木

坤道成女

乾道成男

万物化生

ところで一般的にいえば、心理学的視点を重んじるということは、その思想を生み出した実践的体験的基盤を重視することを意味する。これは何も中国思想の研究に限った問題ではないが、文献だけを基礎にした従来の思想史研究では、哲学的世界観の理論的分析が中心になり、それを支えた心理的体験の基盤は看却されやすい。しかし、仏教や道教のように瞑想を主体とした修行法の体系をもっている宗教の場合には、理論的分析に先立ってそういう実践的体験の基盤について検討しておくことが必要であろう。一つの有名な例をあげてみよう。宋の周濂渓（1017—73）から始まるいわゆる宋学が道教（及び仏教）の影響を受けて生れたということは、よく知られている事実であるが、この点について島田虔次氏は次のようにのべておられる。[三]

道教または道教的なものは、ほぼ次の三つの内容をもっている。第一は『老子』『荘子』などの古典に代表される道家の哲学、第二は仙道とか丹道とよばれる専門道士の行なった実践的理論、そして第三は、民衆の生活に関連の深い祭祀・呪符等の民衆道教の習俗である。従来道教の宋学に対する影響を説く学者たちが常に指摘してきたのは、このうち第一の場合であった。つまり、宋学で用いる哲学用語が道家の用語からきているという点をとらえて、その影響を説くわけである。

島田氏はこれに対して、第二の要素、つまり「専門の道士の間でのきわめて密教的な道教、それをなによりも重視したい」といわれる。たとえば、周濂渓によって広く世に知られるに至った太極図なるものがある。太極図といふのは、「易に太極あり、是れ両儀を生ず……」という易経の有名な言葉にもとづいた前頁のような図である。この図は、古くは周濂渓の独創に成るものとされてきたが、今日では、専門の道士の間に伝えられた図を修正したものであることが承認されている。島田氏の説明を借用すると、本来の道士の図では、一番下の丸は『老子』でいう「玄牝（げんぴん）の門」に当り、万物の生れ出る根本をあらわしている。その上の丸は「精ヲ錬ッテ気ニ化シ、気ヲ錬ッテ神ニ化スル」段階をあらわす。さらにその上の木火土金水の五行をあらわした図は、いわゆる「五気朝元」すなわち、あらゆる存在の根本原素たる五行が気の究極の様態である「元」に帰一することをあらわす。さらにその上の白と黒が入りまじって陰陽二気をあらわした図は、易の卦（か）でいう「坎（カン）ヲ取リ、離（リ）ヲ塡（ウヅ）ム」という段階、道教の術語でいえば、いわゆる「聖胎」を完成する段階である。そして一ばん上の丸は「神ヲ錬ッテ虚ニ還シ、復（マ）タ無極ニ帰ス」という究極の段階をあらわしている。島田氏は以上をまとめてこう言われる。

> これは一面からいえば、おそらく「外丹」すなわち事実上の丹薬の精錬プロセスを象徴的に図示したものであると同時に、一面ではまた精神的身体的修養（それを内丹という）によって仙人となるための過程を示したものでもあろう。これは道士の間につたえられた図であるというが、周濂渓はそれを儒教的な立場から解釈しなおして、「易」の理論によって理論づけ、かつその解説、すなわち『太極図説』を書いたのである。周濂渓の場合は、この太極図は逆に上から読まれる。

この太極図は、朱子学以降のいわゆる理気説的宇宙観の出発点となったものとして有名であるが、その基礎には、このように道教の錬丹の実践的体験が前提されているのである。右の島田氏の説明はなお抽象的であるが、本書（太乙金華宗旨）をよめば、もっと具体的な形で、内丹の体験や用語の意味が理解できるであろう。たとえば、「玄牝の門」というのはいわゆる「下丹田」（臍下丹田）、つまり下腹部の太陽神経叢の部分を指している。精を気に化するとか、気と神を融合させるといった表現は、本書の中でくり返し用いられているもので、小周天とよばれている特殊な呼吸法を伴う精神集中の過程を指している。また木火土金水の五行は——それほど明確とはいえないが——瞑想体験の様相を記述するための象徴的表現としてくり返し用いられている。「坎を取り離を塡む」という表現も本書ではよく用いられ、男性的原理と女性的原理の結合の問題として重要なテーマになっている。心理学的にいえばこれはエロスとロゴスの統合の問題であって、深層心理学によらなくては、その意味も十分明らかになりにくいのではないかと思う。[三四]

なお一言つけ加えると、太極図の理解に当って本書が有益であると思われるのは、単に本書が内丹の書であるという一般的理由によるばかりではない。歴史的にみても、呂巌の教えといわれるものは、太極図の源泉となった道士の修行法と何らかの関係があったように思われる。前節でのべたように、祖師としての呂洞賓の名が知られるに至ったのは宋初の道士陳摶（たん）の名声によるところが大きいと思われるが、太極図はこの陳摶から始まるという伝えがある。『宋人軼事彙編』巻五に収められた陳摶に関する記事の中に、彼が先天図、河図洛書、太極図の三つを弟子たちに伝えた系譜がのっている。[三五] 表示すると次のようになる。

陳摶
- （先天図）―种放―穆修―李之才―邵雍（康節）
- （河図洛書）―种放―許堅―范諤昌―劉牧
- （太極図）―种放―穆修―周敦頤（濂渓）―二程子

このうち先天図と河図洛書というのは図形と数を用いる易の神秘的解釈の源泉となったもので、邵康節（1011―77）によって広く世に知られるに至った。太極図の場合は、元来内丹の図であったものが宇宙論の図に解釈し直されたせいであろうか、それが陳摶に由来することは忘れられたのかもしれない。

このような歴史的背景はともかくとしても、道教の錬丹の伝統には、人間の心身を一つの「小天地」としてとらえ、大宇宙と小宇宙の合一において「道(タオ)」が実現されるという考え方がある。内丹における瞑想体験は、この合一の境地を追求する方法である（道教特有の瞑想法に「小周天」とよばれるものがあるが、本書ではこれは「大周天」つまり宇宙の回転と合一することとみなされている）。したがって宇宙論の発想の直接の体験的基盤は、外的な物理的宇宙の理論的観察よりも、内面的な心の領域における深層心理的体験にあるのである。

ユングが東洋思想に関心をもつ大きな理由はこの点にある。彼は、東洋思想と西洋思想の伝統を比較して、西洋では形而上学 metaphysics と心理学は常に分離しようとする傾向があるのに対して、東洋では、両者は常に相互滲透しあって不可分の関係にあるという。[三六] この場合彼が西洋の形而上学と言っているのは、中世にアリストテレスの権威が確立して以後一般化したメタ・フィジクの考え方であろう。また東洋の形而上学というのは、仏教・道教・ヒンズー教（ヨーガ）などのように、一定の修行法や瞑想法の体系を前提した哲学である。ユングは、東洋哲学の重要な用語は、多くの場合、一定の特殊な心理的体験状態を記述したものであって、西洋哲学の用語のように単に知的に理解される論理的な概念ではないと言っている。たしかに、「見性」とか「空」といった仏教哲学の概念などは、単に論理的に理解しようとしてもその意味内容を十分にとらえにくいであろう。道教についても事情は同じである。

一般的にいえば、西洋の形而上学の伝統的思考様式では、アリストテレスの『メタ・フィジカ』が示しているように、世界と人間の関係をとらえるに当って、物理的自然の存在様式を「客観」object として観察し、その大宇宙の超越的存在根拠を――創造主としての「神」とか「超越的存在」という形で――理論的に確定してゆこうとする。こういう思考態度は、宗教の力が衰えた近代以後も、たとえば認識論でいう〝科学的世界観〟

の理論的基礎づけといった形でなお持続している。これに対して東洋の形而上学の場合、それが直接にかかわっていた人間経験の領域は、先にも言ったように、さしあたっては人間の心身の問題に関係の深い医学や深層心理学に属する諸現象であって、物理現象との関係は二次的でしかなかった。またその場合、人間の心身を「小天地」としてとらえるとともに、瞑想のような主体的実践を通じて、その内面から自己の存在のあり方を問い、たましいの根底に潜在する人間の本性について探究してゆくのである。東洋の医学や心理学は、そういう主体的実践体験の蓄積から生れたものである。私はその意味で、東洋の形而上学の伝統を西欧語で表現する場合には、メタ・フィジカとよぶよりもメタ・プシキカとよぶ方が適切ではないかと思っている。メタ・プシキカというのは、プシケー（たましい、心）の彼岸を探求することを本質とする哲学的思索という意味である。[三七] いずれにせよ、哲学的世界観についての理論的分析だけで仏教や道教をとらえ、これを西洋哲学と比較するようなやり方では、東洋思想の生れてきた基盤とその本質を成すものが見失われるおそれもあるのではあるまいか。そういう反省に立って東洋思想について考え直してゆく場合、本書の内容とこれに対するユングの解釈は、重要な示唆を与えるであろう。

一言つけ加えておくと、心理学的視点に立って東洋思想をとらえるという態度は、日本の東洋研究者には従来あまり見られないものであるが、欧米の研究者の場合には——ユングのように明確な方法論はもたないにしても——わりに多くみられる態度である。たとえば日本の学界の従来の見方では、古代の道家の哲学（老荘思想）と漢末以降に起ってくる民衆道教は全く無関係なものである、という見方がつよいようである。フランスの中国学者マスペロは、シャヴァンヌによって主張されたこのような見方に反対しているが、この場合、マスペロが注目しているのは錬丹の問題である。言いかえれば、医学や深層心理学にかかわる実践的諸問題に彼は注意しているのである。後代の道士集団にみられる精神的身体的訓練法の源流となった修行法の体系は、古代においてもかなり普及していたものであって、老荘の徒はその中での「神秘主義的哲学的傾向をもった一分派」である、と彼は言っている。「教師と弟子から成る小さなグループを、それも同時代の道教界と親密な関係にあるけれども、その一般的傾向からいくらかはずれたところにあるグループを、われわれは想像してみなければならない。」(二八)マスペロはこういう立場から、漢末の黄巾の乱以降に展開してくる民衆道教と古代道家思想は無関係なものではないと考えている。ヴィルヘルムもこの点はほぼマスペロに近い見解に立っており、呂巌の教えは民衆道教のとめどない俗信化に抵抗しつつ、老荘の本来の立場にかえろうとしたものであると評している。古代道家と民衆道教の関係をどうみるかということは、門外漢の訳者には判定しかねる問題であるが、一般に欧米の研究者には、マスペロやヴィルヘルムのように、心理学的(したがって実践的)観点から道教をとらえようとする傾向がつよいように感ぜられる。日本の研究者の場合は、文献にもとづく老荘思想の哲学的研究と、歴史的立場からの道教教団の組織形態の分析に主眼がおかれ、心理学的観点からみる態度をとらないために、こういう見方のちがいが生れてきたのではないかと思われる。

心理学的観点は、哲学的研究と歴史的研究を媒介する位置にあるともいえよう。たとえば荘子は、知や欲の克服を説く場合に、「心斎」「養心」「養神」「坐忘」といった言葉を用い、またこれによって達せられる境地を「内観」「存思」「守一」などと表現している。マスペロによると、これらの表現は瞑想による魂の浄化の過程を示すものであり、一定の精神身体的訓練法を背後にもつものである。「心斎」は「斎」つまり自己の罪を悔い改める儀礼の執行を、外形的意味から内面的意味に転用した語である。「養心」は「養形」と対比される言葉であるが、養形は「服丹」「辟穀」「導引」のような医学的養生法や健康法の総称である。したがって養心は、これらに対比される精神訓練の方法としての瞑想を意味する。また「養神」の「神」は「心」の純化された状態であって、天地の「気」が体内の「精」と合一するときに、「心」は「神」にまで高められるという。これはリビドーの浄化ないし昇華の過程と解してよいであろう。「坐忘」や「内観」はそのときの意識のあり方であり、「存思」は一定の主題や身体の位置（たとえば丹田）に思念を集中すること、「守一」は、それによって人間の心の根底に発見される「道」と合一することである。一般的にいえば、ここに語られているのは、日常的経験の場面で外界の対象との関係に即して見出される自我意識のあり方を克服して、深層の無意識領域へと入ってゆく努力である。「爾の形体をやぶり、爾の聰明（知）をしりぞけ、倫と物とを忘れ、涬溟（天地の気）に大同す。心を解き神を釈き、莫然として魂なし。」（荘子、在宥篇）[二九]傍点を付した「倫と物」は、倫理と物理の意味ではなく、意識の志向作用（侖、おもう）とその対象を意味する。したがって道と合することは、日常経験における主観－客観の対立関係の次元をこえることである。『荘子』には修行法を軽蔑したような言葉もみえるが、彼のような逆説的皮肉屋の場合、そのままには受けとれぬ気がする。いずれにせよ、老荘の思想は一定の修行や瞑想体験を背景にもつものと考えた方が、それを単なる知的思弁の産物と解するよりも適当なように思う。要するに、道家思想と民衆道教は、仏教における僧侶の修行と民衆布教のような関係にあるものであって、呂祖師の教えはこの両方にかかわる性格のものと考えられる。

4　本書の内容と邦訳について

「太乙金華宗旨」の「金華」という言葉は、先にもふれたように、瞑想を通じて感得される金色の光の輪を意味する。ユング心理学の用語でいえばマンダラである。ユングのいうマンダラは、患者の自発的体験ないし臨床的分析の過程で現われてくる一種の幻視像であるが、彼はこれを彼のいう「元型」Archetype の経験の典型とみなしている。[三〇] 元型的経験というのは、さしあたっていえば、個人の過去の生活史的条件に還元できない深いたましいの普遍的先天的条件によって触発される経験といってもよいであろう。道教の修行者の場合は、この「金華」を感得することによって、自己の身心の中にいわゆる「真人」を受胎させる。真人とは不滅の身体、あるいは不死の生命を得た人間である。ただしこれは、民衆道教で信仰されたような即物的な肉体の不滅を言うわけではない。道教では通常の死の場合には、たましいは「魂」と「魄」に分離して迷妄の世界にさまようようになるが、真人を受胎すれば超越的な永遠の次元と結ばれた存在となり、不死の生命を得るというのである。

　この書はまず最初の章で、「天心」についてのべている。「天心」は人間の究極的本性を示す言葉であり、「道」の人格的表現でもあるが、これは両眼の間に潜在する光のことである、と説かれている。ふつうの哲学書に馴れた読者には、こういう説明は何のことやらわからないかもしれないが、両眼の間というのは、道教の瞑想法でいう「上丹田」の位置に当る。仏教用語でいえば、仏像の眉間に示されている「白毫」（白い渦巻いた毛）である。唐代仏教では、この位置に思念を集中する方法を「白毫観」とよんでいる。日本の平安仏教でも、この観法（瞑想法）は広く用いられたもので、源信の『往生要集』などにくわしく説かれている。次に第二章では「元神」と「識神」の関係について論じている。ヴィルヘルムは前者を根源的精神 der ursprüngliche Geist, 後者を意識的精神 der bewußte Geist と訳している。ユングの用語でいえば、元神は集合的無意識領域の根底に潜在する本来的自己 das Selbst, また識神は自我意識のはたらきにほぼ当るであろう。たとえていえば、元神とは天子のようなものであり、識神とは天子の権力を奪った将軍のようなものである。将軍は天子をないがしろにして権力をふるっている。この将軍の力を抑え、天子が本来の力をとり戻すようにしなければならない、とこの書は説いている。ついで第三章では「回光守中」が説かれる。回光は光を循環させるという意味で、瞑想の方法をあらわす言葉である。また守中は、道教でいう「中黄」、仏教でいう「縁中」を守るという意味である。中黄や縁中は人間の心の本性を指す象徴的表現であるが、より具体的にいえば、三丹田（眉間、胸、下腹部）において感得されるみえざる身体、ないしみえざる空間（いわゆる先天の竅）を指す。この章は、坐法についての説明と解してもよいであろう。次の第四章「回光調息」は呼吸法の説明である。この章には、瞑想をさまたげる二つの大きな障害として、「昏沈」と「散乱」をあげている。これらの言葉は、世親の『倶舎論』や護法の『成唯識論』などに由来する仏教用語である。心理的意味内容については本文にゆずる。第五章「回光差謬」は、心理学的にいえば、病理的幻覚について論じたものである。瞑想の過程では、一時的にこのような心理状態が経験される場合がよくあり、処置を誤ると神経症や分裂病的な症状に至ることもある。この書の興味あるところは、そういう病理的幻覚と正しい幻覚（つまり真の金華がひらけてくる体験）を区別して説いているところにある。呂祖師は「吾が宗は禅宗と同じからず、一歩は一歩の徴験あり」と言っている。つまり、禅の場合は究極の悟りの境地を象徴的に説くだけで、その途中における体験の段階や内容については何も指示しないが、内丹では、その過程であらわれてくるさまざまの経験について記述し、病理的な経験をしりぞけ、正しい体験にみちびく方法を教えるというわけである。臨床心理学的観点からみれば、こういうやり方は禅の「只管打坐」よりも弟子に対して親切であるし、瞑想法としても合理的にできていると思われる。

次の第六章「回光徴験」は、真の金華がひらけてくる体験について教えている。たとえば『老子』の中に、玄牝の門について「谷神不死」という有名な言葉があるが、この書によれば、谷神の体験というのは、谷の中にいる神人の語る声が、はるか遠くで語っているように思われるにもかかわらず、はっきり聞きとれるような瞑想時の体験（幻聴）であるという。このような段階に至ると、両眼のあたりに光がみえ、あたりは白く輝いて雲中にいるかのように感じられ、身体の意識がなくなって、自分が玉でつくられた糸のように上方に昇ってゆくような恍惚状態になるという。第七章「回光活法」は、このような体験を得たのちに日常経験の場に帰ることを説くが、その場合には少しも「我相」にとらわれないでいられるという。心理学的にいえば、無意識領域のコンプレックスを解消し、そのリビドー（心のエネルギー）を浄化し昇華 sublimate して、たましいの根底に潜在する本来的自己と結ばれた自我になるわけである。ユングの用語でいえば個性化 Individuation の過程に当るであろう。第八章「逍遙訣」では、このような境地に至れば「天君の真人」となって自由自在の境地に入って「無何有郷」に遊ぶ、という。これは仏教でいう「空」の境地に他ならない、と説かれている。

この書は十三章あるが、ヴィルヘルムは第九章以下は訳していない。彼のいうところでは、第九章以下は思想的にみて価値が低く、つまらない内容であるという。太乙金華宗旨の元来のテキストは、後半の部分が失われ、あとから後人が補ったのではないかと彼は言っている。この点、私にはよくわからないが、この部分には、唯識論を用いて心理的経験内容を分析したり、先にのべた「坎（かん）」と「離」（女性原理と男性原理）の関係を論じたりしていて、参考になる点が多いので、本書では全訳した（この他にも、ヴィルヘルムはときどき原文の一節を省略したり、大意を示すにとどめている場合があるが、本訳書ではすべて原文に即して訳し直した）。

本書は、『太乙金華宗旨』の他に「慧命経」と題する経典を収めている。この経典は、清の柳華陽という僧が著した瞑想法の書であるが、もともとヴィルヘルムが用いた底本に合本の形で収められているものである。ヴィルヘルムが訳したのは、この経典の最初に掲げてある図解の部分のみである。ヴィルヘルムの訳では、図は二つしか紹介しておらず、ところどころ省略した部分もあるが、本書では底本の図をすべて掲げ、ヴィルヘルムの省略した部分も訳した（ただし、本文は訳さず）。

邦訳に当ってしらべたところでは、従来知られている『太乙金華宗旨』の刊本は次の五つである。

1　『長生術・続命方』合刊、太乙金華宗旨、湛然慧真子注、民国十年（一九二一）、北京。ヴィルヘルムの用いた底本。柳華陽『続命方』（慧命経）と合本。

2 『金華宗旨』道蔵輯要、室集二。
3 『呂祖師先天虚無太乙金華宗旨』道蔵続篇、閔一得注、道光十一年（一八三一）。
4 「太一金華宗旨」『龍門派丹法訣要』所収、民国五十四年（一九六五）、台湾、自由出版社。
5 『天心金華宗旨』全書正宗、乾隆四十年（一七七五）。

このうち、1と2は同系統、3と4は同系統であるが、前二者と後二者では本文にかなり異同がある。訳者がみることのできたのは124の三本である。底本はむろん1を用い、2を参照した。底本は、ヴィルヘルムの用いた原本がアメリカのワシントン大学図書館に所蔵されていることがわかったので、ヴィルヘルムの令息ヘルムート・ヴィルヘルムの御好意で、そのマイクロ・フィルムを入手することができたものである。ヘルムート・ヴィルヘルム氏はやはり中国学者で、易を専門にされ、ワシントン大学教授を退任されたのち、現在シアトルに居住されている。仲介の労をとられたスカイア氏に謝意を表したい。

邦訳は、ユングとヴィルヘルムの解説の部分については左記によった。

C. G. Jung・R. Wilhelm, Das Geheimnis der Goldenen Blüte, ein chinesische Lebensbuch, Walter-Verlag, Olten und Freiburg im Breisgau, 1973.

訳出に当っては、ベインズの次の英訳を参照した。

Richard Wilhelm・C. G. Jung, The Secret of the Golden Flower, tr. by Cary F. Baynes, A Helen and Kurt Wolff Book, Harcourt Brace & World, Inc., New York.

太乙金華宗旨および慧命経の訳は、本書が世に出た経緯を考えて、最初はドイツ語版からの現代語訳を主体とするつもりであったが、仕事を進めてゆくうちに、ヨーロッパ語からの重訳ではわれわれ日本人にはかえってわかりにくくなるように感じられた。それに、ヴィルヘルムの訳が全訳ではないことや、時には明らかに原文を誤読している箇所なども見出された。たとえば、仏教語の「方法」（すべての存在）を「一万の方法」Methodeと訳しているような例である。ヴィルヘルムは仏教についてあまり研究しなかったせいか、仏教に関する部分では時折りこのような初歩的な誤りをおかしている。そこで、本文の部分は底本の漢文をもとにして訳することにし、訓読文と現代語訳を並べ、後者についてはヴィルヘルムの訳語や訳し方をなるべくとり入れることにした（訓読に当っては、底本の他に2のテキストを参照したが、厳密な異同の校訂はしていない）。この場合、目幸黙遷氏（南カリフォルニア大学教授）がユング研究所に提出された左記の論文に大変お世話になった。文章の段落の切り方と番号は、この書に従っている。

Mokusen Miyuki, The Secret of the Golden Flower, Studies and Translation, A Diploma Thesis presented to the C. G. Jung Institute, 1967.

この論文は未刊（タイプ版）であるが、ドイツ語版が出版されている。

M. Miyuki, Kreisen des Lichtes, Die Erfahrung der Goldenen Blüte, Otto Wilhelm Barth Verlag, 1972.

目幸氏の右の英語論文には詳細な注がつけられており、本訳書では注をつけるに当って非常にお世話になったことを記しておきたい。

なお、本書の部分的邦訳としては左記の書がある。

本山博訳『太乙金華宗旨——道教長寿養生法』宗教心理学研究所。

これはヴィルヘルムの解説の紹介と、太乙金華宗旨第八章までの訳。ヴィルヘルムの訳からの重訳を主とし、前掲の刊本2と4とによって補訂してある。またユングの解説については、序論の部分だけを訳した左の論文がある。

森川俊夫訳「《太乙金華宗旨》注解の序」エピステーメー、昭和五二年五月号、特集「C・G・ユング」朝日出版社。

右の二つはいずれも、訳出に当って参照し、大変参考にさせていただいた。

訳文は最初に定方が下訳をつくり、下訳が半分以上完成した段階で、湯浅が訳文を修正するとともに未了の部分を訳出し、二人で討議して最終稿を決定した。最後に、邦訳の依頼を受けてから数年たってしまい、人文書院に御厄介をおかけたことをおわびするとともに、いろいろ御配慮いただいた同書院の樋口至宏氏に謝意を表しておきたい。（一九七九年夏）

注

一　ユング『自伝』1、2、みすず書房。河合隼雄『ユングの生涯』第三文明社。

二　ジョーンズ『フロイトの生涯』紀伊国屋書店、一九九頁、四六〇頁。

三　ユングの学問観については、拙著『ユングとヨーロッパ精神』人文書院、四六頁以下参照。

四　ユング・パウリ共著『自然現象と心の構造』海鳴社、参照。ユングはこの書でラインの超心理学研究や易について論じ、物理的因果性をこえる同時性 synchronizität の仮設をとりあげている。

五　ユングのグノーシス研究については、拙著『ユングとキリスト教』人文書院、第二章参照。

六　河合、前掲書（注一）、九九頁以下。

七　ユング『自伝』2（前掲注一）、二三八頁。

八　ヴィルヘルムの履歴については、R. Wilhelm, Botschafter zweier Welten, herausgegeben von Wolfgang Bauer, Diedrichs, 1973. を参照。

九　ユング「リヒアルト・ヴィルヘルム」（ユング『自伝』2、二四〇頁）。以下、特に注記せず引用したユングの言葉は、この文からのもの。

一〇 ヴィルヘルムの著作の主なものは、左記の通りである。

1 古典の翻訳

孔子『論語』Kunfutse, Gespräche (Lun Yü).

老子『道徳経』Laotse, Taoteking.

列子『冲虚至徳真経』Liä Dsi, Das wahre Buch vom quellenden Urgrund.

荘子『南華真経』Dschuang Dsi. Das wahre Buch vom südlichen Blütenland.（南華真経というのは道教教団で『荘子』をよんだ名前。）

『孟子』Mong Dsi.

呂不韋『呂氏春秋』Frühling und Herbst des Lü Bu We.

『易経』I Ging, Das Buch der Wandlungen.

『礼記』Li Gi, Das Buch der Sitte des alteren und jungeren Dai.

『孔子家語』Kunfutse, Schulgespräche (Gia Yü).

『太乙金華宗旨』Das Geheimnis der goldenen Blüte.

『哲学者列禦寇と楊朱の教え』Die Lehren der Philosophen Lia Yü Kou und Yang Dschu.

この他に、現代中国に関する翻訳が若干ある。

2 著書（単行本のみ）

Kunfutse und der Kunfuzianismus.（孔子と儒教）

Laotse und der Taoismus.（老子と道教）

Chinesische Philosophie.（中国の哲学）

Chinesische Volksmärchen.（中国の民話）

Chinesische Wirtschaftspsychologie, Leipzig, 1930.（佐藤国一郎訳『支那の経済心理』昭和十七年、生活社。）

一一 本書一一二頁所収のマンダラ（第10図）参照。

一二 ユング『自伝』2、七頁以下。

一三 Jung, Psychoiogy and Alchemy, CW. Vol. 12, Princeton, p. 98 ff.（『心理学と錬金術』I、人文書院、一四三

頁。）

一四 泰一神については、顧詰剛『中国古代の学術と政治』大修館、二二一頁以下参照。

一五 窪徳忠『道教史』山川出版社、七三頁。

一六 『幸田露伴全集』岩波、第十六巻、史伝二一。

一七 窪、前掲書（注一五）、二五五頁。同『中国の宗教改革』法蔵館、九五頁。

一八 窪徳忠『中国の宗教改革』（注一七）、八七頁以下参照。

一九 この原序は訳していない。ただし、「太乙金華源流」の主な内容については、本書二六五頁注六参照。

二〇 窪徳忠『道教史』（注一五）、二四九頁、三五二頁以下。

二一 本書一四二頁、注三。

二二 窪徳忠『中国の宗教改革』（注一七）、三一一頁。

二三 島田虔次『朱子学と陽明学』岩波新書、一〇頁以下、三一頁以下。

二四 太極図の心理学的解釈については、ユング派のカルフ女史が京大の「プシコロギア」に寄稿した次の論文がある。Dora M. Kalff, The Archetype as a healing factor, Psychologia, Vol. IX, No. 3, 1966, Psychological Society, Kyoto University.

二五 丁伝靖輯『宋人軼事彙編』上、商務印書館、一六六頁。

二六 Jung, Psychological Commentary on "the Tibetan Book of the Great Liberation," CW. Vol. 11, Princeton.

二七 拙著『身体―東洋約身心論の試み』創文社、八八頁以下。

二八 マスペロ『道教――不死の探求』東海大学出版会、一七六頁以下。

二九 大浜皓『荘子の哲学』勁草書房、七五頁。

三〇 ユングのいうマンダラについては、『心理学と錬金術』（注一三）第二部第三章を参考。

訳者紹介

湯浅泰雄（ゆあさ・やすお）
1925年生まれ。2005年逝去。1949年東京大学文学部卒，文学博士。著書『近代日本の哲学と実存思想』（創文社），『身体論――東洋的身心論と現代』（講談社学術文庫），『ユングとキリスト教』（講談社学術文庫），『共時性の宇宙観』（人文書院），『身体の宇宙性』（岩波書店），『宗教経験と身体』（岩波書店），訳書ライン，プラット共著『超心理学概説』（宗教心理学研究所）。

定方昭夫（さだかた・あきお）
1944年生まれ。1978年上智大学大学院文学研究科博士課程修了。長岡大学勤務を経て，現在フリーランス心理学講師。著書『増補新版「易」心理学入門――易・ユング・共時性』（たにぐち書店），『偶然の一致はなぜ起こるのか』（河出書房新社），訳書モアカニン『ユングとチベット密教』（共訳，ビイング・ネット・プレス），ヒントン『死とのであい』（共訳，三共出版）。

黄金の華の秘密〔新装版〕

一九八〇年 三 月三一日 初版第一刷発行
二〇一八年 四 月二〇日 新装版 初版第一刷発行
二〇二一年一〇月二〇日 新装版 初版第二刷発行

著 者 C・G・ユング／R・ヴィルヘルム
訳 者 湯浅泰雄／定方昭夫
発行者 渡辺博史
発行所 人文書院
〒六一二-八四四七
京都市伏見区竹田西内畑町九
電話〇七五・六〇三・一三四四
振替〇一〇〇〇-八-一一〇三

装 幀 間村俊一
印刷所 モリモト印刷株式会社

落丁・乱丁本は小社送料負担にてお取り替えいたします

ISBN978-4-409-33057-9 C0011